U0454342

无界

BORDERLESS

不纯世界的有序见解

Tove Jansson

Tee työtä ja rakasta

创作与爱

托芙·扬松传

[芬] 图拉·卡尔亚莱宁 著

崔可 译

中信出版集团 | 北京

目录

致读者

　　母亲腹中的孩子第一次有了胎动。仅仅是很轻微地踢了一下，感觉却十分明显，它传达着这样的信息：我，是我。托芙·扬松的母亲西格妮·哈马斯滕·扬松此时正走在巴黎街头一条叫作"欢乐路"（Rue de la Gaité）的街道上。[1] 未出生的孩子恰好在"欢乐路"宣告自己的存在，这是不是一种预兆？它是否表明这个孩子会成为一个幸福的人？无论如何，这个孩子一定会给整个世界带来欢乐。

　　那是个艰难的时代。战争的威胁在欧洲上空盘旋，如同预示着滚滚雷声的阴沉天气。尽管如此——或者说正因如此，人们的艺术生活充满了激情。20世纪初的巴黎萌生了很多新的艺术流派，如立体主义、超现实主义、野兽派等。巴黎城内也住满了后来扬名后世的作家、作曲家以及美术家，比如巴勃罗·毕加索、乔治·布拉克、萨尔瓦多·达利及很多其他艺术家。几个月前刚结婚的芬兰艺术家维克托·扬松和瑞典艺术家西格妮·哈马斯滕·扬松也在其中，还有他们当时尚未出生的女儿。1914年8月9日托芙·扬松出生时，第一次世界大战已经爆发。

　　写传记时，往往不可避免地需要进入另一个人的世界，又像进入某种平行时空那样，开始将另一个人生命中的每个时刻都经历一遍。进入托芙·扬松的生活是一种丰富而美好的体验，尽管也必须时刻谨记，也许这样的闯入并不那么受欢迎。关于托芙的研究作品有很多，比如传记、研究文章和博士论文，写作角度也各不相同。她在世时允许这些写作，尽管她自己对这些不是非常感兴趣。她常说，如果要写传记，如果非写不可，最好是在作家去世后再写。尽管如此，她显然也为未来关于自己的研究做好了准备，因为她整理好了自己绝大部分的手稿日记、书信，还有记事本。

我第一次和托芙见面是在 1995 年，那时她已经 81 岁了。几年前，我策划过一次关于已故艺术家萨姆·万尼的展览，对于托芙和萨姆在 20 世纪三四十年代共同度过的那段时光很感兴趣。萨姆也是我的一位非常亲近的朋友，几年前我在博士论文中也写过他。一开始，我很担心托芙没有时间或精力跟我见面，但她很愿意接待我。我们坐在她乌拉林纳街的塔楼工作室，聊起艺术、生活，还有萨姆·万尼。托芙讲述了她的青年时代，马娅·万尼和意大利之旅，萨姆的教学方式，以及他们之间的友谊。托芙回答了我的很多问题。除此之外，她还承诺，会为我们的展览目录提供她记事本中记录的故事，讲述了萨姆（那时还是塞缪尔·贝斯普罗斯万尼）是如何教她画画的。意外的是，托芙提议我们喝一点儿威士忌。之后我们喝着威士忌，抽着香烟，就像那些年的艺术家习惯的那样。被采访的人变成了提问题的人，我开始给托芙讲述很多关于萨姆的细节，他的妻子和孩子，这些都是托芙知之甚少的。我们发现，由于我的工作原因，托芙生命中很多重要的人，也与我的人生有一定的交集。比如塔皮奥·塔皮奥瓦拉，就是我非常了解的一位艺术家，我与图丽琪·皮耶蒂莱、薇薇卡·班德勒也都见过好几次面。

之后某次我去了托芙的工作室，当时我正在写书，同时在研究托芙的资料库。对我来说，最重要的是她的书信和记事本。我独自一人在乌拉林纳街的塔楼工作室，翻阅了好几个月她的书信，因为我不能复印这些书信，也不能将它们带离那里。工作室与她在世时几乎一模一样。画架上是她的自画像《山猫围巾》，画中的托芙直视着我。桌子和窗台上摆着很多贝壳与树皮小船。墙上是一个巨大的图书馆，由地板延伸至天花板，一摞摞画作堆放在一起。卫生间的墙上贴满了托芙从不同报纸上剪下来的图片，都是关于灾难、沉船以及海上暴风雨的。一切的一切，都和托芙还在时一样，她的存在如此明显。

托芙在近 30 年的时间里写下的书信非常多。比较重要的是寄给住在美国的埃娃·科尼科夫的信件：一整摞薄薄的信纸，上面用极小的字迹写满了内容，其中一些信件被战争审查员涂黑或者彻底毁坏。埃娃的回信不在其中。这些信件以一种奇怪的方式，唤醒了一些 20 世纪 40 年代的记忆，还有关于战争和战后的恢复的记忆。它们展示了战争及其结束在一个本该享受青春、发展事业和规划人生的女性生活中引起的种种感受。除了给埃娃的信，我还获准查阅托芙的记事本和其他的书信，其中她与薇薇卡·班德勒、阿托斯·维尔塔宁之间往来的书信，对这本传记的写作非常重要。托芙的很多短篇小说取材于这些信件和记事本中的内容，很多时候关联非常明显。

当我更深地进入托芙的世界后，我便希望更大程度地从她本人、她生活的时代和她所处的圈子的角度来看待她的作品。这决定了我写作的方式和这本传记的视角。战争和紧接着到来的和平时期，是她人生中最重要的阶段。托芙觉得那些年非常艰难，以至于不想回忆战争。尽管托芙有时会称那些年毫无意义，但其实并非如此。托芙人生和事业上最重要的一些节点，都出现在那个时期，并在那个时期找到了出路。战争时期，也是在战争的影响下，她创作了最初的姆明故事，绘画风格逐渐成熟，创作了非常精美的自画像系列，同时勇敢地绘制了很多独具风格的战争主题的画作。

这部传记的芬兰语名 *Tove Jansson: tee työtä ja rakasta*（意为"托芙·扬松：工作与爱"）来自托芙藏书票上的文字"labora et amare"。* 创作与爱是贯穿托芙整个人生的最重要的两个主题，并且创作排在爱之前。托芙的人生与艺术创作紧紧交织在一起。她的写作与绘画都是在表现自己的人生，她同时从自己身边的很多事物中寻找灵感，比如友情、岛屿、旅行，还有个人的很多经历。托芙一生创作的作品极为可观，实际上可以从很多个角度来讨论，因为她同时在好几个领域施展才华，既是成功的童话作家、插画家、画家、作家、舞台设计师、剧作家、诗人、政治漫画家，同时也是出色的连环画家。

托芙的作品数量繁多，以至于每个要介绍它们的写作者，往往会瞠目结舌。我觉得自己就像托芙在短篇小说集《倾听者》（*Lyssnerskan*）** 中描

---

* 对托芙来说，"工作"在更具体意义上也指创作。——编者注
** 若无特殊说明，本书括注的书名均为瑞典语原名。——译者注（如无特殊说明，本书脚注均为译者注）

绘的耶尔达阿姨一样。那个老妇人决定画一本关于亲朋好友的图集，记录他们之间不同的关系。孩子和他们的父母用红色线条连接，爱情关系用粉红色线条标记。如果某些关系不同寻常，或是不为外界所接受，则用双线条来表示。随着时间的流逝，这项工作似乎是不可能完成的：人际关系总在变化，图画需要一改再改，甚至也没有任何纸张能提供足够的空间，用来描绘这些关系。[2]

耶尔达阿姨的工作终究未能完成。生命长河中，没有任何事物会停滞不前，而时间也会改变过去。有时候甚至会让人感觉，过去恰恰是最容易改变的。对个人和艺术的探究视角数不胜数，而生活却不存在任何情节。存在的不过是一些或是零散或是连续，或是平行或是交叉，或是彼此凸显或是互相遮盖的事件而已。对它们观察、探究得越多，拼凑出来的画面就越复杂。托芙的人生正是如此，她在同一时段做着很多不同的事情。她几乎一生都在进行艺术绘画创作，写了三十多年的姆明故事书，发表了很多插画和连环画作品，也进行了数十年的成人小说写作。

托芙艺术生涯的复杂性和广泛性也影响了本书的结构。本书的框架主要基于时间和主题这两个维度，且试图在二者间取得平衡。如果仅按照时间顺序展开，那么很多事件的叙述就会杂乱无章，而托芙生活的时代以及那个时代的各种文化现象又十分重要，也深深地影响了她艺术和生活的主题，无法忽略。

很多人做过托芙的研究，在这里我只列举其中的一小部分：大约 20 年前，埃里克·克鲁斯科普夫从托芙作为美术家的角度详细介绍了她的作品。瑞典学者波爱尔·韦斯廷做了很多姆明的相关研究，且出版了一本内容详尽的托芙传记。尤哈尼·托尔瓦宁多年来写了很多与托芙的连环画创作相关的文章……与姆明相关的书籍和博士论文数不胜数，其中，最新发表的应该是茜尔珂·哈波宁那部细节翔实的作品。托芙作品中体现的同性恋主题，也是很多学者感兴趣的话题。

我不仅想关注托芙的艺术创作，也想将她与她所处的时代，以及那时的价值观和文化历史，一同呈现给读者。其中尤其需要强调的是她的社交圈对她的影响。托芙的人生故事引人入胜。她挑战了当时芬兰社会传统的思维方式与道德准则，尤其是那个时代与性行为相关的保守偏见。她充满了革命斗志，但从来不是传教者或大众鼓动者。她影响了那个时代的价值观和生活态度，但从来不是旗手，只是坚定地按照自己的意志，安静却毫不妥协地生活。女性应获得与男性同等的地位、独立性、创造性和声望，这对她的价值观而言至关重要。无论是职业还是生活方式，她从不屈从于普通女性的角色。在很小的时候，托芙就写道："自由是最美好的。"这一信念贯穿托芙的整个人生。

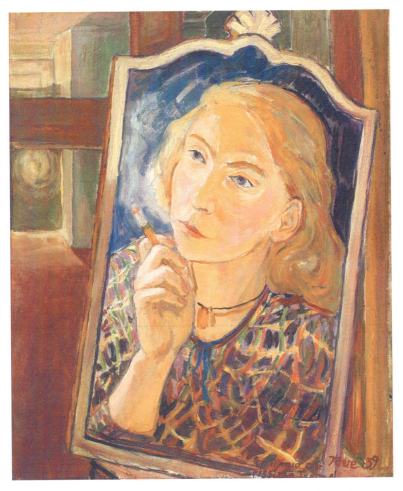

《送给我亲爱的特林卡》，自画像，油画，1939 年

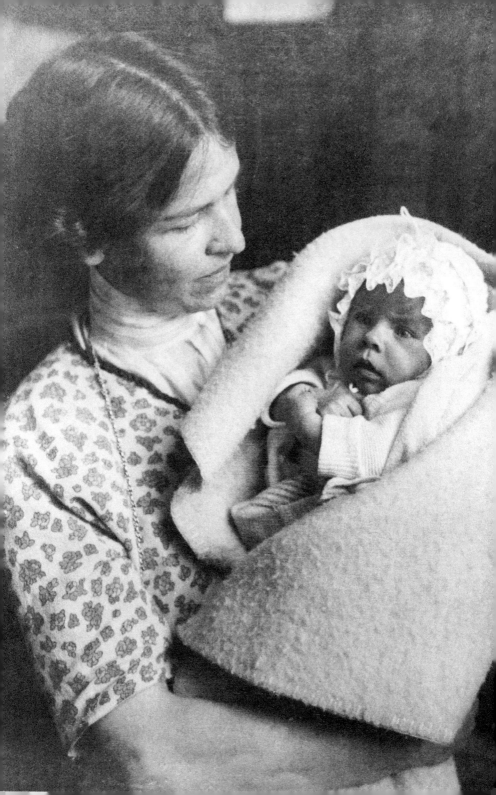

第一章
父亲的艺术，母亲的画作

被战争伤害的父亲

父亲是托芙人生中第一位艺术榜样，也是最重要的一位。父亲认为艺术伟大而严肃，托芙似乎从小就从他身上学会了这一点。父女间的关系很矛盾，既充满着无限的爱，又交织着深刻的恨。父亲希望托芙成为一名艺术家，因为她是两名艺术家的第一个孩子。托芙确实没有辜负父亲的期待。然而，对她父亲来说，托芙也成长为陌生的、无法理解的，甚至令他反感的人。但无论如何，她都成了使父亲无比骄傲的艺术家。

托芙的父亲维克托·扬松（1886—1958）出生在一个芬兰瑞典族的商人家庭。维克托的父亲在他年幼时就去世了。丧偶的母亲继续经营着小杂货店，年轻的维克托经常需要和弟弟一起帮助母亲营业。生意带来的收入并不多，家庭经济状况也一度比较困难。但年轻的维克托仍几次获得机会前往巴黎学习雕塑艺术。

维克托·扬松的雕塑家生涯有一个光明的开端，但他并没有成为当时伟大的艺术家。对于一个雄心勃勃、积极向上的男人来说，这一结果相当沉重。当时芬兰的雕塑艺术领域笼罩在对万伊诺·阿尔托宁的崇拜中，其他人在其阴影下都显得暗淡无光。在一个小国，一次只能有一个艺术神

1

左图：在母亲怀中的婴儿托芙

话，一位艺术天才。

在那个时代，作为艺术家和家庭顶梁柱的男性很不容易。按照当时的价值观念，男人要想保持尊严，必须有能力养活自己的家庭。而对于维克托·扬松来说，妻子必须做有偿工作以贴补家用，一定让他很没面子。更何况，他们还需要时不时向妻子富有的瑞典亲戚寻求经济资助。

就像当时的很多其他艺术家的家庭那样，扬松家的经济状况常常很不稳定。雕塑家的收入取决于太多不确定的因素，比如偶然的机会、作品成功与否，以及艺术领域多变的评定标准。扬松一家简朴地生活着，有时甚至陷入穷困潦倒的境地。在扬松一家中，最重要的就是艺术创作，但它带来的收入实在太少。薇薇卡·班德勒曾回忆起已经成年的托芙与金钱的关系：托芙从小就被教育应当"以怜悯的态度对待一切不是艺术家的人"。[1]这种态度很大程度上缓解了贫困带来的不可避免的痛苦。

20世纪20年代以及后来的第二次世界大战之后，战争纪念碑和白军英雄雕塑的建造需求，为维克托·扬松及其他芬兰雕塑家提供了工作机会。常被大家称作"法范"*的维克托·扬松，建造了四座独立战争纪念碑，其中最重要的两座分别坐落在拉赫蒂和坦佩雷。这些青铜雕塑上的男人赤裸着身体，年轻而健美，仿佛来自古希腊。坦佩雷自由纪念碑（1921年揭幕）上的士兵高举利剑，直指苍穹，似乎正准备英勇进攻。男性的形象雕刻在高高的柱子顶端，看起来凌驾于一切平凡与世俗之上。纪念碑的整体效果呈英雄主义风格，构图则充满性象征主义。这些士兵形象集健美、积极进取和英勇无畏于一身，这些品质是那个时代及其意识形态中最为重要的，所以需要在艺术作品中加以呈现。

---

* 原文为"Fafan"，意为"小老头"，是维克托·扬松上学期间同学为他取的绰号，这个绰号伴随了他一生，后来他也将其用于艺术品的署名。

维克托·扬松雕刻英雄纪念碑显然更多是迫于经济压力，而非出于自己的主观愿望。他的个人作品中，最常见的是柔美性感的女性，还有敏感细腻的孩童。托芙在《雕塑家的女儿》(Bildhuggarens dotter)一书中写道，她的父亲不喜欢女性。觉得她们太吵闹，看电影时戴大帽子，一点儿也不懂社交，在战争时期也不懂得服从命令。只有将她们的形象创作成雕塑作品，她们才能成为真正的女性。现实生活中，父亲愿意接受的女性只有他的妻子和女儿。[2]

艺术家的家庭成员和最亲近的朋友已经习惯了做他们的模特与灵感缪斯。西格妮（1882—1970），也就是大家口中的"哈姆"，是丈夫维克托很多雕塑作品的模特；托芙也从很小的时候就开始做父亲的模特。在1920年创作的作品《女孩的脑袋》中，父亲用大理石雕刻出她的脸庞。作品中女孩敏感细腻的特征和平静的神情，与浅色大理石柔和的光泽完美融合，熠熠生辉。维克托·扬松也创作过一些喷泉雕塑作品，比如在埃斯普拉纳迪公园的卡佩里餐馆附近的户外雕塑作品《玩耍》中，美人鱼形象的模特就是托芙。父亲在作品《旋花》中刻画托芙时，她已经长成亭亭玉立的少女。其名"convolvulus"指的是一种藤蔓植物，通常也被称为"生命之藤"，而作品中展现的少女如同攀爬的藤蔓一般，柔韧而性感。该作品于1931年竖立在凯萨涅米公园，如今仍然在那里。1937年，拉卢卡艺术家之家的女士素描晚会上，托芙讲述了当裸体模特的经历："我摆出父亲《旋花》作品中的姿势。向前迈出一小步，胳膊稍微向上抬起。很小幅的一步，脚尖稍稍向内，双手的动作呈摸索状。父亲说作品刻画的是觉醒或者青春。"[3]

尽管托芙与父亲的关系因种种矛盾而越发沉重，有时甚至带着明显的愤恨，但彼此间的纽带从未完全断裂。托芙与父亲都有着强烈的社会和政治观点，但他们的看法相去甚远，以至于无法理解对方的价值体系。母亲告诉孩子们，父亲在芬兰内战中精神受到了某种损伤，心灵上也留下了无法愈合的裂隙。那个曾经明朗风趣、积极向上的男人，因为战争变得严肃，充满仇恨，思想也变得固执且极端。他脸上的笑容少之又少，表达自己的感受也变得无比困难。父亲远离家庭的中心，家庭的核心由母亲和孩子们组成。然而，托芙仍然非常崇拜父亲，并且在艺术创作中非常依赖父亲的意见。[4]

维克托是那个时代典型的爱国主义者。和很多战争英雄一样，他情感上一直停留在战争中，并且常和战友一起反复回忆过去的那些战斗。他们用狂欢的方式麻痹沉重的思绪。他们常常去餐馆聚会，将妻子留在家中，以免受到女人、孩子以及日常琐事的打扰。这样男人就可以自由地饮酒，畅谈崇高的事物、艺术和生活。那些夜晚充斥着烈酒的气味，虽然那时禁酒令的推行使人们很难买到酒。

维克托·扬松最好的朋友是他的同学，画家阿尔瓦尔·卡文，也是内战英雄。20 世纪初期，年轻的他们曾在巴黎合租过工作室，在赫尔辛基同样如此。他们的友情一直延续到生命的尽头，常常一起狂欢，一起工作。他们的妻子也成了好朋友。两家人常常共同举办聚会，禁酒令实施期间一起私酿烈酒。画家马库斯·科林是维克托和卡文共同的好友。从 1933 年起，扬松家和科林家一起住在拉卢卡艺术家之家，作为同一栋楼的邻居，他们之间的来往持续不断，相处十分融洽。[5]

禁酒令实施期间，赫尔辛基有一些隐秘的地下酒吧。然而也有风险，突击检查随时可能发生，所以聚会也常在家里举行。扬松家也常有小型聚会，有时甚至会持续到第二天。常来的客人有蒂科·萨利宁、亚尔马里·罗科科斯基，以及其他一些当时有名的艺术家。托芙还是小女孩时，常躲在隐蔽处，观察这些男人的聚会。因此在她很小的时候，就对那时的艺术界和艺术家有了一定的认识，也了解了战争和男人的攻击性。她在后来的短篇小说中描写过这些童年记忆，并且恰如其分地总结了男性友谊的本质："男人在一起聚会，大家都是好兄弟，从来不会让对方陷入窘境。兄弟之间可能会说些难听的话，但第二天就会忘记。男人之间不需要原谅，只会忘记；女人原谅一切，但永远都不会忘记。事实就是如此。所以女人不得参加聚会。因为被原谅的感觉很恼人。"[6]

托芙在书中回忆了自己的童年，还有母亲在圣诞节时，小心翼翼地擦拭父亲的那些微型雕塑的场景。这些雕塑除了母亲，其他任何人都不能触碰。不过家里还有更神圣的物件——内战时期的手榴弹。那些从战场带回来的物件是父亲的心爱之物，是他无比崇拜的战争象征。连那些物件上面的灰尘都不能擦去，无论是谁，无论何时。[7]后来托芙曾以男性聚会中的战争记忆和狂躁的行为为主题，创作了短篇小说，故事中，女儿以小女孩的视角回忆了那些如战争般的聚会经过："我很喜欢爸爸的聚会。那些聚会可以持续好几个夜晚。那时我经常会在半夜醒来，又再次睡去，在烟草的雾气和音乐的围绕中摇摇晃晃，半睡半醒［……］。音乐之后，就是战争回忆登场了。那时我就会在被子中等待一会儿，但他们开始攻击藤椅时，我总会从床上爬起来。爸爸把挂在工作室石膏袋中的刺刀取下来，所有人都迅速站起来，大声喊叫，接着爸爸开始用刺刀向藤椅发起进攻。白天藤椅上盖着毛毯，看不清它具体的样子。"[8]

维克托·扬松和内战时的很多白军士兵一样，认为左派思想对祖国是一个很大的威胁。"亲德"思想在当时的芬兰普遍很强烈，尤其是在"冬战"和"续战"时期。父亲信任德国，并将其视为解放者和朋友。他也仇视犹太人。正是父亲的反犹主义思想深深地伤害了女儿。托芙在这件事中

5

态度非常鲜明，她用"Feuer und Flamme"（怒火中烧）一词描述自己的感受。[9]托芙的很多朋友是犹太人，比如萨姆·万尼（1941年之前叫塞缪尔·贝斯普罗斯万尼）和埃娃·科尼科夫。女儿在为《加姆》杂志创作的宣传画中旗帜鲜明地反对德国和希特勒，这也使维克托·扬松很难接受。托芙也常在与朋友的书信中抱怨父亲可耻的狭隘和让人"毛骨悚然"的政治观点。[10]

托芙在记事本中记录了自己作为23岁女儿对家庭的依赖、对父亲的害怕，以及父亲对共产主义的厌恶。托芙的同学塔皮奥·塔皮奥瓦拉因其海报绘制工作受到嘉奖，收到苏联使馆举办的普希金宴会邀请，他说服托芙作为自己的女伴一同参加。宴会有声有色，女士们穿着优雅的晚礼服，会上也有很多重要的人物，包括苏联的部长。那儿有舞会，还提供免费的酒水。参加宴会的人里，有一个是《瑞典新闻》的"专家"，他与托芙父亲熟识。托芙惊恐万分，生怕"专家"会告诉父亲他在这个宴会上遇到自己。她谦恭地走到男人身边，请求对方保持缄默，不要提及在宴会上见到了她。[11]

父亲很难接受女儿的那些男朋友。他们经常不是犹太人，就是共产主义者，或者至少是有名的左派代表。托芙在战争年代交往好几年的男友塔皮奥·塔皮奥瓦拉，是个有着激进左派思想观念的艺术家，也是左派文学联盟"基拉社"的成员。更为有名的是阿托斯·维尔塔宁，他是托芙交往很多年的固定伴侣。阿托斯以其性格上的固执和毫不妥协著称，正如托芙所说，人们常用"议会中的恶童"来形容他。[12]

托芙在公开场合与有名且备受追捧的阿托斯·维尔塔宁之间开放自由的恋爱关系，引起了广泛的道德非议和排斥。这段开放关系同样也引起了她父亲的不满，而阿托斯的左派思想和社会知名度也使得情况雪上加霜。

如婚姻般的恋爱关系不是那个时代的做法，在扬松家所处的那个社会阶层更是被严厉地谴责。性行为应该隐秘地进行，他们的圈子从来不会公开讨论这些，女性被要求在结婚前保持贞操。在这么一个要求禁欲的社会，还未结婚却过着婚姻生活的恋人很难维持他们的名声或信誉。在当时的社会，性关系也从来不是个人私事。托芙的父亲很难超越那些他深信不疑的伴随他成长的观念。尽管如此，托芙这些在各方面都不被认可的男性朋友仍然被允许去扬松家里拜访。父亲很不欣赏他们，却也从来没有用恶劣的态度对待过他们，只不过有时紧张的气氛在所难免。[13]

恋家的女儿

托芙非常恋家。她离开家独立生活时已经 27 岁。在她的整个人生中，她与家人之间的纽带一直十分牢固。扬松家在赫尔辛基。他们的生活圈首先涵盖了卡塔亚诺卡地区，然后是蝶略地区。童年和青年时期，托芙与家人住在卡塔亚诺卡地区的洛翠路 4 号。卡塔亚诺卡地区有很多装饰性很强的新艺术风格建筑，它们对这个成长中的艺术家的想象世界无疑产生了重要的影响。托芙小的时候就常常透过那些椭圆的窗户，观察对面的房子和屋顶的塔尖。它们的锥形顶端和构造比例与姆明屋十分相似，与姆明爸爸建造的浴场更衣室更是如出一辙。类似的形状在史力奇的帽子上也有所体现。

家里无时无刻不在创造艺术，托芙很小的时候就已经习惯了在父亲的工作室中玩耍，与石膏袋、画架上的半成品泥塑，还有数不清的等待浇注铜水的石膏模具为伴。她也习惯了母亲总是在桌角绘制邮票、图书封面和插图。新的作品源源不断地出现。工作与生活从来不是相互对立的，而是相互交织、融为一体的存在。

每个夏天，通常最早在春末，最晚至秋初，扬松一家都在海岛上居住。对他们来说，波尔沃附近的佩林基群岛是一个重要的地方，它离赫尔辛基有 50 千米的路程。想要到岛上，需要先乘轮船，最后的一段路程还需要乘小船过去。依照当时中产阶级的习惯，他们会在孩子放暑假时搬到乡下消夏，扬松家亦是如此。母亲西格妮有固定的工作，只在假期和周末才能去岛上。母亲不在的时候，管家茵比负责照顾日常起居。扬松家在佩林基的不同地方居住过，但一直都在那儿附近。他们租住的第一个地方是古斯塔夫松家的房子。这家的儿子阿尔贝特，也就是阿贝，和托芙同龄，他们也成了一生的好友。之后扬松家在布雷德谢尔岛住了好几年，托芙和最小的弟弟拉尔斯在那里建了小房子。托芙在 20 世纪 60 年代搬到了克洛夫哈鲁岛，那也许是她最爱的岛屿。对大海和群岛的喜爱将扬松一家紧紧联系在一起。佩林基的夏天是最美好的时光，就像托芙的弟弟佩尔·奥洛夫·扬松回忆的那样，"那里比在城市中'更有家的温馨感'"。[14]

1933 年，扬松一家从卡塔亚诺卡地区搬到了刚建成的拉卢卡艺术家之家。那里住着很多不同领域的艺术家，邻里之间的来往也非常密切。托芙有时独自租用简朴的工作室，有时和同学一起合租，但她还是在拉卢卡的家中住了很长时间。她的官方登记居住地址在那里，那里有她自己的卧室和个人物品。在托芙成年并开始画画后，拉卢卡的家变得越发拥挤，因为扬松家的三个艺术家在原本属于一个人的空间里同时创作。所以，个人的工作空间对托芙来说就必不可少，但对于年轻的艺术家来说，租用工作室非常昂贵——通常都太过昂贵。很多初出茅庐的艺术家就是因为没有个人工作空间，而不得已放弃艺术生涯。

托芙人生中第一个完全属于自己的工作空间是 1936 年在基督教堂旁边租的。第二年，她在万利基·斯托尔街道租到了条件相对更好的房间。

在家中，父亲维克托和母亲西格妮刚完成石膏浇注工作

1939年她在体育大街18号找到了新的工作室。工作室的条件很不好。托芙回忆说，她也曾希望能在拉卢卡租到自己的工作室，但那只是无法实现的梦想，因为物业经理态度恶劣地提醒她，她的父亲还有拖欠的房租。托芙仍然待在蝶略地区，离拉卢卡很近。"冬战"期间，她在蝶略街有间自己的工作室，但条件很糟糕，因为女房东常常从道德上监督着年轻女孩的行为，并且十分反感为裸体模特作画之类的创作。幸运的是1940年4月，托芙租回了原先在万利基·斯托尔街道的工作室。[15]

托芙和西格妮在拉卢卡的家中，1944 年

　　各种不同的室内空间，比如公寓和旅馆的房间，都是托芙重要的创作主题。她画自己旅行时过夜的旅馆房间，也画自己的工作室。1943 年创作的《傍晚室内图》，画的就是万利基·斯托尔街道的工作室，画作本身就是在那个工作室完成的。通过那幅画可以想象年轻的托芙从家中搬出去时经历的种种感受。整个氛围混杂着对孤独的恐惧，还有对各种实际生活困难的担忧，比如做饭这类家务。托芙写信给埃娃·科尼科夫时，乐观地表示一切都会好起来的。在扬松家里，管家茵比能很好地处理各种日常事

务，作为家里的女儿自然无须对家务太过上心。

托芙住在家里的日子并不容易，因为父女间截然不同的世界观，他们之间的关系十分紧张。用托芙自己的话说，她有时需要去卫生间把自己的难受全部吐出来。为了家里的安宁，托芙不得不保持沉默，这意味着她要压抑自己的愤怒。当隐藏的感受终于忍不住爆发时，积压多年的愤恨也得以释放。"我对法范说，我痛恨他。"[16]扬松家的朋友兼医生拉斐尔·戈尔丁严肃地建议托芙从家中搬出去，独立生活。托芙自己也在记事本中写道，她在家中再也无法多待一个小时。如果继续留在那里，她的精神会崩溃，再也无法幸福，也永远不能成为优秀的画家。[17]女儿评价父母关系中的父亲时，带着深深的怨恨："我看到最没用、最短视的法范是如何暴虐地摧残整个家庭的；我看到哈姆多么不幸，因为她总是毫无底线地退让、妥协，为我们牺牲了她自己和她的余生，却没有得到任何回报，除了孩子。而她的孩子在男人的战场上被杀害，被扭曲，被变成消极的人……"[18]

从家中搬出去，哪怕只是短暂地搬到自己的工作室，也意味着新的生活——自由、独立和新的秩序。同时也意味着麻烦和各种搬家行李。但最重要的是，它意味着对自己负责。单单是这个决定本身，就对托芙整个存在方式产生了巨大影响，她记录道："之后，当我最终决定离开家，一切都变了〔……〕包括我的口味。贝多芬小提琴协奏曲的柔板曾是我的最爱，但现在我一点儿也不喜欢了。我第一次开始欣赏巴赫〔……〕新的大门打开，我对自己的人生做了一次大扫除。"[19]

随着托芙从家搬离，她与父亲之间的巨大危机虽未彻底消失，但已被成功地控制住。托芙心里感到愧疚，因为知道母亲会想念她。[20]搬家后她与父亲的关系得到改善，他们学会了更多地理解对方。[21]托芙从未切断与家里的关系，即便在那些最艰难的时刻，她也会去拉卢卡吃晚餐，春夏秋也会与家人在佩林基的夏季住所共度时光。尽管如此，多年之后，托芙有时还是会觉得和父亲共处非常困难，她表示："我每个周日都去拉卢卡，但不会去得更频繁，因为和父亲待在一起很困难。"[22] 父亲和小儿子拉尔斯的关系有时也很紧张，并且在"续战"时期矛盾到达顶点，儿子甚至公开反抗父亲。托芙在给埃娃的信中说："我很想警告父亲，小心闹到最后众叛亲离。"[23]

和母亲一起待在玻璃罩下

母亲西格妮·哈马斯滕-扬松是托芙整个人生的中心和至爱的人，她对母亲的爱如此深沉，没有任何人可以超越母亲在她心中的位置。托芙和母亲很多时候是一起成长的。父亲和他的男性朋友在赫尔辛基的餐馆里彻夜喝酒时，年幼的托芙和母亲就习惯了形影不离。母亲对于女儿未来的发展以及职业生涯的影响无疑是举足轻重的。她是女儿的第一位老师，也是最重要的一位。毫不夸张地说，托芙还被妈妈抱在怀里的时候，就开始学习画画了。据说托芙两三岁时就会画画，当时她甚至还不会走路。[24]

母亲工作十分勤奋，托芙在很小的时候就看到母亲在家中持续好几个小时地画画。这显然对她产生了影响，让她觉得墨、画笔、纸张和绘画自然地与女性的生活紧密相连。幼年时期与绘画的关系，加上母亲的指导，造就了托芙在艺术上的早熟，她在很小的时候就已经成为训练有素的插画家。在此基础上，她得以成长为技艺精湛的笔触大师。她发表第一幅个人手绘作品时才 14 岁。次年，她又给不同的报纸创作了好几幅插图。

女儿和母亲生活在一种共生关系当中。托芙曾提及，她的童年宛如与母亲一起生活在玻璃罩下——只有她们两个生活在这个世界中，其他所有

托芙在母亲怀里画画

人都在外面。[25] 托芙与母亲之间强烈又浓厚的感情在《雕塑家的女儿》一书中的短篇小说《雪》里也有所体现：托芙在故事中描写了小女孩和她的母亲被大雪困在房子里，皑皑白雪将房子整个淹没。女儿的心中却充满了宁静和幸福，她想象着，这样就没有任何人能够进入屋子，也没人可以出去。她大喊着"我爱你！我爱你！"来表达自己满心的幸福。她开怀大笑，向母亲扔枕头，完全不希望房子被人从雪中挖掘出来。她们两个与整个世界隔离开来，就像冬眠的熊待在自己的巢穴里般安全。一切可怕的事物都在外面。"最奇妙的是那种灾难来临般的氛围，白雪不停地堆积，慢慢淹没了窗户，我们仿佛生活在绿色的水族箱里［……］但又感到无比安全，与世隔绝一般，似乎任何人都不能再从这里出去，也没有任何人可以进来。我和妈妈就像两只冬眠的熊，待在自己的巢穴里，肚子里装着满满

13

的云杉嫩叶，整个世界不复存在，它死去了，再也没有了。"托芙说，这是真实发生过的事情。尽管实际发生的是她30岁那年曾和母亲在被雪封住的房子中一起画画，共同度过了一个星期。[26]

西格妮·哈马斯滕-扬松是瑞典牧师和宫廷教士的女儿。她曾在斯德哥尔摩的瑞典工艺美术与设计大学学习艺术。维克托和西格妮是在巴黎相识的，当时他们都在那里继续学习艺术。他们之间萌生了爱情，在瑞典举行了婚礼，婚后初期在巴黎生活，也是在那个时候他们有了托芙。[27]

西格妮和她的父母以及兄弟姐妹一直保持着亲密的联系。托芙小时候夏天会去斯德哥尔摩群岛中的布利德岛，在舅舅和外祖父母家度过夏天。布利德岛的风景也常被认为是姆明谷的灵感来源。那里长着郁郁葱葱的大树，还有海岸的自然风光。在瑞典学习时，托芙住在舅舅的家中。他们在瑞典的家族很大，相当富有。在托芙笔下，他们的人际关系也是宽容而温暖的。在短篇小说《我的朋友卡琳》中，托芙描写了表姐卡琳和她的信仰经历，以及外祖父母的生活："有次我和妈妈去瑞典，住在外祖父母家大大的牧师住宅里。房子坐落在海边的山谷中，房子里住着舅舅、姨妈们，还有他们的孩子。"[28]

在内战时期、战后，以及20世纪30年代初，芬兰的状况非常困难。扬松家同样捉襟见肘。在"冬战""续战"以及战后的饥荒年代，他们非常需要瑞典亲戚的帮助。亲戚们通过各种方式帮助扬松一家，给他们寄去食物、艺术家需要的颜料以及建筑材料。西格妮离开瑞典的家庭，远赴芬兰与雕塑家维克托结婚，她放弃了很多很多。在饱受战争和贫穷蹂躏的芬兰，她一定非常想念自己的出生国和亲人。在新的国度，她经历了芬兰作为大公国在沙皇俄国统治下的最后时期，经历了第一次世界大战以及芬兰内战，甚至在内战时期与女儿一起逃往瑞典避难。几十年后，芬兰又迎来了"冬战""续战"、拉普兰战役，以及随之而来的饥荒年代。对于习惯了另一种生活方式的年轻女性来说，芬兰无论如何都不是一个容易移居或宜于生活的国家，但是西格妮似乎顽强地适应了新国度的艰辛生活。托芙曾回忆道："母亲从来不提想家，但她总是一有机会就把我从学校接走，送到瑞典去见她的兄弟们，了解他们过得如何，告诉他们我们过得怎样……"[29]

在《雕塑家的女儿》一书中，托芙写过母亲的乡愁和对瑞典的想念。母亲从瑞典带过来的那些物件能使她想起自己的出生国，她总是试图精心保护它们，尽管是徒劳的："我们从来不在工作室里庆祝，每次都是在客厅里。那里有一整套已经弯曲变形的白桦木家具，是外祖父母的礼物。那些家具总能让母亲想起自己的祖国，在那里，一切事物都保持了它们原本该有的样子。刚开始，她精心呵护着那些家具，如果看到烟头烧焦的印记，或是玻璃杯留下的圆圈印，她就会心疼不已。不过现在她明白，那些只是时间的痕迹而已。"[30]

维克托·扬松是芬兰的瑞典族人，他的朋友也几乎都是说瑞典语的。家里的孩子从小就很好地适应了这种语言，所以整个家庭都说瑞典语。20世纪上半叶，赫尔辛基说瑞典语的人比现在明显多很多。在当时的芬兰，除非被强制性地要求，人们学习一门新语言的动力并不大。西格妮也从来没有好好学过芬兰语。芬兰语的不流利增加了她的孤立感，也限制了她的社交圈子，因而家庭和亲近的朋友变得更加重要。

结婚后，西格妮放弃了自己的独立艺术家生涯，那显然是她在巴黎求学时的梦想。毕竟，她也是为了继续深造才去的巴黎。当时的人们认为女性适合专攻纺织艺术。西格妮也曾尝试在这方面有所作为，还与拉妮·卡文一起参加了1919年芬兰手工艺术之友协会在哥本哈根组织的展览会。但艺术创作及其带来的荣誉感已经不再是西格妮生活的焦点。就像那个时代的很多女性一样，作为西格妮·扬松，她首先是妻子和母亲。如果仔细观察一下身边现实的例子，就会发现当一个艺术家成了另一个艺术家的妻子，她的生活和职业生涯便不再具有吸引力。一个家庭中如果有两个艺术家，往往是男性拥有更多的艺术创作空间。女性常常完全找不到创作空间。她必须牺牲个人的需求和愿望，照顾孩子，料理日常琐事，没有多余的时间投入别的事情。

在这种情况下，如果女性仍然希望继续保持艺术家的身份，尤其是如果她比自己的丈夫更加成功，维持婚姻关系稳定和获得幸福的可能性就微乎其微了。在拉卢卡艺术家之家，西格妮轻易就能观察到身边艺术家的家庭生活，也许正是那些活生生的例子对她产生了影响。维克托最好的朋友卡文、科林和朗纳·埃克隆德，他们的妻子都接受过艺术教育，他们满怀希望地开始艺术生涯，但又都在丈夫的阴影下暗淡起来。女性得到的评论和男性得到的很不一样。女性通常是因为她们的丈夫而被谈起，她们的作品也常被拿来和其丈夫的作品做比较。评论家们很轻易地就会得出"女性受到她们丈夫艺术的影响""她们以丈夫为艺术榜样"这样的结论。这样的反馈显然激不起女性对艺术生涯的兴趣，西格妮也不例外。

艺术家的妻子担负的是家庭的经济责任，经常需要做一些有报酬的工作。男人的艺术生涯在家庭中是最重要的，而女人需要尽一切可能给予帮助和支持，让男人可以集中精力进行艺术创作。与艺术家结婚的女性艺术家的生活看上去并不容易，从各种迹象来看，甚至可以说是十分可怕。很多女性，就像拉妮·卡文那样，认为家里有一个艺术家就足够了；又或者像西格妮自己所言，"家里有一个雕塑家就足够了"。[31] 正如在西格妮·扬松的生活中，丈夫和孩子总是排在最前面。但与此同时，个人的艺术创作也必不可少，她甚至无法想象停止创作的生活。个人的艺术创作需要家庭和亲情的滋养，也需要家人的陪伴所带来的个人幸福。[32]

专业的艺术学习经历，使得西格妮成为丈夫专业得力的好帮手。妻子对丈夫事业的贡献举足轻重，但同时她的贡献又是匿名的，不为人所知，就像那个年代的很多女性工作一样。西格妮有个人署名的是绘图工作，而且她在这个领域取得了耀眼的成就。但是那不能被称为"艺术"——真正的艺术，那"高贵的精神之火"。在那个年代，对应用艺术和美术的评价有着天壤之别，整个20世纪都是如此。当时，应用艺术被看作拙劣的修修补补，"手工艺术"已经是对它的最高评价了。

正是西格妮的工作为家庭带来了稳定的收入。从1924年起，她作为绘图员在芬兰银行的印钞部门工作，同时勤奋地为不同报刊及出版社绘制插图。西格妮是公认的芬兰第一个专职邮票绘制员，被称为芬兰的"邮票之母"。她绘制了无数本图书的封面，也为不同的报刊绘制插图。她为《加姆》杂志所做的工作意义尤其重大，在1923—1953年该杂志社运行的整个时期，西格妮都在为其工作。在她不计其数的绘画作品中，最让人难忘的应该是描绘当时文化界和政界人物的漫画作品。为宣扬自由主义的《加姆》杂志所做的工作很重要，也是因为这份工作直接从母亲传递给了女儿。20世纪二三十年代，该杂志上常能看到西格妮的作品。而从20世纪30年代末开始，托芙则成为对该杂志绘图板块贡献最大的艺术家。就像她的母亲那样，托芙从《加姆》的工作中获得了微薄但稳定的收入。尽管艺术家本应自由地创作艺术作品，他们也需要考虑现实的生计问题。[33]

母亲与父亲一起的生活，使得托芙对女性在婚姻中的角色以及女性的工作进行了反思。她近距离观察到，女性自身和她们工作的价值被严重贬低。父亲维克托显然不是容易相处的理想伴侣。家庭医生拉斐尔·戈尔丁向西格妮问及维克托的近况时，习惯开玩笑说家里的"第四个孩子"最近怎么样。[34] 看到母亲辛勤工作以维持家庭的开销，看到她毫无怨言地满足父亲的各种要求，托芙对母亲抱有深深的同情。她为母亲牺牲自我的生活感到难过，很想做些什么来让母亲幸福。她经常想象着和母亲一起抛弃一切——包括父亲，去国外生活。托芙希望拯救母亲，将她带到安全的地方，去一个遥远的国度，去过更幸福的生活。但她显然从来没有问过母亲是否愿意离开这里，去别的国家。与此同时，托芙也梦想着搬到国外去，有些计划甚至筹备了很久：有时是和朋友一起，有时是和弟弟一起，有时是和爱人一起；有时希望去非洲，有时希望去波利尼西亚。但现实情况是，对母亲的爱将女儿留在了芬兰。"正是因为哈姆，我留在了这里，因为我再也找不到一个如此深爱的人，也找不到一个像她那样爱我的人。"[35]

西格妮是所有人眼中优秀的母亲，也是备受大家喜爱的人。从很多地方，尤其是女儿的信件可以看出，西格妮为人宽容，聪慧，能干，而且善解人意。弟弟佩尔·奥洛夫·扬松曾描写过母亲——一位前童子军领袖，怎样耐心地教他利用风、树干、苔藓、云朵以及蚁冢来判断方向，又怎样"原谅我各种淘气的行为，就像姆明妈妈那样温暖，平静且令人安心"。[36]最小的弟弟拉尔斯同样十分依恋母亲，甚至就像托芙写的那样，有点"过分依恋"。这个年轻人战争时期住在图尔库的叔叔家时，曾给母亲写了很多充满爱意和依恋的信。那些文字饱含着对母亲的深爱和思念，使家人十分担心，西格妮甚至向医生寻求帮助。托芙说，医生建议母亲疏远儿子，并且用冷淡和强硬的态度对待他，甚至说她应该送拉尔斯去劳动营，这个想法吓坏了他。[37]

弟弟佩尔·奥洛夫和拉尔斯

托芙与两个弟弟分别相差六岁和十二岁。佩尔·奥洛夫（1920—2019）[*]先出生，然后是最小的弟弟拉尔斯（1926—2000）。佩尔·奥洛夫说，扬松家隔很久才生下一个孩子，是由于经济窘迫。托芙一直到六岁都是家里唯一的孩子，因为父母在那些年没有钱养育第二个孩子。[38]两个弟弟对托芙来说无比重要，她也强烈而深刻地影响着两个弟弟的生活和思想。战争时期，他们的命运紧紧交织在一起，生活的不确定性给他们带来了持续不断的

托芙和两个弟弟

痛苦。姐弟三人也一起进行了很多创作。佩尔·奥洛夫为托芙的作品拍了很多照片。他们还在1980年共同创作了故事书《姆明屋来了奇怪的客人》（*Skurken i Muminhuset*）：托芙负责文字，佩尔·奥洛夫负责拍摄姆明系列人物的照片。拉尔斯帮助托芙将姆明连环画的文字翻译成英文，后来甚至独立承担了整个连环画的创作工作（并最终独立将它们出版）。姐弟之间的联系贯穿了他们的整个人生，弟弟们的孩子和妻子也是托芙生活的重要部分。姐弟三人都非常有天赋和艺术气息，两个弟弟也写过书，佩尔·奥

---

[*] 本书的芬兰语版于2014年出版，当时佩尔·奥洛夫还健在，此处的卒年为译者补充。

洛夫还是出类拔萃的摄影师。

佩尔·奥洛夫也就是大家口中的"佩奥"。他年轻时因为必须上前线这件事，成为整个家庭最大的担忧和恐惧。他从小就患有哮喘症，这让母亲更加担心他的安全。佩尔·奥洛夫本可以用哮喘这个理由来避免上战场，但是他不愿意这样做。[39] 从托芙给朋友的信中，也能读到她对弟弟深深的爱，以及对他的健康和在前线性命安危的担忧。同样的担忧情绪也充斥着整个家庭。托芙给朋友写信时，常会提及弟弟的近况，提到他终于从北边前线回来度假，整个家庭感到何等的惊喜和幸福。军事行动导致他与家人的联系经常中断，信件也经常无法送达。那时，整个生活都被担忧和恐惧笼罩。[40] 那些年代里，家里最重要的场所就是玄关处的门垫，大家时刻盯着那里，期待着佩尔·奥洛夫从前线寄回的信件会投递进来。[41]

佩尔·奥洛夫年轻时就和萨加结了婚，他们在战争时期经常给彼此写信。他们有一个儿子彼得，还有一个女儿英厄，托芙也非常关心这两个孩子的生活。托芙在给朋友的信中抱怨过，自己自由的恋爱关系没有完全得到萨加的理解，所以她们之间也稍微有些疏远。佩尔·奥洛夫为姐姐拍摄了很多最精美、艺术水准最高的照片。托芙不喜欢拍照，要拍她的照片并不容易，但在她的请求下弟弟也拍了很多适合各个项目的其他照片。

除了西格妮，拉尔斯（又称"拉塞"）是家中和托芙关系最亲密的人。从天赋和性格角度来说，姐弟两人十分相似。他们都很敏感，对探索生活、人际关系，以及整个世界都有浓厚的兴趣，但又都很容易陷入深度的抑郁。托芙说，他们两个内心深处都有属于自己的黑暗国度，他们时常会沉溺其中，迷失自我。但二人的世界很不一样，所以也不容易掉进另一个人的噩梦当中。战后不久，拉尔斯试图与朋友一起乘帆船逃往南非。男孩们在抵达瑞典前就遇上海难，差点失去生命。回家途中拉尔斯坦白自己陷入绝望已经很久，逃往非洲最重要的目的就是逃避自我。他长期失眠，深陷抑郁情绪当中，甚至产生了自杀的想法。幸好他还没有足够的勇气。这件事使之前毫不知情的家庭大为震惊，并在很长一段时间里给每个人带来了很大的心理压力。托芙曾尝试与弟弟沟通，但他拒绝了姐姐的所有提议。[42] 好在后来他们再次建立联系，并且找到了敞开心扉的沟通方式。[43]

1949 年，托芙曾计划与拉尔斯一起移民到汤加王国。可以推测，弟弟的抑郁情绪是他们打算移民的一个原因，托芙也强调是拉尔斯想要移民。但更重要的原因是，他们都希望通过移民，摆脱芬兰当时压抑的社会氛围。经过深思熟虑，他们有目标地存钱，准备搬家需要的其他材料，好在两人的工作换个地方也很方便。他们给汤加总督写信，表示希望能够移民到那里。这位总督回信表示，他们并不受欢迎——这个地方房屋和建材严重短缺，不愿意接收新的移民。但是托芙想，波利尼西亚的海岛也还多着呢！唯一可能将她拴在芬兰的是母亲西格妮，而且拴得很牢，以至于移民的计划没有任何结果。尽管如此，梦想、移民的想法和为其做的计划，以及对移民可能性的认识，对于姐弟来说意义重大。尽管最后只能是梦想，但正是那些逃往天堂的尝试，帮助他们度过了那些黑暗绝望的时刻。[44]

成为艺术家

托芙很讨厌上学，也不是个好学生。她从来不写学校生活，姆明谷也找不到类似学校那样的地方。偶尔提到学校时，她也是带着否定情绪的，比如把学校比作监狱。托芙自己上学的经历很沉重。最让她头疼的科目是数学，因为她完全弄不明白。在西格妮的请求下，学校免去了托芙的数学课程。在素描课上，学生们要仔细观察猫头鹰之类的，然后画下来，对此托芙也非常厌恶。但她一直在进行绘画创作，包括画一些有趣的画报卖给同学，比如《圣诞香肠》。12 岁时，托芙因为在教室黑板上画了一幅老师的漫画而被扣分。这种毫不合理的惩罚方式，显然给一个没有恶意的孩子打上了丑陋的烙印。在学校里，托芙的文笔为大家所钦佩，她的手绘却常常引发嘲笑——当然，那些画确实常常很幽默。她很可能也在某种程度上遭受过校园霸凌。至少她曾在短篇小说中提到过，在她成为小有名气的艺术家后，一个曾经霸凌她的同学给她写信，希望见面叙叙旧，聊聊上学时的往事。不请自来的老同学如此介绍自己："我是玛吉特，以前在学校操场把你打倒在地的那个同学。"[45] 托芙承认自己不想回忆那些上学的时光，也反复提到学校是个很糟糕的地方，她已经忘记了大部分往事，包括她为什么如此惧怕学校。[46] 成年后的托芙也很不喜欢接受采访，因为那些提问让

托芙绘制的自己的学校，20 世纪 20 年代　　托芙的《圣诞香肠》画报封面，20 世纪 20 年代

她想起了可怕的学校和课堂，以及老师们无休止的问题。[47]

16 岁时，托芙获得了父母的准许离开学校，去斯德哥尔摩学习艺术。辍学后，她就没有选择其他职业的后路了。在很小的时候，托芙就清楚地知道自己希望这一生做什么工作，以及需要做哪些准备。所以她的青春没有白白浪费在各种额外的学习上。那时，扬松家收入微薄，就像很多其他芬兰家庭的生活一样，从 20 世纪 20 年代初一直到 30 年代中期，很多家庭的经济都很困难。那是个集体失业和物资匮乏的年代。西格妮不得不做很多工作，以维持家庭的生计。那时候，托芙想留在家里帮助母亲做插图工作，但是父母认为她必须继续学业，尽管她自我感觉很糟糕，也很抗拒上学。

托芙在斯德哥尔摩学习艺术时住在舅舅家，舅舅埃纳尔·哈马斯滕是

14 岁时，托芙绘制的新年贺卡，署名 T. 科纳克（T.Knark）

1933 年，托芙以薇拉·海伊（Vera Haij）为笔名出版了第一本书《萨拉、佩勒与水精灵的章鱼们》

卡罗林斯卡学院的药物化学教授，她上学也没有太大的花销。托芙去了西格妮之前上过的学校。尽管想家和对母亲的担心一直笼罩在托芙心头，但在斯德哥尔摩学习和住在舅舅家的时光，对托芙来说是幸福的人生经历之一，她后来也经常提到这一点。

1931—1933 年托芙在斯德哥尔摩的瑞典工艺美术与设计大学学习，并且在高年级时主攻艺术工业方向，学习图书插画和广告绘图。第一年的学习内容很广泛，目标是让学生熟悉绘画艺术的不同领域。第二年就开始了更加专业的绘画教学。托芙对学校持批评态度，她认为学校教育中占据主导的应用艺术教学很无聊，不过还是有意识地在各个学科的学习中提高自己的绘画技巧。托芙最感兴趣的是艺术绘画。[48] 她很喜欢装饰画，也非常擅长，这是她所有学科中得分最高的。老师推荐她去申请斯德哥尔摩艺术学院。[49] 这些专业学习的重要性不可估量，且在几年后显现出来，因为托芙创作了很多壁画性质的装饰画和玻璃镶嵌画，作品遍及芬兰各地的幼儿园、餐厅、学校等场所，还为赫尔辛基市政厅的餐厅创作了壁画。

毕业之后，托芙不想留在斯德哥尔摩，而是回到赫尔辛基，并开始在艺术协会绘画学校学习。这所学校在当时也被叫作阿黛浓，因为它就在阿黛浓美术馆的建筑内。这也是父亲维克托之前去过的学校。托芙对雕塑艺术不感兴趣，她解释说，自己没有雕塑家应该具备的空间塑形天赋。她的热情都倾注在艺术绘画中。1933—1936 年，她在绘画班学习艺术绘画。那个时候，艺术界发生了很多事情，出现了各种小的革命，追求国际化，力求清除一切狭隘的艺术观念，以改变现有的价值观念。当时在阿黛浓学校学习的年轻人也受到了这些思想潮流的影响。学生们通过离开学校的方式抗议，回来后又再次离开，反反复复。托芙有时也会长时间中断学习，和同学一起抗议学校糟糕的教学。1935 年托芙中断学业，和绘画班的七个同

右图：托芙在阿黛浓学校作画

学一起租了一间工作室。那时托芙是萨姆·万尼的私人学生，这段学习经历也对她后来的艺术发展有着至关重要的影响。不过托芙后来还是回到学校，完成了学业，顺利毕业。

当时艺术协会绘画学校的校长是乌诺·阿兰科，他在艺术理念和个人观点方面，是保守僵化的古典主义代表，并不关心现代的国际化艺术视角。他的观念无法使托芙产生共鸣。托芙曾评价他"只会以《卡勒瓦拉》为创作主题，并将它奉为艺术家的圣经，其他什么都不需要"。对这样的年轻女性来说，阿兰科怕是无法引起她的兴趣吧。在阿兰科看来，要营造准确的氛围，必须去伴侣岛的民族学露天博物馆。[50] 在 20 世纪 30 年代的芬兰，民族史诗《卡勒瓦拉》和国家民族相关主题很受欢迎。但是对于这个刚从瑞典学习三年回来的芬兰瑞典族年轻人来说，这些离她的世界太过遥远。

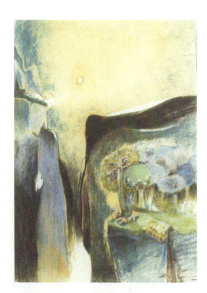

《隐士》，粉彩画，1935 年

除了阿兰科，威廉·伦贝格是另一个受到托芙强烈批判的教师，尤其是他严格遵循的后立体主义形式语言的艺术观点。托芙曾回忆伦贝格突然出现在她身边，并脱口而出："瞧瞧，我的大小姐，您永远都不可能成为艺术画家的。"[51] 很难说这位老师是否对女学生有明显的偏见。在当时芬兰的艺术家中，伦贝格代表着芬兰民族表现主义的反对力量，而蒂科·萨利宁和亚尔马里·罗科科斯基则是这一思潮的主要代表人物。他们的艺术基于冲动和自发性，激起了这位年轻女子的钦佩，尽管他们最有影响力的作品很久以前就已经创作完成。这些男人是维克托的同学，也是对托芙来说很熟悉的父亲聚会中的常客。

尽管托芙极力批判伦贝格，他的教学还是明显地影响了托芙的艺术观念。这位老师最重要的艺术创作原则就是对形状和色彩的掌控，这在后来的几十年中，一直都是托芙艺术作品中的标志性特征。在萨姆·万尼作为私人老师给托芙上课时，伦贝格的原则被不断重复，因为他是萨姆·万尼的榜样和崇拜的大师。而托芙由于对萨姆的崇拜和爱慕，自然很容易受到伦贝格观点的影响。

托芙学习的那段时间，也就是 20 世纪 30 年代中期，是芬兰艺术界非常活跃的时期。那时芬兰艺术界希望摆脱陈旧的氛围，向欧洲现代主义敞开门窗。梅尔·古利克森是那个时代伟大的变革者，她有财富、技能和经验去推动好几项改革。她也在提高女性在艺术界的地位方面发挥了重要作用。据说，1938 年，由阿尔泰克发起、古利克森在赫尔辛基艺术大厅举办的法国艺术展，是芬兰境内首个由女性举办的艺术展览。这也是女性艺术史上的一个里程碑。和当时大多数的现代主义艺术家一样，古利克森也是芬兰的瑞典族人。1935 年，她创立了艺术机构阿尔泰克，作为专门致力于当代艺术的中心。[52]

创办阿尔泰克的初衷，是学习欧洲现有的榜样，将艺术、科学和技术融为一体。尽管经历了几次战争，还有它的另一位重要人物尼尔斯－古斯塔夫·哈尔于 1941 年去世，画廊依然运营得很好。阿尔泰克在自己的场馆组织了很多辉煌的国际性展览，包括费尔南德·莱热和亚历山大·考尔德等人的展览。20 世纪 50 年代，芬兰致力于现代主义和抽象派艺术的艺术家，比如萨姆·万尼和比耶·卡尔施泰特，也在阿尔泰克举办了很多引人瞩目的展览。

1939 年，为了保证大规模国际性展览的顺利举办，效仿前一年瑞典一个协会的模式成立了现代艺术协会。同年，由阿尔泰克发起、在赫尔辛基艺术大厅举办的法国艺术展规模巨大，对于阿尔泰克这样的小机构来说，其工作量甚至有些过于庞大。举办这样的艺术展需要更广泛的基础。这个新的协会举办了芬兰最重要的国际展览。

为了平衡芬兰艺术协会绘画学校的保守和落后，自由艺术学校成立。它的基本价值是国际化，并致力于从国外寻找理念先进的教师。其办学理念也很自由：没有入学考试，任何人都可以来参加素描课。成立学校是梅尔·古利克森的想法，她曾在法国求学，也很熟悉法国的艺术教学理念。自由艺术学校的教师除了亚尔马·哈格尔斯坦外，还有是一些托芙熟悉的，比如威廉·伦贝格，以及后来的萨姆·万尼和西格丽德·绍曼。托

芙曾每天傍晚都去那里上素描课，并在结束阿黛浓学校的学习后，注册成为自由艺术学校的正式学生。托芙很高兴，因为当时教她的老师是充满热情且广受学生好评的哈格尔斯坦。[53] 刚开始，学校在哈格尔斯坦位于乌拉林纳街和卡萨尔米街拐角处的塔楼工作室。托芙在战后租的工作室也是此处。不过后来很多事情变了，管理工作室的哈格尔斯坦也在前线永远倒下了。

托芙在二战前的艺术画作尤其引人入胜，并且和她后来形成的风格类型很不一样。那些画作通常尺寸很大，甚至超过 2.5 米长，不过也有一些小尺寸的水彩画和粉彩画。这些作品都有一种神秘的氛围，如童话一般，常用令人兴奋的奇怪色彩以及强烈的明暗对比。作品的名字都强调非现实的追求，比如《神秘的景色》中，明亮的浅色区域与深蓝色调的风景交相辉映。在作品《童话》（1934）中，画面虽是一片均匀的褐色调，但整体

《神秘的景色》，油画，20 世纪 30 年代

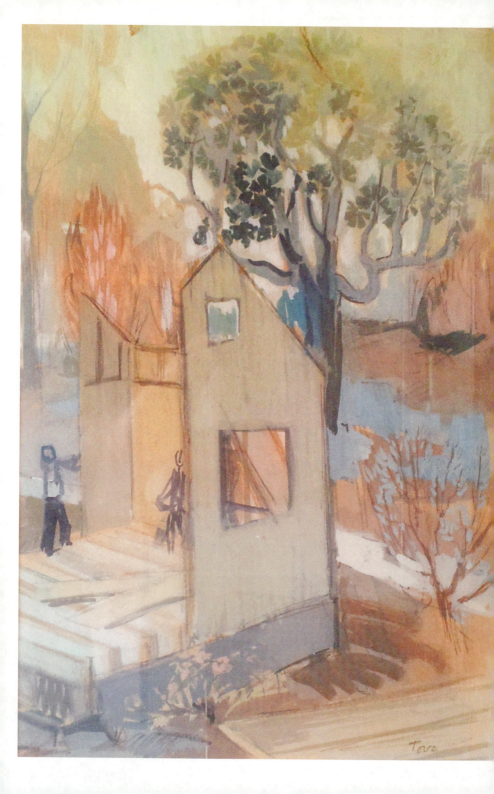

氛围充满了童话气息。森林中王子骑着马，红衣服的女孩正在和小鹿嬉戏玩耍，林中硕大的花朵朝着天空怒放，几乎一切都是非现实的。值得一提的是，这些作品总透露着某种奇异感。比如在《陌生的城市》（1935）这幅描绘石头之城的作品中，这一特点十分明显。从托芙的作品中可以看到，她在斯德哥尔摩那些年学习的壁画艺术对她的深远影响，尽管这些作品的尺寸非常庞大，托芙却可以游刃有余地掌控它们。不过这些作品中也有种讲故事的倾向：最重要的是，故事能带领观众超越日常生活的感受，有时进入童话世界，有时进入自己的内心深处。托芙年轻时的风格非常接近当时的超现实主义，但出于某种原因，她最终放弃了这一创作方向。然而，我们还是能从她后期的壁画艺术作品和以童话或天堂为主题的艺术画作中看到这一时期风格的影子。

20世纪30年代的芬兰，年轻的艺术学生很少出去旅行，哪怕是去欧洲，因此现代艺术在芬兰并不为人熟知。因为母亲的家庭背景，托芙曾经前往瑞典并在那里学习。瑞典的艺术学习机会和国际化程度都远超芬兰。托芙在那里参观了很多艺术展览，比如1932年的巴黎艺术展——那次展览展出了很多后立体主义和超现实主义的作品，尤其是后者，以至于被称为"超现实主义博览会"。托芙曾在《瑞典新闻》上评论过这个展览，表示这种艺术并不能打动她，甚至让她无法理解。

早在1934年，托芙就获得了去北欧以外国家旅行的机会，当时她和母亲一起去拜访母亲住在德国的姐姐。在那之后，她又独自一人去了法国旅行。博物馆中陈列的印象主义画作对她产生了巨大影响，尤其是它们纯净而丰富的色彩。她对德国艺术不是非常感兴趣。

德国的民族主义势力开始崛起，纳粹主义也开始抬头，这些引起了这个年轻女性的兴趣。她将纳粹的旗帜和游行队伍画了下来，或许她也预想

左图：《房子》，20世纪30年代

过，这些力量会怎样改变自己，甚至整个欧洲的生活。托芙一个人将德国游览了一遍。当时，年轻女性独自一人出行非常少见，因为不符合当时的道德规范，甚至也算得上是危险之举。

四年后，也就是1938年，托芙再次出发去欧洲旅行：这次是法国的巴黎和布列塔尼。托芙仍然是只身一人出行，不过现在她有了一定的经济基础。她有能力在巴黎住好几个月，至少从五月一直到九月中旬是没问题的。她与芬兰艺术家团体一同住在巴黎的旅馆。当时，艺术家比耶·卡尔施泰特和英韦·贝克也住在那个旅馆，他们是巴黎的常客。同住的还有亚尔马·哈格尔斯坦和年轻的伊琳娜·贝克斯巴克。托芙对冲突很敏感，团体中的争吵和钩心斗角也让她深受其扰，所以她一直想找到独处的机会。刚开始，她与很多芬兰人一样，在大茅舍艺术学院学习，后来转去霍利工作室。之后她又获得了巴黎国立高等美术学院的入学资格，开始在这所声誉极高的学院学习。托芙已经在两所学校学习过，也获得了两个学位，所以她很清楚自己希望从学习中获得什么。她认为这所备受赞誉的学校还是太过保守，最终决定回到霍利工作室。在那里，她勤奋地创作了很多画作，其中一部分也被保存了下来。

旅行中最幸福的时光，大概是维克托去女儿那里做客的那段时间。他也获得了奖学金来法国学习，现在父亲和女儿有机会悠闲地漫步在巴黎街头，犹如当年年轻的扬松夫妇。一起度过的时光很温暖，也不再有矛盾和冲突。他们之间的情感纽带得到加强，也更好地理解了对方。那是父亲和成年女儿之间关系最好的时光，这段幸福的记忆也被铭记了很久。

离开巴黎后，托芙去了布列塔尼，并在那里迎来了自己职业创作最高产的时期。她勤奋地创作，尤其是画了很多海滨景色。在她很多以焚烧海藻为主题的画作中，都能看到当地壮观的海滩、大海、灯塔，还有作品中

《树根下冬眠的小动物》，水粉和墨水，20 世纪 30 年代

央正在焚烧海藻的人们。那些画作描绘了二战前当地人民的真实生活。旅行期间，她还创作了《蓝色风信子》，敞开的窗户展现了典型的布列塔尼当地风景，画作正中央的窗台上，摆放着一盆蓝色的风信子。托芙接下来几年的个人画展中，在布列塔尼创作的画作经常会出现。

　　临近"冬战"爆发时，托芙还有机会去意大利旅行了一趟，那是很多芬兰艺术家向往的地方。旅行开始于 1939 年 4 月，她先坐船去塔林，途经柏林，最后抵达意大利。一触即发的战争给人带来一种透不过气来的压抑感，整个欧洲屏息等待着。几个月后，冲突就爆发了。黑衫党和法西斯

《蓝色风信子》，油画，1939 年

主义给意大利古老而伟大的艺术与文化蒙上了一层沉重的阴影，谁都无法对此视而不见。托芙如饥似渴地体验着当地的一切，以飞快的速度游览各地。她看到了很多，经历了很多，但没有太多的时间来画画。她去了威尼斯、罗马、佛罗伦萨、西西里岛以及卡普里岛。旅行中的高光时刻，是参观维苏威火山。这座火山伟大的生命充满了烈火与灰烬，尽管它直到 1944 年才爆发。维苏威火山是托芙第二部姆明故事书《姆明谷的彗星》（Kometjakten）的创作基础。她笔触真切地描述了那个空气日渐灼热的世界，只有切身体验过的人，才能写出那种真实感受。因为当时没敢离开旅游团队独自行动，后来很长一段时间托芙都对此耿耿于怀。她梦想着独自一人在火山上度过一个夜晚，与平静的火山共处。显然，从众的压力让她妥协，最终还是与其他人一起乘坐大巴返回旅馆过夜，和他们在那里喝茶、吃晚餐。

母亲教会女儿很多事情，其中最重要的就是勤奋。西格妮一直十分勤奋，她的作品数量庞大，质量却丝毫不受影响。托芙也学到了这一点，甚至更加出色。她积极参与艺术界的各种活动，经常举办个人展览。初露头角那几年里，托芙的作品获得了很多积极的评价，尤其是在芬兰的瑞典语媒体中。她常被评价为年轻且勇敢的艺术新星。作为维克托和西格妮的好朋友，艺术家西格丽德·绍曼看着托芙长大，她为托芙的第一场个人展览写了鼓励性的评价。18 岁的时候，托芙的手绘作品就与母亲的作品一起，入选斯特林堡艺术沙龙幽默画展。1936 年，托芙的作品入选芬兰画家联盟在艺术大厅举办的展览。次年，托芙参加了艺术家春季画展；几个月后，托芙又参加了在艺术大厅举办的艺术学院画展。1937 年，托芙选了《自画像与藤椅》这幅个人作品，参加国家艺术奖比赛。尽管最终没能获奖，但这是《瑞典新闻》刊登的唯一一幅作品。绍曼对这幅充满自信与幽默感的女孩自画像给予了非常积极的评价。托芙也的确很好地展现了自信。她用自下而上的视角审视自画像中的自己，目光坚定，几乎带了几分愠怒。女孩旁边放着一把藤椅，就是维克托在聚会中用刺刀攻击的那把。[54] 在"冬战"开始前那段时间，托芙参加了很多大大小小的展览。芬兰艺术协会在其年度画展上买了一幅托芙的作品，并授予她杜卡迪艺术奖，还奖励了她一笔旅行资助金。她的能力获得了认可和奖励。未来看起来一片光明。托芙年轻有为，但世界骤然改变。战争爆发了。

好友

托芙有很多自小相识的芬兰瑞典族朋友。青年时期她与很多艺术学生来往，说芬兰语的和说瑞典语的朋友都有。她与阿黛浓学校的很多同学一直都有密切的往来，关系最亲密的是塔皮奥·塔皮奥瓦拉。求学时期，她认识了比自己稍微年长的斯文·格伦瓦尔，即她口中的"斯文卡"，还有贡沃尔·格伦维克。沃勒·魏纳也是托芙一位关系很好的朋友。他是舞台设计师，同时也是评论家，为托芙的作品写了很多评论。托芙的其他朋友大部分是艺术家，比如艾茜·伦瓦尔、本·伦瓦尔和伊娜·科利安德等等。托芙恋人的很多好友，也成了对她来说很重要的朋友。通过几任恋人，托芙进入了很多全新的文化圈子。通过塔皮奥·塔皮奥瓦拉和阿托斯·维尔塔宁，她结识了亚尔诺·彭纳宁和阿尔沃·图尔蒂艾宁等当时最重要的左派和自由派作家、艺术家、政治家，还有作家埃娃·维克曼，她生命中非常重要的亲密朋友。通过薇薇卡·班德勒，托芙接触了当时的戏剧界，并结识了有名的导演、演员和音乐家，比如比吉塔·乌尔夫松和埃尔娜·陶罗。陶罗曾为托芙的好几首诗谱曲，比如最受大家喜爱的《秋之歌》。

托芙在短篇小说中回忆了她在阿黛浓学校的最后一天，那也是她与

《危险的旅程》草图，水粉和墨水，20 世纪 70 年代

同学相处的最后一天。那时战争还未爆发，还是和平时期。哪怕不总是相信，哪怕不总是记着，战争依然悬在人们心头，仿佛天空中的乌云。生活仍旧简单而容易。"那是5月，一个晴朗而冷冽的日子，云朵飘在空中，仿佛暴风雨中的一叶帆船。不过阿黛浓的绘画班里却很热，校长阿兰科坐在那里，对我们所有人做告别演讲。[……]我们一起唱了伤感的离歌[……]我们的共产主义者塔普萨向我大喊：他画了一幅不带宣传色彩的、漂亮得不像话的作品，我们能不能偶尔用画去换一两马克？[……]最后我们决定一起去芬尼亚餐厅，因为有人带了钱。[……]一共八个男生，两个女生，埃娃·塞德斯特伦和我……塔普萨和我随着维也纳华尔兹的旋律疯狂地旋转，别人都没办法加入舞池。接着他给我买了玫瑰花。"[55]

年轻女孩怎么可能不幸福呢？托芙设想着自己的未来，她会画画，还能以此为职业，学生生涯已经结束，她也有机会大展身手。她受人仰慕，她会跳舞，而且她也爱跳舞。整个城市刚刚苏醒，春天是如此美好。通往幸福的道路一片坦途，一切都充满了欣喜。"我在岩石上奔跑，四处都是鸟儿悦耳的叫声，东方的天边露出一缕微弱的红色曙光。我高兴得浑身颤抖，我举起双臂，让双脚尽情地跳舞[……]我将外套搭在手腕上，自由漫步在这座城市中。起风了，风轻轻拂过面庞，是清晨凉爽的微风。城市安静而空旷。我觉得很难理解，为什么人们常说，幸福是何等难得。"[56]

毕业之后，学校的同学对托芙来说仍然非常重要。其中最重要的是塔皮奥·塔皮奥瓦拉，也就是托芙口中的"塔普萨"。不过托芙也和其他很多同学保持了长久的友谊。高大英俊的温托·维尔塔宁是托芙很多作品的模特，比如赫尔辛基市政厅的壁画。1943年，托芙为鲁纳尔·恩布卢姆画了肖像，取了很简洁的名字，叫《家具设计师》。画作中央是男人和狗，狗正瞪大眼睛，打量着发生的一切。男人是这幅画的背景，稍显害羞地坐在那里，一只手中握着圆规。地板上男人的双脚间画了一朵白玫瑰，为这幅写实的作品带来了一丝近乎超现实主义的神秘氛围。

托芙最亲密无间的朋友是埃娃·科尼科夫，托芙也叫她科尼或者科妮科娃。她是一名摄影师，与托芙一样，属于赫尔辛基的芬兰瑞典族朋友圈子。与当时的很多流亡者一样，埃娃因为自己的俄罗斯犹太裔身份，又因身在一个处于战争边缘的国家而感到不安，而这些担忧都是有原因的。埃娃年纪尚小时的经历如戏剧般惊险，从圣彼得堡逃亡到芬兰，而现在她不得不再次踏上逃亡之路，这次是去美国。

塞缪尔·贝斯普罗斯万尼——恋人、老师、榜样和好友

塞缪尔·贝斯普罗斯万尼（后改名为萨姆·万尼，1908—1992）在托芙的生命中扮演着多个重要的角色。他是托芙的恋人、老师、引导者、作品评论者和好朋友。男人后来的妻子，马娅·伦敦，也是托芙的好朋友。万尼夫妻与托芙的关系非常亲密，以至于托芙设想在摩洛哥建立艺术家聚居区时，也将他们夫妻考虑在内。托芙也曾和他们一起在欧洲旅行作画。万尼夫妻在20世纪50年代末离婚，马娅后来搬到耶路撒冷定居。随着时间的沉淀，托芙与马娅的友谊越来越深，她们的书信往来也很密切。

托芙是1935年在赫尔辛基艺术大厅布置慈善晚会时遇见了塞缪尔·贝斯普罗斯万尼。维克托对于两个年轻人之间的关系毫不知情，他建议萨姆开始教托芙画画。萨姆是托芙年轻时挚爱的恋人、艺术榜样和影响者。他比托芙大六岁，这对年轻人来说，是相当大的年龄差距。由于患有肺结核，萨姆经常需要去国外疗养院休养治疗，也就是在国外的时候，他有机会了解到国际性的艺术。那时候的芬兰，很少有人去国外旅行，比较

大的国外艺术展览在芬兰也很罕见。

作为艺术家和艺术鉴赏家，萨姆在生活经历上比托芙更胜一筹。他也是一个深谙世故的人，才智超群，对艺术理论很感兴趣，而且是个健谈的人。最重要的是，这个男人英俊得惊人，又是一位才华横溢的艺术家。他们的恋爱关系是典型的师生恋。专业性与情感因素相互交织，加深了这个男人对于托芙这个毫无经验又初出茅庐的艺术家的影响。萨姆·万尼有着强烈的个人艺术观点，也在很长一段时间里被托芙当作艺术的权威。他对托芙的影响常常颇具启发和帮助，但有时权威的话语太过打击这位本就脆弱的年轻女性的自尊，甚至会伴随她很多年。

萨姆对托芙作品的影响有时惊人地明显。他们有着相同的艺术榜样与追求——印象派画家，尤其是亨利·马蒂斯，以及对色彩的强烈热爱。他们画着相似的主题：经典的窗景、自画像、静物和风景画。萨姆是充满传奇色彩的老师，也热爱教学。他的地位和艺术对几代人的影响如此深远，以至于有"伟大万尼的影子"之说。托芙遇见萨姆时他刚刚开始教师生涯，但他的独特魅力显然在当时就已经凸显。

托芙曾回忆萨姆的画室中二人的对话，当时她正在画一个模型。托芙说萨姆非常迷人，听

萨姆·万尼为托芙画的肖像（本图为托芙给出版商的复印件），炭笔画，1935 年

众必须专注地倾听他讲话，着眼于更深刻的层次，才能真正理解这个男人。1935年，托芙追随萨姆的创作，也对大幅画布产生了浓厚的兴趣，同时她心中也萌发出对明亮色彩的强烈渴望。有时她会察觉到，自己几乎没有心思进行"个人的涂涂抹抹"，因为她全身心地投入对老师创作的崇拜之中。[57]

萨姆显然也注意到了这个年轻女孩的崇拜之情，因为托芙在记事本中写道，萨姆曾严肃考虑过他们的关系。他害怕托芙会迷失自我，消融在男人的世界之中，这对萨姆来说很可怕，因为若是如此，托芙就成了另一个人的倒影。那个人"只会思考别人的想法，透过别人的眼睛观察世界，活在别人的世界里。你能保证不会因为我而迷失自己吗？'是的，我当然能。'我顺从地说道"。[58]然而，这一发自内心的承诺有时很难遵守。

从托芙的笔记中我们可以对萨姆极具启发性的教学方式有所了解。"塞缪尔很健谈，兴致总是很高。他把干净的画布安到架子上，开口道：我们来画静物吧，看看最后能画得如何。［……］创作的时候要非常专注，开始下笔前，必须虔诚地祈求上帝的宽恕。起手的第一笔要万分小心，因为它决定了整幅画作的基调［……］你必须用自己的脑袋持续思考，而不是根据某个理论去作画……"[59]

就像很多艺术家的妻子、恋人、孩子以及好友那样，托芙也经常需要坐在那里当萨姆的模特。萨姆为托芙画了好几幅肖像。他早期创作的肖像中有一幅有力且沉重，富有雕塑风格，以暗沉的大地色为主色调，丝毫没有将模特的敏感与快乐描绘出来。画中的女子显然要比模特年长一些，眼神坚定地注视着前方。画中的女子和整幅画都带着一种阴郁、悲哀的色彩，一点儿也看不出画肖像的男子爱着那个模特。但事实上，正是萨姆那只带着爱意的手，在1940年创作了托芙的肖像。那是在柔和灯光下创作

40

的。地板那深得发亮的红色映照在年轻女子的面庞和强壮手臂上，使她的皮肤焕发出健康与活力。连衣裙是偏紫调的蓝色，丝绸或天鹅绒面料的褶皱闪闪发光。背景中，印象派淡蓝色调的薄雾环绕着这位年轻的女子，就像圣母马利亚的光环一样。画面中的女子不仅美丽，还富有主动性和自信，她的目光勇敢地看向作画者和观众。女子膝盖上放着一本素描画册，手中拿着笔，身边的桌子上放着画刷，似乎是在强调模特的创作天赋和艺术家气质。作画者在画模特，模特似乎也在画作画者。

也许正是在为这幅画做模特时，托芙拿着笔和素描画册，开始为心爱的男子画肖像，就是后来我们经常能从托芙工作室的照片中看到的那幅画，它一直在同一个地方。这幅萨姆·万尼的炭笔素描肖像完成于1939年，正是"冬战"开始的前夜。肖像中萨姆坐在那里，凝视着右前方沉思着，似乎陷入了梦境。男子的姿势和奥古斯特·罗丹的雕塑《思想者》一样，那是艺术作品中刻画智者思考的典型姿态。这幅肖像画是尺寸比较大的素描，画中线条的节奏轻快而灵活，但又有力地刻画了男子的形象特征。

自古以来，年轻人的爱情必定不可能一帆风顺。也许是宗教信仰的分歧影响了他们关系的发展。尽管托芙母亲那边出自牧师家庭，但托芙的思想似乎没有受到宗教信仰影响，更遑论因为信仰不同而轻视任

托芙为萨姆·万尼画的肖像，炭笔素描，1939年

何人。托芙在记事本中记录了他们在餐厅分手时真切的内心感受，文字几乎重现了当时的场景，显然是事件发生不久后写下来的。香烟的烟雾熏得人头痛，音乐声音又太大，很难听清塞缪尔说的内容，用托芙的话说，"他用一贯独白式的口吻，解释了他那难懂又模糊的哲学"。关于餐厅碰面的描写捕捉了这位老师与满心崇拜他的学生之间关系的某一瞬间，但也显示出女子对男人有些戏谑的批评态度。

空气中已经有了爱情逐渐消弭的预兆，或者说，是爱情结束的迹象：

> 他的声音很小，却在其他声音之中显得更加清晰。他所说的每一个字都让人立即盲目地相信。[……] "事情是这样的，刚开始我觉得你很性感，之后又有了变化，和你在一起我感到温馨、平静，那是之前任何女性都没有带给我的感受，也是从那时开始我爱上了你。[……] 但是现在，"塞缪尔接着说道，"现在我觉得欲望完全消失了。相反，我在精神上与你更加贴近。现在我希望能够保持与你之间的友谊，那种超脱的、更高境界的友谊，我希望你明白。[……] 那个春天发生的事情是一个警告，预示着我们的关系应该升华，应该寻求精神上的联结。[……] 你记不记得，有一次我们没能成，你为此沮丧极了。你应该知道，那其实是上帝的旨意，他想最后一次告诉我，那并不是他的计划。我们已经被警告很多次了……" 60

贝斯普罗斯万尼是个俄国名字。萨姆·万尼的祖父在年幼时被俄国军方绑架，他们给这个不记得自己名字的男孩取了这个姓氏，意为"没有名字"。男孩后来逃到了芬兰，但一直沿用了这个姓氏。61 第二次世界大战期间，万尼改了自己的姓名，因为他的姓氏会引起反俄人士的反感，名字又会引起反犹主义者的偏见。就像当时的其他很多人那样，他也希望有一个不会引发仇恨的名字，于是将原来的姓名改为听起来更符合芬兰姓名特征的"萨姆·万尼"。改名字的事情让托芙很愤怒。她在给埃娃的好几封信中反复提起这件事，丝毫没有意识到她的这位好友正是由于同样的原因被迫移民美国，远离芬兰战争时期压抑可怕又充满种族歧视的氛围。在托芙看来，塞缪尔清理了自己的人生，抹去了过去的一切，与此同时，那个她熟悉又钟爱的自由不羁的"生活流浪者"也不见了。[62]

更让托芙不平的一件事，是她得知萨姆的父亲在极为富裕的韦斯滕德区给他买了豪华的住宅作为工作室与度假屋，托芙讽刺地称之为"城堡"或"宫殿"。那所新房子又大又气派，配备了很多豪华的设施，从落地台灯到墙上的挂毯，托芙在信中一一列了出来。马娅和萨姆这对年轻夫妇新的高雅品位似乎也使托芙很不快。现在万尼夫妇总是谈论文学和戏剧，总让人觉得活得有点过于精致了。昔日爱人的变化总让人难受，也许还夹杂着些许醋意，不过最主要的还是对过去的怀念与伤感。她写道："塞缪尔本人表现得如此高雅，让我忍不住大笑起来。马娅甚至更高雅。[……]在这个新的萨姆·万尼身上，你再也认不出我们那个曾经邋遢又反复无常的塞缪尔·贝斯普罗斯万尼。"[63]

托芙仍然非常期待萨姆接下来的作品展览。[64] 在当年年底，萨姆确实有几幅画作在艺术大厅展出。托芙认为它们像是"被污染了一般"，她不是很喜欢这些作品。托芙密切关注着萨姆的艺术作品和它们获得的评价，有时满是崇拜，有时满是批判。萨姆的绘画手法变得非常沉重，并且托芙觉得作品缺少了最为重要的东西——光辉。如果作品缺少了光辉，它们就毫无价值。萨姆显然自己也发现了这个缺失，因为他对托芙解释道："我晚些时候再往作品中添加光辉。"[65]

尽管发生了种种变化，托芙和萨姆之间仍保持好友关系。萨姆仍然是托芙艺术创作中的向导和引路人，始终忠实地提供帮助和建议。对萨姆来说，托芙也是值得信任的亲密好友。新度假屋的屋顶漏水、管道出故障、需要铲雪，以及没有足够的钱支付取暖费时，他总会请托芙帮忙。[66]与妻子关系出现危机时，他也会去托芙家寻求意见。萨姆准备展览，全神贯注地进行创作时，经常对马娅表现得心不在焉。妻子则会用类似的方式报复丈夫。在他精疲力竭，最需要陪伴时，马娅独自去了瑞典旅行。在那个年代，做艺术家的妻子并不容易，不能指望男人支持自己的工作，也不能长期全身心地投入自己的工作而忽视家庭和配偶。妻子必须准备好迁就丈夫，在他们需要的时候给予帮助和陪伴。难怪男人的工作和专注有时会引起女人的嫉妒，有时甚至是愤怒。萨姆曾惊恐地告诉托芙，他注意到马娅看向自己的新作时，眼中带着怒气。[67]

托芙画的马娅·万尼肖像，油画，1938 年

1938 年，托芙为马娅画了一幅肖像。在那幅特别的女性画像中，背景十分抢眼，满是烟花般热烈的巨大花朵图案。女子面无表情地坐在花朵前，几乎有些冷漠。出人意料，甚至有些不合理的是，她的上衣竟然敞开着，露出年轻女子美丽的乳房。她的皮肤透着柔和的光泽，洁白无瑕。但为什么在这个明媚白天创作的肖像画中，其他地方都穿戴整齐的女子会袒露胸部呢？半

裸女性形象经常出现在色情图片中，这种局部裸露是为了增加性冲动。但在这张肖像画中完全没有这样的氛围。画像中奇怪的矛盾引起了一些疑问。观看者也许会觉得自己受到了某种程度的戏弄，仿佛正在偷窥一些平常无比但又非常私密的画面。

第二章
青春与战争

战时书信

  战争不只发生在前线，它无孔不入。它是玻璃被震碎的破裂声，是炸弹的轰鸣声，是英雄坟墓旁敬礼的炮声。它决定了生活、住房、食物、健康和人际关系。战争也会带来死亡、成功和巨大的伤痛。战争时期人们的感受非常极端。战争催生了很多深刻的、不可调和的仇恨。仇恨情绪被合理化、被允许，甚至在很多人看来，它是可取的、爱国的。痛苦随着战争的持续而增加，表现形式也越发多样。爱情与欲望也在战争中找到了自己的立足之地。人们带着对死亡的恐惧和对生命的渴望，在坟间歇斯底里地跳舞。他们渴望忘记一切，以酒精来麻痹伤痛。清醒时，他们都在沉默，迷醉时，恐惧才会流露出来，却永远也摆脱不了。每一天、每时每刻都要以不同的方式与生存问题抗争。生存的压力消磨着人的生命力，使他们麻木而脆弱。

  好友也因为战争而各奔东西。从圣彼得堡逃到芬兰的埃娃·科尼科夫又逃去美国，作为犹太人，她感到"冬战"与"续战"之间芬兰的社会气氛非常压抑，每时每刻都在担忧新的战争会爆发。托芙似乎没有完全理解好友感受到的恐惧，就像她没能意识到萨姆·万尼改掉俄罗斯犹太背景

左图：埃娃·科尼科夫为托芙拍摄的照片，20世纪40年代初

名字的动机。从托芙 1941 年的信中可以看出，她并不相信埃娃会感到焦虑："你再好好想一想自己为什么消失，你肯定知道原因！我猜，逐渐逼近的战争不过是一个借口，你只是希望再次离开，因为你一直有着漂泊的愿望——当然，还有因为你放弃的一切而带来的无尽伤痛，你想要摆脱它们。难道不是吗？"[1]

托芙给埃娃写了很多封信，30 年间积累下来有近百封。这对年轻的朋友在信中分享各自的梦想和恐惧，思考人生、工作和爱情——年轻女性们最重要的人生话题。战争年代的书信寄送很慢，有些在中途就丢失了。信件审查也非常严格，审查的印记体现在信纸被涂黑或者直接被裁剪掉的地方。由于信件经常无法送达，基本上不能对此抱有期待。这些信件更像是日记般的文字，而不是两个女人之间的对话。托芙自己也在给埃娃的信中说，她主要希望能通过写信梳理自己的想法。[2] 这些信件仿佛是来自过去时光的问候，带着那个时代的价值观、问题，以及对战争的恐惧。它们记录了托芙的日常生活，对食物短缺等问题的持续担忧，以及最主要的，对在前线战斗的爱人、弟弟和朋友们性命安危的忧虑。由于严格的政治审查，与战争相关的字眼是不能出现的。

这些信件凸显了年轻女性在那个年龄和人生阶段关心的问题。生活真正地拉开了序幕，她必须掌握职业技能和思考各种选择，因为人生尚可被改变。这些信件反映了一个年轻女性的成长史，还有艺术生涯初期的希冀、失望与挣扎。托芙向好友倾诉着自己那些抽象的恐惧——我是否有爱别人的能力，我爱得够深吗？我能够通过艺术带给人们价值吗？我会获得幸福吗？托芙最希望知道的是，生活与艺术中最重要的是什么。与任何一个年轻人一样，爱情与未来伴侣的选择有时也会占据托芙的脑海。幸运与绝望、欣喜与沮丧往往交替出现。即便处在战争时期，托芙也与所有时代的年轻人一样，在青春情绪的过山车上起起落落。

抑郁情绪经常占据托芙的内心，剥夺她对一切事物的兴趣，甚至艺术都无法赋予她快乐和精神支持。"埃娃，最重要的事情都变得无足轻重！他们把世界变成另一副模样。不，是我们自己放任世界被改变，变得面目全非，我们从中再也找不到任何生存的空间！绘画本身就很困难，现在由于战争，我甚至连创作的欲望都没有了。"[3]战争引发的情绪反映在深深的无助感中，有时候人们甚至想要抛弃一切。"续战"持续半年后，托芙在信中写道："战争无处不在，整个世界都处于战争中。[……]有时候我觉得，整个国家积攒的焦虑压得我喘不过气来，威胁着要将我炸得粉碎。我从来没有这样混乱过，同情与悲痛交缠，爱与恨交织。一方面希望不受影响，正确且有尊严地活着；另一方面又只想摆脱这一切，哪怕是不顾尊严地爬着逃离。"[4]

悲伤的事情很多，而且常常发生在托芙身边。关系亲密的科林家和卡文家的儿子都在前线牺牲了，画家内利马尔卡家的儿子也倒在了战场上。敬爱的老师和好友亚尔马·哈格尔斯坦在1941年就牺牲了，同样牺牲的还有塔皮奥·塔皮奥瓦拉的弟弟纽尔基以及很多其他好友。所有这一切都发生在持续恐惧的背景下，尤其是在那些弟弟和爱人预期来信迟迟未到的时候。恐惧就到达了顶点，他们陷入死寂的沉默。"家里像一口无声的黑井，每个人都淹没在自己的想法中。"[5]

埃娃·科尼科夫

战争时期一切美好和平的意义越发被强调了。托芙在信中描述刚刚度过的圣诞节，节日一定程度上缓和了生活的凄苦和持续不断的恐惧。托芙希望，战争时期一年能有好几个圣诞节。[6] 真实可怕的战争经历她常常一笔带过，比如，"鬼子们很疯狂"。信中写得最多的是食物储备。[7] 托芙在信中多次提及对食物短缺的担忧。夏天和秋天时，人们会尽力采集一切食物，为冬天做准备。整个家庭都去采摘浆果、蘑菇，还有各种草和树叶，采收地里的蔬菜和水果，提前买好面粉，储存好鱼肉。托芙在信中写道，管家茵比为家里采摘了三叶草、覆盆子叶子，以及"一切能吃的东西——我们变成了真正的食草动物，如果偶尔有机会吃到一块肉，反而会觉得自己像人猿泰山一样奇怪又野蛮"。[8]

为了抵抗悲伤和灰暗情绪，人们会举办聚会，像迎接末日一般尽情地狂欢。尽管在战争时期，人们还是想要跳舞，而托芙热爱跳舞。只需要拉上遮光窗帘，打开音乐，然后沉浸在舞曲之中。这在战争时期是被禁止的，但人们也会偷偷跳舞，喝无穷无尽的酒，进行无休无止的交谈，而所有的对话最后都会以一句话结束——"要是战争结束就好了"。若是偶尔能感到快乐，就会觉得很有负罪感。[9] 很多时候，厌战情绪会变为狂欢，就像在艾茜和本·伦瓦尔的公寓里举行的"五一"派对上，人们歇斯底里般地喝酒，疯狂地跳舞、争吵、大笑。托芙写出了聚会的绝望气氛。显然正是在战争的压抑与酒精的作用下，人们的情绪彻底失控。[10] 托芙自己的工作室也经常会有彻夜狂欢的派对，和以前维克托在家中举办的聚会有些类似。

托芙在 1941 年创作的油画作品《派对后》，描绘的正是战争时期那些聚会的场景。这幅画的另一个名字叫《宿醉日》。它描绘了一对新人在画室跳舞的场景。婚礼捧花被随意地扔在地上，桌子上满是红酒瓶和酒杯。

一对恋人坐在桌旁正专注地拥吻。一个孤独的男人站在角落，看着眼前戏剧性的一幕。画中的人物都没有面部细节，房间里放置着托芙使用的经典道具：大提琴、纸张和维也纳椅子。托芙笔下的聚会并不快乐，最后她在画布上写下了"宿醉日"。她在一封信中写道，见一见朋友挺好的，"但是我更愿意背过身，面向墙壁，谁也不见。只要战争存在一天，我就宁愿自己从未来过这个世界"。[11]

即便是日常琐事，也会染上战争的阴影。托芙记录了自己在东正教教堂露台上画画的那些日子，每天勤奋地从清晨画到黄昏。户外作画对她来说很难，有时甚至会引发恐慌。从乌斯别斯基大教堂视角俯瞰的城市图景

《派对后》（又名《宿醉日》），油画，1941 年

十分壮观，工厂的烟囱和房屋的形状都能激发很多灵感。那里也很安静，只有一些身穿黑衣的人去教堂做礼拜。那个地方能够让人静下心来画画。"一个身材瘦小的苏联老奶奶小心地走过来观看，然后用自己的语言快速地对我说话。我看了看她，她的微笑立马僵住，一脸歉意地后退。我用俄语对她说'没关系的'，她的微笑又回到了脸上〔……〕我无法仇视她。"[12]

在赫尔辛基街头画画的年轻女子并没有引起多少赞赏。托芙1941年在记事本上记录了自己在码头画画，"总有一个又一个一厢情愿的'好心人'上前提醒她，姑娘们应该回家去生孩子，因为战争随时都有可能爆发"。[13]女性的职责是生孩子，带来新的生命，成为新的士兵，替换掉战场上倒下的人，当时的号召确实如此直白。国家需要新的孩子，便开始将有六个孩子的家庭当作楷模来宣传。这些需求是托芙不愿意满足的。然而，她从未试图逃避战争强加给她的工作义务，而是积极参与各种农业劳动和工厂工作。她在阿黛浓学校为战士们缝制冬衣和面包袋子，积极参加各种慈善活动。[14]不过托芙不愿意参加"洛塔"志愿服务妇女准军事组织，因为她有着强烈的和平主义价值观。在反战这件事上，她态度非常坚决，在一个充斥着战争宣传并受到自卫意志鼓舞的国家来说，这并不常见。托芙一遍又一遍地思索战争的意义和合理性。"有时候我陷入了深不见底的绝望，为所有那些在前线失去生命的年轻人感到悲伤。他们中的每一个人，芬兰人，苏联人，德国人，难道不都拥有同样的生存权利，都有权利好好生活，努力让人生有所作为吗？"[15]"在这个不断重蹈覆辙的地狱中，是否还能期望重新创造新的生活？"[16]

从战场回来休假的好友经常带着满身的疲惫、饥饿和绝望回来，并且害怕再次回到战争的地狱中。他们饱受战争和环境的折磨，精神和肉体都受到了损坏。他们渴望一切可能的照料、食物、干净的衣服和休息。但对这些年轻男子来说，他们最渴望的是女性的怀抱和身体上的抚慰。[17] 从人性的角度来说，他们需要被理解，但这要求女性做出艰难的个人抉择，并且背离当时奉为规范的道德准则。

有时候人们会惊恐地发现——遑论理解，战争和前线的环境是如何影响和改变了年轻人。托芙记录了自己的老朋友到访她的"火车站"——她这样戏称自己接待了很多朋友的工作室。与这个名叫马蒂的朋友再次见面时，托芙感到万分震惊。这个年轻人曾经是有些害羞敏感的幻想者，对诗歌、哲学和艺术都有着浓厚的兴趣，但现在完全变了。他向往战争，满心期待着胜利的欢欣和征服的狂喜。这个年轻男人觉得权力是最重要的，纳粹主义才是正确的方向。征服消灭小国也是正当的。在那个世界中，不需要个人主义，也不需要书籍和诗歌。他渴望战争，享受战争，而且要在公众场合大声吼出自己的那些想法，比如在托芙的工作室中——就在托芙笔下美好的工作室中，那里存放着她的静物画，她在那里为自己的睡衣缝蕾丝花边，听贝多芬的音乐，还有给在前线战斗的爱人写诗。[18]

好笑又可怕的图画

售卖艺术画作能得到很不错的额外收入，不过托芙的稳定收入来自插画工作，学业结束后她画得更多，在1941—1942年为艺术卡片中心画了很多圣诞和新年卡片，还有动物和复活节主题的明信片，报酬也很不错。她最主要的工作是为许多期刊、圣诞年鉴、报纸和儿童杂志绘制插图，也为不同出版社与杂志绘制漫画、书籍封面和各种配图。很多在芬兰和瑞典发行的出版物，比如《加姆》杂志、《路西法》杂志、《海博卡蒂》杂志、《瑞典新闻》和《阿斯特拉周刊》等等，都是托芙的雇主。她是广受欢迎

托芙众多动物主题明信片中的一张，20 世纪
40 年代初

的平面设计师。1946 年，《加姆》杂志骄傲地宣称，其常驻插画师托芙·扬松是"芬兰无可非议的最优秀的漫画家"。[19]

托芙也确实非常高产。插画工作的报酬很低，为了勉强维持生计，还是得努力地画更多。也难怪她有时候会叹着气说自己"只是个绘图机器"。[20] 托芙经常抱怨没有获得自己本该获得的艺术家奖学金。她猜人们大概认为她画了那么多插画，应该很富有。

托芙那辛辣尖刻的幽默几乎涵盖了一切事物，她用充满智慧又非常日常的幽默来看待战争的恐怖。在艰难时日，兴许幽默才是反抗恐怖的最好方式，否则这些画作可能会立马被抵制。在瑞典 1941 年的一次评选中，托芙·扬松被评为"北欧最幽默的漫画家"。在给埃娃的信中提到此事时，她甚至有些困惑地表示，尽管周围的恐惧无穷无尽，自己似乎仍能保持那种幽默感。[21]

托芙的政治漫画，尤其是在《加姆》杂志发表的那些，是她作品中独具一格且非常重要的一部分。那些政治漫画异常勇敢，犀利地审视着那个时代引发的痛苦。它们体现了托芙不顾个人前途的非凡勇气。如果这个国家被占领或者被征服，那么上台的将是苏联或者希特勒的德国。胜利者会清除这个国家强烈反对它们的那些力量，所以很多人在公开场合很低调。

批判敌人的图画和文字以匿名形式发表是最安全的。没有人想去集中营，或者被流放到西伯利亚。

托芙为《加姆》杂志创作的漫画通常都带着对战争和战争行为的抨击。那些画作反映了作者对战争的强烈厌恶与和平主义思想。在一个处于战争状态的国家，官方的态度是歌颂战争，或者至少也要鼓舞公民奋起抗争，保家卫国。战争审查强调军事胜利，己方士兵的勇气与意志力，以及敌人的凶残。而自己国家的苦难、战争中的巨大损失及伤亡人数，这些信息都要尽可能地避而不谈。并非所有芬兰人都喜欢托芙的漫画，因为在这些漫画中，战争是威胁一切生命的破坏性力量，它们公开展现了战争可怕、悲惨的一面，而这是官方绝对不允许的。必须强调斗争的意志，还有最重要的爱国主义、牺牲精神，以及夺取胜利的渴望。

托芙用自己独特的幽默，刻画了战争带来的物资短缺和饥荒。观者不知道到底该哭还是该笑。比如，在那幅排队购买鲱鱼的画中，一个孤独的老人在冰上钓鱼，身旁等待买鱼的人排起了百米长队。本该打鱼的人都上了战场，这时候能指望谁去打鱼呢？1941—1942年间战火纷飞的冬天是战争时期饥荒最严重的时候。糟糕的事情不能在公开场合大声谈论，哪怕要拒绝真相，也必须保持团结一致的防御精神。但是饥饿对大家一视同仁，无

排队买鲱鱼需要耐心，《加姆》杂志新年期刊封面草图，1941—1942年

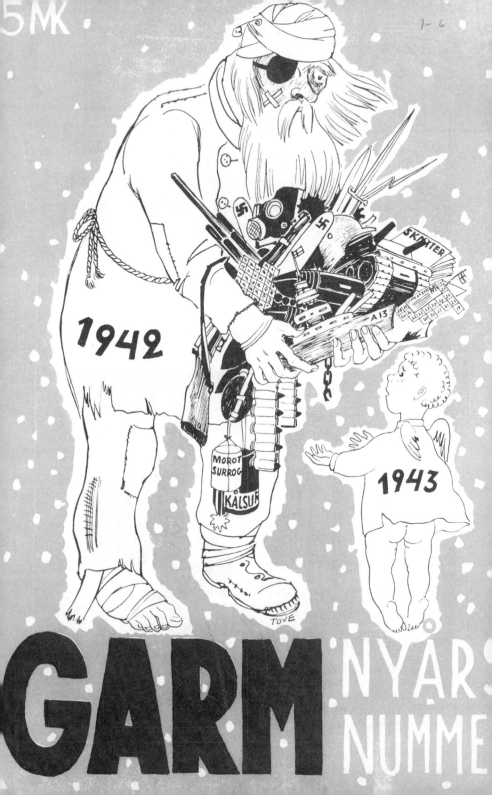

论战争宣传做得多好，每个人都会感觉到自己腹中的饥饿感。下一年的新年愿望也是让人无比触动：画面中，衣衫褴褛的老人代表旧年，他只剩一只眼睛，还负了伤，把礼物递给代表着新年的小孩子。但他能给的礼物除了食品券、枪支、防毒面具、子弹，还有战争玩具，就再也没有别的了。

托芙有着非凡的勇气，她敢于挑战当时的官方政策，也没有以保持沉默或匿名的方式来保护自己。从 20 世纪初开始，芬兰就一直保持着亲德传统，文化方面甚至更早。1940 年，芬兰与纳粹德国结盟。在那之后，反对纳粹主义的《瑞典新闻》和《加姆》等报刊上的政治漫画引起芬兰人的很大不满。相对而言，芬兰的瑞典语媒体在表达政治观点方面表现得更加勇敢，有时也会遭到报复。《瑞典新闻》因为公开反对纳粹德国而被迫叫停，不过该报纸并没有停止发行，只是换了一个名字——《时事新闻》。《加姆》杂志也常常面临同样的关停危机，不过都挺了过来。

作为一个敏感细腻的人，托芙深深地受到了战争的伤害。不过从那些狠狠嘲讽希特勒的漫画中，也可以看到作者的喜悦。在《加姆》杂志，她有一双自由创作的手，并且很好地利用了这一点。托芙后来也说自己很享受《加姆》的漫画创作："我最喜欢的一点，就是可以在漫画中随心所欲地挖苦讽刺希特勒。"[22]

甚至在战争前，许多芬兰人就已经开始支持希特勒，那幅以玩偶店的小女孩为背景的漫画就体现了这个社会背景。小女孩想买一个会说"妈妈"的玩偶，但售货员告诉她，店里只有一种会说"希特勒万岁"的玩偶。这幅画最早在 1935 年发表于《加姆》杂志。

托芙在作品中嘲讽纳粹主义和希特勒，在她的画中，这种基于恐怖、专制和盲从的力量似乎消失了，威胁欧洲的怪物在她的笔下不过是一个可悲可笑的小丑。尽管如此，在这些讽刺画中希特勒的形象清晰可辨，既好

57

左图：旧年把礼物送给新年，《加姆》新年特刊封面图，1942—1943 年

笑又可怕。1938年10月，托芙画了一幅希特勒的讽刺画，把他描绘成了一个撒泼打滚的贪婪小孩。孩子形象的希特勒尖叫着"再来点蛋糕！！！"，尽管他已经得到印着各个国家名字的蛋糕块，还有一整个地球形状的蛋糕。这幅画暗讽了几周前签订的《慕尼黑协定》。当时，几个大国将捷克斯洛伐克具有重要战略意义的苏台德地区割让给了希特勒，而这又为各国自由进入该国打开了非常便利的通道。

《加姆》杂志的主编曾表示自己很惊讶，因为杂志社和他本人竟然没有被指控"侮辱友好国家元首"。[23] 同样的讽刺手法也在另一幅画中有所体现，画中希特勒坐在王座上，旁边放着炸弹，他的臣民被炸药、火药和硝化甘油包围着，他们正等待着希特勒发布是否点燃火柴的命令。希特勒摘着雏菊花瓣来做决定："点，不点；点，不点……"希特勒讽刺画中最有意思的一幅，是他一人分饰九个不同角色，在拉普兰忙着抢劫掠夺一切，带不走的那些就全部焚毁。这也是拉普兰真实发生的事情。

托芙描绘祖国战争的画作十分感人。这些作品很真实，同时又能将温馨的事物与恐怖结合起来，通过两者的对比，在那个时代的观众心中掀起大的情绪风暴。《加姆》杂志1941年圣诞节的封面图中，被拯救的圣诞老人带着装礼物的麻袋站在云端。可怜的圣诞老人悲伤地凝视着地面。云朵下方飞机向正在燃烧的大地不断投放炸弹，天使们都惊恐地飞向别处。这幅画很有趣，带着圣诞氛围，但又重现了十分凝重的现实。1943年的封面图中，托芙用完全不同的方式刻画了战争的可怕。那幅画用细腻的线条描绘了一个小男孩坐在圣诞树下。男孩正在用玩具手枪射击，正巧刺穿了挂在圣诞树上的天使的心脏，子弹仍然继续向前，直直地朝着正在安静燃烧的蜡烛烛芯射去。《加姆》杂志同年9月的封面图十分压抑，画面中被烧得漆黑的大地上方，被炮火和爆炸染红的天空出现了由炮火形成的歪斜十字架，一个受惊的天使站在十字架的交叉点上，惊诧于眼前世界的恐怖。1945年战争终于结束时，《加姆》杂志用一幅封面图庆祝和平的到来，被炮火烧焦且摧毁的大地上方飞来了和平的象征——白鸽。生活十分艰苦，但如果愿意相信，希望总会有的。托芙的画也刻画了人们对于未来不确定性的担忧和恐惧。比如，《加姆》杂志1944年9月的封面图中，扭曲的黑色带刺铁丝网上方，画着一个大大的鲜红问号。

政治讽刺画是托芙的工作，任务也很繁重，但尤其是为《加姆》杂志画的政治漫画，也是她用来发泄攻击性情绪和排解恐惧的重要途径。通过这些漫画，读者也找到了释放自己内心压抑情绪的渠道。托芙的交际圈在政治上很活跃，这也一定程度上鼓励了她勇敢地反对主流意见，而不是遵循因恐惧而产生的谨慎和被称为"自我保护"的本能。

为糟糕的世界增添色彩

战争影响了托芙重视的一切，以及她正在做的一切。然而就像在其他许多芬兰艺术家的作品中一样，战争本身在她的画作当中很少出现。不过托芙也确实创作过几幅刻画防空洞的作品。在这些作品中，满是恐慌、没有面孔的人群正躲避空袭。画作逼真地刻画出充斥着昏暗空间的压抑气氛。只有像托芙那样，深刻地亲身经历过防空洞，经历过战争带来的压抑与恐惧，才能如此生动地描绘出战争时期真实的日常。

托芙画得最多的是花卉静物，那些美丽鲜艳又热烈的花朵，是对战争造成的恐惧、灰暗与痛苦的一种平衡。是对沉重现实的逃避，还是在色彩与美丽中的片刻栖息？可能两者皆有。托芙热爱一切光辉耀眼的事物，她在与朋友几十年间的通信中也多次提到这一点。描绘花卉为创造光辉的画

作提供了很好的机会。托芙充满热情又孜孜不倦地画过很多花朵：有花卉主题的静物画，也有花卉作为静物画的背景，肖像画中出现过花束或者单朵的花。当时人们有购买花卉作品的需要，她也出售了很多花卉画作。1941 年，艺术家沙龙甚至举办过纯花卉主题的画展，托芙也将自己的一些描绘花卉的作品带去参展，前面提到过的在布列塔尼创作的那幅《蓝色风信子》就在其中。西格丽德·绍曼热情地赞扬了这幅作品，认为这幅画中的花朵是梦想的象征，而不仅仅是单纯地展示花朵。她特别注意到了画作中细致的色彩渐变。清冷而明亮的浅蓝色调光线从敞开的窗户涌入室内，将蓝色的花朵包围住。花朵也反映了托芙的个人感受。当爱情生活陷入困境时，她给埃娃写信说自己开始画白色的蝴蝶兰，带着死亡般的蜡像感，但是异常美丽。[24]

人的脸庞也是托芙一生都为之着迷的描绘对象。她作品的很大一部分都在展示人的脸庞，有时是作为身体的一部分，但通常是近距离的面部特写。自画像的创作伴随着她整个创作生涯，是她众多作品中的一个重要主题。通过这些自画像，我们可以观察到托芙每个人生阶段所带来的感受，同时也可以追溯她的艺术发展历程。1940 年，托芙画了一幅名为《抽烟的女孩》的自画像。这幅自画像是侧脸和一只手的特写，画中的她看起来自信不羁，不好相处。这幅作品完成时，"冬战"已经结束，空气中弥漫着等待"续战"爆发的气息。不过在这短暂的和平时期，还是能将那些最可怕的恐惧暂时抛到脑后。就像这幅画的名字描述的那样，画中的女子正享受地抽着烟，灰色的烟雾与蓝色的背景交织在一起。托芙抽烟，而且抽得很凶。这是那个时代的习惯，尤其是在艺术家圈子中。这幅自画像整体来说很有意思，色彩鲜艳，有红、黄、蓝三种色调。买家是个烟草商人，要把这幅画用在商业广告中。托芙对此有些困惑，不过卖画那笔钱还是受欢

左图：和平天使站在被战争摧毁的大地上空，《加姆》杂志，1943 年

迎的。

在画《抽烟的女孩》这幅自画像时，托芙也开始为埃娃画肖像草图，并在1941年完成作品，彼时好友已经离开芬兰去了美国。托芙在给埃娃的信中，高兴地告诉好友，这幅作品在画展中获得了很好的评价，而且她故意将价格定得非常高，这样就没有人愿意买。她想要自己留下这幅作品。很久以后，托芙将这幅画当作礼物寄到远在美国的这幅画的模特。这幅作品中，埃娃坐在维也纳椅子上，格子地板上随意散落着纸张，也许是乐谱，角落里放着一把大提琴。背景是一扇门，还有厚重的巴洛克式褶皱窗帘。画中的女子只穿着睡裙，光着脚，似乎是刚睡醒起床，或者正准备入睡。埃娃的父母对画中女儿的半裸形象感到震惊，而托芙似乎觉得这个反应很有趣。这幅肖像中的女子鲜明的外貌特征与那些保存下来的埃娃·科尼科夫的照片十分相似。她将双手放在大腿前，若有所思地看向一侧。女子的神态非常引人注目：她英气飒爽，与可爱的小女人画像相去甚远。画中的人物不关心观众的注意力，也不试图讨好，她的内心足够富足，丝毫不在意别人的目光。

如果从艺术家的收入角度来看，战时的情况不是糟糕的。战时货币的价值是靠不住的，毕竟一切都短缺，没有东西可买。人们一直处于对通货膨胀和货币贬值的担忧与恐慌中。这种担忧并不多余。战后不久，随着所谓"纸币削减"政策的实施，这种担忧达到了顶点。毫无疑问，人们希望尽快将金钱置换成某种固定资产，这样才能保值，甚至是升值。托芙曾为《加姆》杂志画了一幅与此相关的幽默漫画，画中艺术品买家蜂拥着奔向正在画画的艺术家。交易达成，一切顺利，孩子们跑出去买更多的颜料和画笔，艺术家则继续画啊画。也许托芙自己的情况不像漫画中描绘的那样顺利，但她也售出了很多作品，并且每次哪怕售出一幅作品，她也会写

《抽烟的女孩》，自画像，1940 年

信告诉埃娃。她的记录显示，她在 1941 年售出 19 幅作品，1942 年 20 幅，1943 年 29 幅，1944 年 13 幅，1945 年售出多达 39 幅作品。和平时期到来之后，艺术品售卖数量明显减少。在战争以及随后的物资匮乏时期，她还用画作换取了一些实用价值高于货币价值的生活必需品。[25] 托芙不仅需要资金来维持生活，还需要支付工作室的租金和装修费用，最终还买下了工作室。出售画作也并非总是那么容易，在 1945 年战争快结束时，她曾抱怨买家的很多无理要求。有人从她那儿买了一幅作品，但过了一段时间后又拿回来，要求换一幅更大尺寸的，就是银色花瓶中装着紫罗兰的那幅作品。[26]

被战争定义的爱情——塔皮奥·塔皮奥瓦拉

托芙和塔皮奥·塔皮奥瓦拉（1908—1982）曾一起在阿黛浓学校学习，他们在战争开始时成了恋人。他们的故事如暴风雨一般，而战争则是它的舞台。这段爱情在战争结束前就逐渐燃烧殆尽，不过他们之间的友情却延续了下来，并且对双方来说都弥足珍贵。塔皮奥瓦拉，也就是大家口中的"塔普萨"，在性格上与萨姆截然不同。但这两个男人似乎都非常热衷于"说教"，也就是影响年轻女子的思想和价值观念，尽管他们的努力分别导向截然不同的方向。

战争定义了塔皮奥·塔皮奥瓦拉与托芙之间关系的框架、爱情的发展及终结。托芙似乎对这个男人有着不可思议的容忍度，因为她相信男人的生命会十分短暂。尽管没有明说，她一直认为塔皮奥会在前线牺牲。某种程度上，这个男人对她来说是个活着的逝者，尽管现在仍然活着，但很快就会死去。而她会有这样的想法，也是基于非常现实的原因：这一代的很多男人已经牺牲。正如托芙写的那样，与塔皮奥一同上战场的人大部分倒在了战场上。

在这段爱情中，托芙是治愈者、理解者和原谅者。她决心照顾好男人的情绪，保证他在战争假期中的每一个小时，甚至是每一刻，都不会感到糟糕，更不会感到不幸，她也绝对不去破坏男人的心情。她必须原谅一切，理解一切，尽管有时十分艰难。男人做了什么并不重要，最重要的是托芙爱他，并且对他好。在这样的想法中，她将自己所有的愿望与需求全部埋藏起来。[27]

塔皮奥是托芙第一个与芬兰语文化圈子密切相关的密友，这个文化圈与托芙熟悉的社交环境很不一样。这个男人在很年轻的时候就成了坚定的左派分子，求学时期托芙就称呼他为"我们的共产主义者"。塔皮奥的弟弟纽尔基是备受欢迎电影导演，是个前途无量的年轻人。他也是左派文学联盟"基拉社"杰出的活动家之一。塔皮奥也将成为"基拉社"和整个左派的杰出艺术家，同时他在苏联创作的那些平面设计和巨型镶嵌画，是那个二元对立社会的重要作品。这个男人为托芙开拓了左派思想的视野，这些思想是她以前从未接触过的，无论是家庭教导的观念（尤其是父亲的世界观），还是当时主流的瑞典语文化圈宽容的自由主义思想，都与之大相径庭。不过托芙对党派政治并不热心，尽管她所处的社交圈中很多人很感兴趣。托芙最好的朋友埃娃也十分热衷于讨论政治，在埃娃移民美国后，塔皮奥非常怀念他们的那些探讨——托芙戏称之为"神圣的政治讨论"。[28]

萨姆·万尼和塔皮奥·塔皮奥瓦拉属于同一个年轻艺术家圈子。托芙似乎是悄无声息地从一个男人身边，转移到了另一个身边。她给埃娃写信表示很担心自己与萨姆关系疏远，但同时又提到与塔皮奥关系的日渐亲近。她慢慢理解了塔皮奥的力量和自由，同时也注意到这个男人对她的意

塔皮奥·塔皮奥瓦拉

义。[29]塔皮奥在前线每天都给她写充满爱意的信件，至少是在没有战斗的时候。那些信件太过美好，以至于她这样想道：

> 如果战争没有带走塔普萨，我希望一直和他在一起。我已经生出一种新的渴望，渴望得到那种永久稳定的、温暖的、可以信任的东西。我已经厌倦了阶段性的、消耗人的爱情。塔普萨和我彼此了解，我们之间的关系也远远超出情欲层面［……］他教会我不要害怕生活。如果他从前线回来，我们这些在家中等待的人，尤其是我，应该勇敢且快乐地使他忘记一切人类不应该看到的事物。[30]

然而，年轻女子在思念中总是会思虑过度，害怕战争会将男人改变得面目全非。[31]战争在精神上摧毁了许多年轻人，其中一些人甚至永远都无法痊愈。托芙小时候就有这样的体会，她在父亲的身上，看到了一个被战争摧毁的、破碎的人。等待、不确定和恐惧支配着这个恋爱中的年轻女子的生活。尽管表面上并没有发生很多事，她的内心世界却不一样了："刚开始我以为这个可怕的时期只是暂时的，并不是真实的生活。但现在我开始思考，事实恰恰相反，此刻才真正接近生活的本质，它要求我表明立场：接受或者拒绝。"[32]

托芙对塔皮奥的爱意在几个月时间里越来越深。1941 年 10 月初，托芙在信中高兴地写道，男人会从战场回家跟她度过三周的时间。男人在彼得罗扎沃茨克附近的战斗中受了轻伤，目前正在医院接受治疗。等待爱人归来的过程很紧张。兴奋感充斥着托芙的内心，她在信中对埃娃抱怨说，自己甚至无法专心做任何事情。她不安地四处走动，为那个士兵的到来做准备，经历着坠入爱河的典型症状。她自嘲地说，感觉自己像个 17 岁的白痴。但是刚刚陷入爱情的感觉非常美好，她再次快乐起来。这对于被战争蒙上阴霾的生活来说也意义重大。在同一封信中，托芙告诉埃娃自己以 1 000 马克的价格售出了一幅画作，以及家人怎样从岛上获得了蘑菇、鱼和面粉。冬天有了保障，一切都十分顺利。就连结了婚的萨姆也"已经从婚姻的狂喜中醒了过来"。[33]

塔皮奥假期的开始很美好，托芙也充满怀念地记录了第一天的场景：

> 假期的第一天是独属于我们两个人的。他"隐姓埋名"地直接来到我的工作室，带着花、圣像、咖啡替代品、糖，还有战争纪念品。他太疲惫了，我给他整理衣服和做早餐通心粉时，他一直在睡觉。我仿佛置身于那种有趣的家庭田园诗描绘的画面当中。我们吃了一顿庆祝晚餐，准备了红酒和你送的蜡烛，茵比还煮了一只野鸟。[……]我穿着暗红色的丝绸晚礼服，他也——唯一一次——戴了一枚勋章。晚餐的气氛很庄重，我们几乎都没有交谈。[……]你能想象吗，200 个从卡比莱地区出发上战场的士兵，只有 10 个活了下来，而他是其中一个。[34]

爱情总是很艰难。第一个美好的夜晚之后，塔皮奥就开始忽视托芙，

《女孩与柜子》，穿着丝绸晚礼服的自画像，油画

埃娃·科尼科夫拍摄的照片，托芙穿着暗红色的丝绸晚礼服

他一直没有露面，直接消失去忙自己的事情。塔皮奥开始对很多女性产生了极大的兴趣，而且对爱慕他的人来者不拒，甚至也不试图掩饰这些关系。显然他之前一直很害羞，至少和托芙在一起时如此，但是现在变得大胆起来。可能正是战争使他性格发生了转变。"很多女人追着他跑，我常常接到她们的电话。现在他变成了我期望的样子——他不再带着像祈求原谅的小狗一样的可怜眼神，他甚至不道歉，也不再听话，现在我开始爱他了。"[35]

　　一个人满怀爱意地等待和思念了很久，其间也定会消耗自己的力量。尤其是期望和希冀很高，最后却狠狠地失望时，面对残酷的现实就会无比困难。托芙承受了残酷的失望，她在给埃娃的好几封信中都反复提及这些事，其中最让她难受的是塔皮奥的消失。

塔皮奥从思想和性格来说，都非常跳脱活跃，时常显得有些脱轨。他的朋友太多，至少托芙是这样觉得的。在前线牺牲的纽尔基·塔皮奥瓦拉的未婚妻告诉托芙，她怀疑那些朋友只是一边利用塔皮奥，"一边在背后嘲笑他那些天真可笑的理想主义"。[36] 托芙对恋人的担心并非毫无理由，显然她也不是唯一有这种担心的人。

塔皮奥突然有了非实现不可的想法，他希望有人能够写一本与战争有关的意义非凡的书，但是他自己不想动笔。他想写的也不是关于战斗的或充满悬念的故事，而是"能真正帮助人们的作品，让战争的发生不至于毫无意义"。[37] 任何人，甚至包括托芙，都无法准确理解他想表达的意思。塔皮奥四处奔走，执着地寻找着能写出这部作品的人。托芙和塔皮奥去见了哈加尔·奥尔松。托芙写下了这次见面的经过：

> 有天晚上我们在哈加尔·奥尔松家，塔普萨一会儿摇晃她，一会儿跪在地上求她，希望她能在他回到战场前答应写这本书。哈加尔半是受宠若惊，半是恼怒，非常担心他的状态。那天晚上塔普萨第一次喝醉了——他的朋友从早上开始就一直给他灌酒，傍晚哈加尔又负责了后半部分。我第一次看到，战场上经历的一切给他带来了多么大的痛苦，那些面孔一直跟随着他，他多么混乱和无助。上帝啊，他下次再回到我身边时，又该是什么样子！现在他四处奔走，喋喋不休，说个不停，我真的很害怕。[38]

哈加尔·奥尔松是一位杰出的芬兰瑞典族文化评论家和作家，饱受尊敬，但其尖锐的观点也引起了很多人的不满。她在 1939 年创作的戏剧《雪仗》讲述了战争的威胁和预兆，对引发战争的那些态度发出警告。在战争期间和战后，奥尔松是杰出的时事评论家，其文字透露着深深的悲观主义。1948 年发表的《我活着》是一部类似宣言的散文集，她在其中描绘了纳粹的集中营和焚尸炉。奥尔松要求艺术家们说明他们在战争时期做了什么，他们站在哪个阵营，他们捍卫什么，反对什么。她在 1944 年发表的散文《作家和世界局势》，某种程度上算是这位作家的指南式宣言，奥尔松在文中分析了战争最后阶段的局势。人们与魔鬼面对面交锋的时代已经过去，现在"小人物"本身成了大问题。她提倡的是一种建立作家"黑名单"的做法。奥尔松认为，仅仅了解作家写了什么是不够的，还应该了解作家的政治立场。那些仅仅为了实现个人的文学目标而写作的作家，写的东西是毫无价值的。而那些强调他们的个人冷漠和要求不负政治责任的作家，则是"人类事业最危险的敌人"。[39]

塔皮奥请求奥尔松帮助本该是正确的决定，但他自己的想法似乎非常混乱，严重的醉酒状态显然也没帮上什么忙。那本书最后也没写成。这个年轻男子的愿望的狂热程度之深，体现了他从自己的世界观出发，在理解战争、自己的参战经历以及一切合法性问题时遇到的困境。

与此同时，托芙在信中还提到很多嫉妒的感受。她向自己保证，她对塔皮奥的那些女人不感兴趣，因为最后塔皮奥和谁在一起都不重要，重要的是，他是否快乐。[40] 三天后，托芙又写道，想要不感到痛苦、理解一切却不畏惧是多么困难。托芙最不希望的，就是自己的人生被痛苦和恐惧缠绕。托芙再次回忆起在哈加尔·奥尔松家的那天晚上，她写道：在外面时，塔皮奥突然说他自己很愚蠢，还不忠。尽管当时她的内心掀起了巨大的情绪波澜，她还是记得自己决定不给这个男人增加负担，要确保他在生命剩下的短暂日子里，不会感到片刻的不开心。托芙讽刺地指出，塔皮奥

右图:《化装舞会之前》，油画，1943 年

《托芙在画画》，塔皮奥·塔皮奥瓦拉的素描作品，1941 年

就像所有的男人那样为自己辩解说，是因为他喝醉了，还找借口说，他是因为在前线欲望被憋得太久。托芙被激怒了，忍不住爆发道："他想找谁就找谁去！我等了三个晚上，因为他说他爱我。我失眠了，我之前从未失眠过。我还不敢吃安眠药，因为他有可能会过来。要是男人们停止杀戮，我倒是愿意生孩子——但他们恐怕永远不会停手。"[41]

塔皮奥建议在这个假期开始准备要孩子。从他实际的表现来看，这个提议相当奇怪且矛盾。通过孩子来延续自己血脉的强烈需求可以理解，但这个愿望仅仅与战争有关，与爱情无关。那时社会普遍希望以新生命的诞生来弥补在战场倒下的牺牲者。对于个人来说，孩子是自己生命的延续，是自己面临巨大的死亡可能性时，能留给这个世界的唯一希望。但是在生孩子这件事上，托芙有着自己明确的想法，毫不犹豫。塔皮奥告诉托芙，他住在一个承诺给他生孩子的女人那里。这个想法使托芙很生气，但她同时想起来，塔皮奥也曾向她提过生孩子的请求，因为塔皮奥太想在回到战场前孕育出新的"小塔普萨"。[42]

塔皮奥离开的前一天，托芙放下自尊给他打了电话。塔皮奥承诺会过来跟她道别。托芙描述了自己如何努力表现得愉快、感激和宽容，告诉塔

创作与爱

labora et amare

皮奥自己理解他，还向他保证自己不会伤心难过，而是热爱生活，希望所有人都得到上帝的祝福。然而，她的内心深处想的却是："我一直觉得上帝好像在嘲笑我……一切进行得很顺利，所有该说的都说了，就像戏剧一样。然后他开口道：'你听我说，我不回前线了。'"这句话在托芙心中引发了新的情绪风暴。就好像她写了一篇讣告，但突然间尸体又活了过来。这不会是他们的最后一次见面，这个消息使托芙松了一口气，她也很高兴。

然后塔皮奥说想去吃早餐，托芙说可以和他一起去。男人只是不安地耸了耸肩，但他们还是手牵手一起去了。到了目的地后，发现那里有个女人在等塔皮奥，而且已经等了起码 45 分钟。那个女人身材魁梧，金色头发，浓妆艳抹。托芙形容塔皮奥的这个新相好"看上去很听话，楚楚可怜"。再一次，爱一个人变得如此艰难。他想在回到战场前要一个孩子的美好想法落空了。随之而来的是一场不可避免的摊牌："我什么都不明白，我累了。我去看演出，塔普萨跟着我。我说我想知道答案，不想再等了……他说他总会回到我身边的——在最后。"

托芙要求塔皮奥做出承诺，在不同的女人之间做出选择。她想结束自己持续的不确定感和失望，还描述了自己在这段关系中的角色："我很不满意……你必须关上一扇门，然后打开另一扇，不能每一扇门都留着。你得做出自己的选择，然后坚定地一直走下去，我是这样对他说的。"

晚上 10 点，托芙在她的工作室里等待塔皮奥，他也准时来了，但一切都是灰暗的，一点光都没有。工作似乎仍是托芙获得幸福的唯一机会，这个年轻女子的感情受到了深深的伤害：

> 他像个完全陌生的人。[……]我必须弄明白，我对他说[……]
> 他的信没有任何意义，[……]他说爱我，却让我每晚都独自等待着

［……］塔普萨什么也没说。［……］我什么都不明白。他睡着了，我感到非常孤独。我突然想到，一定有什么东西可以让一切重新变得美好。爱得足够深的人不仅可以理解和原谅对方，还会遗忘那些伤害。我把他叫醒，想告诉他我脑海中所有的想法，我说我已经忘记了过去的一切，从现在开始我们只剩下幸福。他怎么看待我并不重要，重要的是我足够爱他。他只是微微一笑，拥抱了我一下，然后又睡着了。我躺在那里，试着让自己感到充满爱意。但我无法平静下来，而且对自己很不满意。所有这些事情再次让我确信了一件事：我并不想结婚。我的脑海中浮现出所有那些我看透了和鄙视的男人，整个男性群体忠诚地团结起来，他们总是被保护，还享有特权，我想到了他们的无能和冷漠。［……］我没空去崇拜和取悦他们，也不想假装自己不知道那些虚假的表面。我可怜他们，喜欢他们，但是不想搭上自己的整个人生，将它浪费在这种我早就看穿的表演上。况且我已经预见，如果我结了婚，画画这件事会是怎样的结果。毕竟无论如何，我有着所有女性与生俱来的本能，总会去取悦和崇拜男人，会顺从，会牺牲自我。我要么成为一个糟糕的艺术家，要么成为一个糟糕的妻子。如果我变成一个"好妻子"，那就意味着男人的工作比我自己的重要，我会顺从于他，会为他生孩子，而孩子会在未来的战争中被杀害。我没有时间，不想结婚，也没有钱结婚……[43]

在之后的好几封信中，托芙都再次提到了那个假期发生的很多事情。那是1941年11月初，塔皮奥已经回到前线，托芙感到自己无比沮丧和冷漠。所有的快乐，以及对生活与工作的渴望似乎都消失了，尽管她知道这些渴望最终还会回来。未来的某一天，她会再次提笔画画，处理事情，与朋友们见面。她在记事本中写下那些她本来可以和塔皮奥一起做的事情，比如为了跳舞而跳舞，为了远离战争和猜忌而跳舞，然后去滑雪，去看戏剧或者演出。尽管承受着巨大的失望，她还是会担心男人的单纯和他那"天真的理想主义"。[44]托芙并没有抛弃这个男人，而是希望以各种不同的形式与塔皮奥共处，"不为对方的工作、生活和想法负责……也

《自画像》，油画，1942 年

许能更好地相处，或许吧"。男人却反复强调说托芙是生活的偷渡者，是个逃票的人，这似乎对托芙产生了很大的影响。她似乎相信了男人的话，还将自我保护的做法视为自己的过错：

> 我可以谈爱情吗——我，一个将自己的事情看得最重要的人？那就意味着我并没有全力以赴地去爱。我没有支付什么，所以我也什么也得不到。事情总是交织在一起，几个小时过去，我又睡着了。然后在凌晨，天还未亮的时候，我被电话吵醒。又有一个女人打电话来问塔普萨。不知为何，我觉得这一切都很肮脏，上帝对我的嘲笑更甚。傍晚时他打来电话，声音低沉沮丧："我想我错了，我还是要去前线的。"[45]

带着对未来的各种担忧，托芙去车站送别，并且努力让自己高兴起

来。"然后那个金发女人来了［……］也许我对这段关系期望过高了？"爱情中满是失望，她甚至怀疑自己恋爱的能力。她想，或许工作和艺术能够弥补这种失落感，但极度沮丧时，她对自己艺术创作的能力也不确定起来。不过她仍会有意识地保持乐观和希望，并且相信才华横溢的艺术家可以用艺术滋养人们，尽管自己目前的作品还没有达到那样的境界。但它们确实为她提供了一些力量，并且一定会在未来为她带来那些曾经失落的快乐。未来她一定还能找到快乐，会去旅行，会体验成功，她也希望未来的自己能够理解这段不幸的时光。只是目前她感到自己"太过疲惫和孤独……"。[46]

几天之后，她写道，自己的力量又回来了。她做了最终的决定，她要成为一个画家，"仅仅做一个画家，而且我觉得，这对我来说已经足够了"。[47]不久，塔皮奥再次像之前那样频繁地给她写信，但是托芙不再像假期前那样，用那么多的文字和感情记录这个男人。生活十分艰难，抑郁情绪也显而易见。"一年当中，11月是最沉重的，况且还是战争中的11月。不过，白雪总会覆盖一切，希望还是有的。"[48]

托芙和塔皮奥那个"嗓音沙哑的金发女友"见了面，对方告诉她，自己正在努力把塔皮奥从前线弄回来。"我不知道她准备怎么做，但希望她能成功。"12月，托芙再次反思她与塔皮奥的关系，她写道："我要毁掉所有的退路，任性地凭感觉做一次决定，一扇门也不留。光辉已经熄灭，但我希望我们能用其他东西来替代它——但愿如此。"光辉是生命能量的核心，爱情、人际关系和艺术创作同样如此。如果光辉熄灭，就不会留下任何有价值的东西，一切都会沦为可悲的平庸，这是她完全不想要的。"哦，那些失去光辉的可怜虫！"[49]

次年3月，塔皮奥回来休假两周。同样的问题再次发生，甚至更加恶劣。托芙几乎见不到他，而且感觉自己于对方而言只是一种责任和义务。她一晚接一晚地等待。最后一晚，塔皮奥醉醺醺地从女性朋友那里打来电话。他们像日常聊天那样友好地讨论了双方的关系，就像托芙给埃娃的信中描述的那样："我问塔普萨，难道他不想恢复自由吗？他很感动，还对此十分感激。［……］这一切都太奇怪了。战争期间，我们一直在信中表达着与对方共同生活的渴望，常常每天都写信，诉说着那些我们在一起后会做的各种美好的事情。他爱了我七年，但是等他放假后，他去了那个住在罗伯特大街、嗓音沙哑、浓妆艳抹的金发女人家，还感激我给了他自由！不过现在我明白了一件事，我已经还清了对他的债，难道不是吗，科妮？"50

这件事之后，托芙仍然试图与塔皮奥建立友谊，并且也做到了。失望与热忱退去之后，二人之间的相处平和而舒适。塔皮奥完全离开了战场，不需要再服役，还给托芙为他翻译的一本书绘制插图。51 他们一起参加了一场派对，伴随着令人陶醉的饮品和华尔兹舞曲，仅仅维持友谊关系的美好想法与坚定决心被抛在了脑后。"仅这一次，这次不算在内。"托芙描述了自己的想法。在日常生活和现实中醒来后，之前的那些问题仍然存在，不感到痛苦是不可能的。孤独感好似增加了十倍。托芙想要结束身体上的关系，而塔皮奥想要继续这种"欺骗"。52

在下一封给埃娃的信中，托芙表示自己很害怕怀孕。塔皮奥再次责备她是生活的偷渡者，没有买票，却坐在最好的座位上。现在似乎一切都颠倒了过来，变得十分沉重。如果她怀孕了，那么"看来现在是支付的时候了，连带着利息一起"。她非常希望那只是一个错误的信号，甚至有些不理解自己的消极。她只是被动地等待着，明明原本可以做点什么，却也没弄清楚应该做什么。她也想过，万一有了孩子应该怎么办。她希望是个女孩，这样她们可以一起搬到一个更加友好的国家去。但如果是个男孩，她就会很害怕，因为不想把自己的孩子送到战场上。[53] 整整一周之后，她写道，这次不会有小女孩诞生，她对此非常感激。[54]

即使经历了那些紧张的时刻，托芙与往日恋人之间的友情也没有中断。同年 8 月，塔皮奥和托芙在佩林基度过了五天的时间。维克托准许了男人的来访，尽管公开表示了不情愿。他们在海岛上探讨人生。托芙思考了人生的基本问题：人生最重要的是什么？人们拥有什么就足够了？"仅仅是活下去？这就够了吗？荣耀与野心是否只是将人们引向歧途的路标？旅途中遇到的事物是否重要到可以使人置最终目标于不顾？比起享受那些在技能和智慧上都更厉害的人为我们提供的一切，也许'掌握技能'和'知道了解'同样重要，也许像个属于整体的无意义的小部分那样融入生活，追随生活的戏剧情节，放任太阳照耀，也很重要。"

托芙惊异于塔皮奥的社交能力，他和任何人都处得来，征服了岛上的每个人，深受大家喜爱。托芙认为自己和塔皮奥非常不一样。[55] 现在托芙与这个男人之间的关系很平静，但正如她指出的那般，光辉已经消失。他们相处得很融洽——像夫妻那样熟悉彼此。她思索着爱情及其消逝，猜想正是那两次可怕的假期扼杀了自己的爱情。同时她也思索，自己是否真的有能力全力以赴地去爱一个人。[56] 托芙对塔皮奥的感情可以用巨大的理解与宽容来概括："现在与他相处时，我感受到了温柔，不过那不是爱情，更多是温暖和舒适［……］他不再能像之前假期时那样，做出那样伤害我的事情了。"[57]

塔皮奥还是会需要很多帮助，托芙总是尽可能给予，虽然并不总是那么容易。他的生活时不时会失去平衡，仍然会受到某些执念的困扰。塔皮奥说自己要追求真理，但是谁也不明白，他说的真理究竟是什么，他想要的究竟是什么。[58] 有时他会消失很长一段时间，托芙只是略带嘲讽地猜测，"他肯定是探索'真理'去了，但愿他能找到"。[59]

之后的几年里，托芙很少与塔皮奥见面，但还是会仔细地跟埃娃汇报他的情况。她带着真诚的欣慰在信中写道，塔皮奥遇到了一个"非常漂亮的小东西"，并且在 1945 年与陶瓷艺术家乌拉·赖尼奥结了婚。后来，托芙也开心地告诉埃娃，这对年轻的夫妻生了孩子，并且猜测塔皮奥现在一定很开心，因为他想要孩子已经很久了。[60] 他们的女儿玛丽亚（小名"米米"）1945 年出生，儿子尤卡 1947 年出生。托芙有着罕见的原谅和接纳别人的能力。热烈的爱情经历事故般不幸的结局后，她仍然能够与昔日的恋人建立持续一生的友谊。托芙与塔皮奥维持了互相信任的温暖关系，还也成了他第一个孩子"米米"的教母。[61]

后来的日子里，托芙想起塔皮奥时总是带着温情，经常回忆他们一起跳舞的美好时刻。她希望彼此以后还能在天堂再次相见，那时他们一定会请求天使弹奏维也纳华尔兹，再次随着音乐轻快地跳起舞来。[62]

单人的与群像中的自画像

女性画家通常会画很多自画像，它们常常近乎对女性和女艺术家状态的研究材料。在这些画作中能清晰地看到衰老的过程，以及岁月留下的一切痕迹——这一点通常会被重点强调。托芙·扬松的作品中也有很多自画像，其中很大一部分主要是对画家自我意识与精神状态的研究。对于观者来说，它们就像画家在讲述与自己有关的故事，但是画中一定也蕴含着很多只有画家自己才有钥匙打开的秘密。

尽管经历战争和它带来的恐惧，或者也许正是因为这些经历，托芙非常努力地工作。生活必须继续，账单也不得不付。艺术绘画、插画和已经开始的姆明故事写作是这个年轻女子主要的谋生方式。工作为当下艰辛困难的日常生活带来了信心与希望。爱情发生暴风雨的时期托芙也创作了几幅意义非凡的作品，从中或许也能发现一些情绪起落的痕迹。《画室》这幅画是她最后一次搬离父母家前，在某个临时的工作室里完成的。作品创作于等待"续战"或者"续战"爆发的时期，从画作的氛围中能够嗅到恐惧带来的漠然和孤独感，原因可能是战争、等待的绝望，以及爱人背叛带来的失望。画中的年轻女子是个艺术家，很可能是托芙本人。她坐在窗前，没有面部细节，身穿白色的艺术家工作服，双手无助地放在胸前。她的身旁放着画架，身后是堆叠的画作或涂好底层的画布。在同一年创作的《窗前的女子》中，她描绘了同一个女子和相似的氛围。房间的窗户敞开着，吹进屋内的风似乎很大，白色的窗帘大幅地飘起。外面是夏天的景色，树木在风中摇晃着，小草碧绿，阳光明媚。女子背对着观众。作品中的道具是水壶、维也纳椅子的椅背、镜子和鲜花，这些都是这位创作者典型的画作元素。

1941 年的作品《戴着裘皮帽的自画像》也是在托芙的爱情生活处于黑色风暴时期创作的。这幅画很特别，艺术家坐在维也纳椅子上，身后的画作显然是她的某一幅布列塔尼系列作品。艺术家身旁的桌上摆放着玻璃瓶，以及在她的画作中常常出现的道具——蓝色花朵装饰的圆形花瓶。女子的双手放松地放在胸前，眼神锐利，表情冷酷。她戴着奇怪的大裘皮帽子，身上的背心也是某种毛皮材质。上衣是亮红色，裙子是巧克力棕色。衣物的暖色调缓和了表情的严肃。

大幅油画《家庭》的创作时间写的是 1942 年，但其实它的大部分内容在前一年就已经完成。自画像与《家庭》这幅画的联系不仅仅是创作时

《画室》，油画，1941 年

《戴着裘皮帽的自画像》，油画，1941 年

间相近，更重要的是，两幅画中托芙刻画自己面部的方式也一样。在《家庭》这幅画中，女子的脸部几乎是从《戴着裘皮帽的自画像》中复制过来的，或者反过来也成立，因为我们也不知道哪幅画先有了这个形象。《家庭》中的女子几乎就是那幅自画像中的女子，只是自画像里的裘皮帽子被换成了大黑布帽。女子的表情、注视的方向、五官的特征都几乎一模一样。

　　《家庭》这幅画描绘的不仅仅是一个家庭，而且是一个战争中的家庭。尽管并不直观，仍然可以看到战争的阴影如何笼罩着扬松家庭。这幅画的构图由两部分组成：右侧是维克托和佩尔·奥洛夫二人组，左边是西格妮、拉尔斯和托芙。拉尔斯坐在一张维也纳椅子上。花架上的藤蔓植物紧贴着墙壁攀爬，旁边摆放着维克托的微型裸女雕塑作品。房间中间是一个带镜子的梳妆台，上满摆放着书籍和文件。前景是男孩子们在下棋，七角桌上的国际象棋游戏胜负未决，棋盘上摆着白色和红色棋子。梳妆台是同样的鲜红色，它的强度和亮度在原本非常暗淡的环境中特别突出。红色作为血液颜色的象征，也许是这幅画中隐藏的信息，暗示着战争与死亡，因为正在下棋的佩尔·奥洛夫穿着军装。几百年来，国际象棋和各种纸牌游戏一直都是艺术作品中用来映射命运及其不可预测性的隐喻。人类一直与

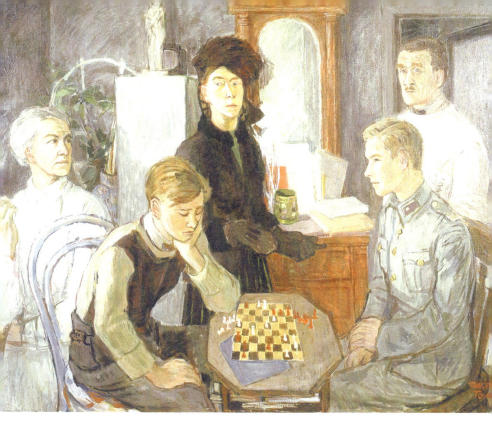

《家庭》，油画，1942 年

死亡进行着永恒的游戏。

　　托芙在画中将自己的形象刻画得非常具有戏剧性——她穿着像丧服一样的黑色衣服。那顶黑色的巨大帽子也让人联想起那个时代常见的丧礼帽，上面还有向后别着的黑色面纱。她手上甚至还戴着黑色的手套，双手奇怪地分开，朝向前方，显得十分无助。托芙的目光朝向观者，一脸肃穆，没有显露其他什么情感。西格妮像往常那样抽着烟，她盯着托芙。父亲的目光从家人身上移开，转向观者，他身穿白色的艺术家外套，母亲也是如此：他们似乎都刚放下工作，短暂休息一下。拉尔斯全神贯注地盯着棋盘，沉浸在棋局当中，哥哥佩尔·奥洛夫看向他，但视线似乎又略高于他，没有看任何地方。这幅作品的立意有些难以捉摸，它就像是女儿对家庭内部的情感波动以及战争带来的紧张情绪的剖析。这幅作品托芙画了很久，她曾充满激情地描述了自己的创作过程，并认为这幅作品是自己投入了"巨大努力"的结果。然而，1942年的春季展览上，这幅作品的反响极差，以至于托芙称它是个"灾难性的失败"。

《家庭》这幅画的负面评价让托芙深感沮丧，这完全可以理解，因为这幅作品她画了很久才完成，对成品及其评价都有很高的期待。过了很长时间，托芙才从那些尖锐的评价中恢复过来。那时，生活中的其他压力也很大，与塔皮奥的关系正在恶化。也许萨姆·万尼撰写的一篇批评文章对托芙是最致命的一击，加剧了她的沮丧情绪。这位她崇拜的好友在那篇文章中批评她的画作"图像性太强"。萨姆给出这样的评价，显然是因为他对于托芙作为平面艺术家和插画家的显著艺术成就十分熟悉，并受此影响。但同时，这也是对于她的一些画作（包括《家庭》）的合理观点。

"图像性"本身在艺术中并没有好坏之分，只是一种特点，年轻艺术家同样可以将其看成积极的、有自己特色的风格并加以发展。但对于一个追求纯粹绘画性的艺术家来说，它可能真的就是一个障碍。用"图像性太强"来评价托芙的画作差点把她逼疯了。她感觉自己某种程度上只是半吊子的艺术画家，还承认萨姆说得没错。[63]西格丽德·绍曼在前一年批评托芙的画作"说明性太强"，还明确表示她认为这是一个缺点。[64]绍曼在评价托芙1942年的青年展览，以及一年后的个人展览的作品时，再次批评托芙的画作中有太多要讲述的内容与故事。[65]在深深的挫败中，托芙显然也接受了那个时代的主流思想，即绘画应该且只能追求纯粹绘画性，插画的故事性与艺术绘画世界是格格不入的。

后来，托芙自己也不认可《家庭》这幅画作，认为它的构图比较失败。创作这幅作品时，托芙的家人已经不在一处，她只能凭记忆去画每一个人，然后将他们组成一个整体。这或许在某种程度上影响了作品的构图。[66] 整幅画作仿佛是一个舞台，每个人物像纸娃娃一样彼此分离。这幅作品并没有绘画性，也并非在艺术冲动下创造出来的，它的气氛显得莫名地拥挤，局促而压抑。尽管如此，它仍是托芙艺术生涯中至关重要的一幅作品。从这幅作品中可以窥见创作者的基本艺术观点，看到其艺术的独特性和激情。托芙在阿黛浓学校接受了艺术教育，那里强调绘画性、构图和色彩，这些也是伦贝格和萨姆的教学中一再强调的。尽管如此，从《家庭》中仍能看出，托芙偏好故事和叙事性，甚至不惜牺牲作品的绘画性。一个对创作者非常重要的故事从画作中浮现出来，赋予了画作文学的维度。托芙用画刷将图画、文字和故事联结起来，并在为自己和他人的文字绘制插图时，不断发展这项技能。托芙希望保持自己在不同领域的才华，想将插画和艺术绘画世界分开，但这显然并不容易。她作为艺术画家受到批评的东西，恰恰也是她作为插画家被褒奖的东西。创作《家庭》这幅画的同时，托芙还创造了另一个家庭，即姆明一族，这个家庭与她自己的家庭非常相似。

山猫般的女子

托芙从《家庭》所受到的尖锐批评中恢复过来，又开始了新的创作。那是一幅自画像，画中她的脖子上围着一条大大的毛茸茸的山猫围巾。这幅作品的名字就叫《山猫围巾》。现在她也从外部审视自己："我像一只猫那样包裹在黄色的皮毛中，我冷冷地斜视着，光滑的头发向后梳成发髻。

在这幅作品中，我身后的烟火像鲜花一样怒放。我不知道这是好是坏，我只是单纯地在画画。我不想做任何我不感兴趣的事情。［……］我总是对一切都太较真了。"[67]

这幅作品中仿佛出现了一个新的托芙·扬松，她放松地看向右侧，看向她的未来。眼神不再犀利，不再是用一种颜色画出来的，而是富有表现力的杏仁形状。与之前的画作相比，嘴巴也更柔软更感性，不再是带着怒意那般紧绷着。头上没有饰品，头发也向后梳得很光滑。山猫围巾大而柔软的黄棕色皮毛环绕着脖子，将上身那件朴素的棕色条纹便装的前襟都遮住了。她拿着一把伞，背景是美丽的灰蓝色调，右侧是灰调的蓝白花卉图案。这幅画作十分漂亮且勇敢，充满了作者健康的自尊。

年轻艺术家也需要无比的勇气。战争时期托芙最有力的抗争，就是举办她的第一场个人艺术展览。该展览于 1943 年，在扬松家世交莱昂纳德·贝克斯巴卡那享有盛誉的画廊中举办。当时托芙已经快 30 岁，对于第一场个人展的举办来说，这个年龄相对较大。两段学习经历、外国旅行，以及之后发生的战争，将她的个人首秀的时间一再推迟。也许对于一个敏感的年轻女子来说，举办个人展览并不容易，但经历了种种旋涡之后，她的自我意识已经成长起来。托芙心情激动地记录了她与莱昂纳德·贝克斯巴卡，即"贝克希斯"之间的谈判，以及这位受人尊敬的画廊主人是如何同意她举办个展的。展览开幕前那段时间，托芙需要进行辛苦的筹备，而她满怀着热情和信念。展览最终在 1943 年战火中的 10 月开幕，展出了近 50 件作品。这次个展很受欢迎，多家杂志进行了报道，总体的评价相当积极。拍卖很顺利，刚开场就卖出了十几件作品。托芙的艺术家事业得到了很好的发展。[68]

《家庭》那幅作品受到的负面批评以及个人展览的举办都非常消耗精

左图：托芙在乌拉林纳街的新工作室内画画，20 世纪 40 年代

《山猫围巾》，自画像，油画，1942 年

力，托芙感到所有力量都被抽空了。1944 年，她写道，自己已有一年无法作画，她忧郁地描述自己枯坐在那里盯着画布，回忆着她对绘画的所有想法，画出的作品却往往与自己期望的不同。她的脑海中开始产生新的图像、奇怪的道路和陌生的地平线，也包括那些反复出现的恐怖画面：正在前线战场发生的一切，在所有战场和每个人内心的战场正在发生的一切，一切的一切。[69]

托芙频繁地抱怨她经历的抑郁期。她写道，抑郁发作时她没有力气作画，那是她人生最大的灾难，世界上任何事情都无法弥补。但坦率地说，她每个时期的作品都非常优秀，所以这种无法工作的状态应该没有持续太长时间。托芙不时强烈地感到战争带走了她的热情，还宣称自己要在和平到来后，用数倍的热情来弥补那些战争年代。战争很可怕，可怕到托芙根本不愿意想起，更不用说记录它。

> 将来会有人对我们说，我们有幸生活在一个有趣而伟大的时代。但是我认为，所有这些"伟大"只会将我们变得更加渺小。如果战争持续很长时间，人们根本没有力气维持"伟大"。"伟大"会不断缩水，慢慢囿于民族主义的措辞，以及陈旧的口号与原则，所谓的"伟大"仅仅停留在字面上。[70]

托芙极度渴望快乐，以至于说自己快要"因渴望而生病"。尽管处在战争时期，托芙仍希望自己的画作"自然地发自内心，最好是诞生于自己的快乐"，听起来似乎很不切实际。[71]

伴随着获得新工作室的喜悦，托芙对作画的热情也一并回来了。托芙设法租下了位于乌拉林纳街的一间工作室，她很爱那个地方，它也满足了托芙所有的需求。这间工作室曾经属于亚尔马·哈格尔斯坦，最初几年也被用作自由艺术学校的教室。哈格尔斯坦在战争中牺牲了，但托芙觉得这个她仰慕的男人那"快乐且充满冒险精神的灵魂仍然在这里"。[72]

工作室在轰炸中遭受了各种破坏，冬天时室内寒冷刺骨，但对她来说工作室仍然不可或缺且无限可爱。"第一次来到我的新工作室时，外面响起警报声和炮火声，似乎是在欢迎我的到来。我站在那里一动不动，环顾四周，内心充满了喜悦。风从破碎的窗户吹进来……"[73] 位于乌拉林纳街的工作室和教堂一样高，顶部有拱形的大窗户，视野非常开阔壮观，透过窗户能够看到整个赫尔辛基的风景。除了长约八米的大房间外，工作室里还有一个适合做卧室或者客房的小房间。托芙买了一张镀金的大床，也在工作室里摆放了父亲大大小小的雕塑作品，这些在她的很多照片里都出现过。墙上挂着她自己和朋友们的画作，她创作的那幅萨姆·万尼的肖像尤为显眼。托芙把整个工作室翻新过，几次与房东的驱逐作斗争，最后将它买了下来。现在她可以在自己的工作室中安心地工作和生活了。让这间工作室成为自己日常生活与工作的一部分，是一件至关重要的事情。托芙从未放弃这间工作室，在她所有的恋爱关系中，与别人确立稳定关系并生活在一起的前提，就是她始终继续拥有这个工作室。它的意义远不止是为个人艺术创作提供可能性，尽管这一点也非常重要。

阿托斯·维尔塔宁和考尼艾宁庄园

托芙在战前就认识了阿托斯·维尔塔宁（1906—1979）。他们有很多共同的朋友，因为《加姆》杂志的很多撰稿人是阿托斯的朋友。芬兰瑞典族的文坛圈子规模很小。托芙说第一次见面时，她告诉阿托斯，自己曾满怀崇敬地读过他的格言集。[74]阿托斯当时住在他租的考尼艾宁庄园中。战争期间，他的很多朋友聚集在那里躲避赫尔辛基的轰炸，更重要的是，一起在那里谈论政治、思考战争。1943年2月，托芙激动地写信告诉埃娃，自己参加了阿托斯·维尔塔宁的庄园派对。那时阿托斯还是已婚状态。关于这个男人，托芙在信中提到几乎就这么多了。当时的她一定没想到，这个阿托斯会在她未来的人生中成为怎样重要的角色。

阿托斯·维尔塔宁

托芙在阿托斯的考尼艾宁庄园聚会上的任务，是为60人调配曼哈顿鸡尾酒。[75]客人主要是文人、音乐家和演员。托芙很喜欢那里的氛围，度过了非常愉快的时光。她写道，认识一些其他领域的人实在太棒了，不至于"一直和只沉迷艺术的人（'艺术斯诺尔克'*）打交道"，与这些人待久了，"你可能会患上精神坏血病"。托芙决定在阿托斯的圈子里寻找新的朋友，她也确实找到了。[76]后来，托芙在这个文学与政治文化精英圈层结识了很多人，甚至找到了亲密的朋友，聚会的主人还成了她理想的丈夫人选。与阿托斯的关系是托芙人生中最认真的恋爱关系。这段关系使托芙重新思考了自己生命中至关重要的问题。她甚至准备好了结婚生子，尽管有时候还会犹豫，但她确实时常觉得自己准备好了。阿托斯对托芙未来事业发展的影响非常深远，从某种程度上说，他是鼓励托芙创造姆明世界的

---

* 瑞典语为 konstnärssnorkar，"Snork"这个词在瑞典语中没有意义，是阳性词，暗示哭泣。这个词是姆明形象最初的名字。托芙还经常在画作和为《加姆》绘制的插图上用这个词署名。

"伯乐"，也是姆明连环画创作的启发者。

托芙之前的男友主要是艺术家，比如萨姆和塔皮奥，而阿托斯更多是文人。他的很多朋友、同人以及庄园的常客，大多是那个时代杰出的作家和记者，他们显然也在以自己的方式影响着托芙的人生轨迹。正是与阿托斯在一起的那几年，启发了托芙将自己的兴趣和时间更多地投入写作。当然，她以前也写作，不过与艺术绘画相比，她写得非常少。与阿托斯相处的那几年，是托芙最富有创造力和最高产的写作时期。

阿托斯是他那个时代著名的左派政治家和文学人物之一，一个独特的文艺复兴式的人物。他出生在奥兰群岛一个有着九个孩子的农民家庭，除公立学校外没有接受过正规教育，但他自己进行了大量的阅读和学习，自学成才。他在出版行业的职业发展非常漫长，从最不起眼的记账员和打字员开始，后来转到了编辑部，最后当上了总编辑。他是一位多产的作家，对尼采的哲学尤其感兴趣，并于1945年出版了《尼采：那个时代的异类》一书。与当时欧洲的许多人不同，他并不崇拜尼采的学说，只是对其哲学思想非常感兴趣，兴趣浓厚到托芙经常会抱怨，她甚至厌烦了他们关于尼采的那些永无止境的讨论。她期望阿托斯能够尽快完成这本书，将他的思想从过度的痴迷中解放出来。阿托斯也写过诗歌、格言集以及专栏，还出版了列宁和奥古斯特·斯特林堡的传记。

阿托斯于1936年当选议会议员，他最初属于社会民主党，但1947年转而加入了芬兰人民民主联盟党。从1948年开始，他一直担任社会主义统一党主席。作为议会议员、记者和政治家，阿托斯非常活跃且具有国际视野。他是《工人报》的主编，但随后转投新刊行的《新时代报》，1947—1953年间担任主编，该报于1944年开始作为人民民主联盟党的喉舌开始刊行。阿托斯致力于发展该报的文化方面，并聚集了芬兰瑞典族最有趣的作家作为助手：除了托芙，还有埃娃·维克曼、约恩·唐纳和拉尔夫·帕兰。

"续战"期间，阿托斯加入了和平反对派。在《工人报》，他经常遇到审查方面的麻烦，威胁日益严重，以至于托芙曾考虑为他寻找一个合适的藏身之处，以防情况进一步恶化。左派主编兼作家拉乌尔·帕尔姆格伦评价阿托斯·维尔塔宁是一个独特的人物：他既是才华横溢的记者、专栏作家，也是很有个性的生活哲学家，在日常生活和交谈中都非常有魅力。1948 年，阿托斯加入左派文学联盟"基拉社"，他是其中为数不多的有着强烈社会主义世界观的芬兰瑞典族作家。这个群体中的大多数人是反对法西斯主义和战争的激进知识分子，也是高度强调个人主义的文学现代主义者，甚至还有一些神秘主义者。托芙之前已经通过塔皮奥·塔皮奥瓦拉认识了"基拉社"的一些成员，现在通过阿托斯，她与芬兰瑞典族的左派，至少是倾向左派思想的成员保持密切的关系。

在阿托斯的考尼艾宁庄园中，志同道合的朋友常聚在一起讨论政治、文化和艺术，度过了很多愉快的夜晚。参与者中有艺术家、文化圈的人以及左派活动家，他们与庄园主人有很多共同之处。埃娃·维克曼和埃里克·维克曼也曾拜访阿托斯的庄园。托芙认为埃娃·维克曼（1908—1975）是很有个性且才华横溢的作家，但也有很多敌人。她与作家拉尔夫·帕兰结了婚，后者也是阿托斯朋友圈中的一员。拉尔夫是受人尊敬的评论家和诗人，积极地反对战争和法西斯主义。埃娃·维克曼曾经和阿托斯约会，尽管他们有时会因为观点不一致而恼火，但仍然是好朋友。托芙说，埃娃·维克曼是除了自己母亲之外，她最钦佩的人。[77] 她还表示没有人能像埃娃那样，即使是在十万火急的情况下，仍然能带给她平静。[78]

埃娃·维克曼曾在艺术工业行业工作，比如设计玩具等，后来却成了

身着化装舞会礼服的托芙

一名作家。她以充满情感的诗歌而闻名，诗中常常充满焦虑和苦难，而战争的时代背景为这些诗作赋予了深度。1949年，埃娃·维克曼坚定地投身于社会主义和社会主义文学，并创作了很多带有强烈政治立场的诗歌，一直到20世纪60年代。[79]阿托斯的考尼艾宁庄园的常客还包括：奥洛夫·恩克尔，贡纳尔·比约林，托芙的老朋友蒂托·科利安德和伊娜·科利安德，安娜·邦德斯坦，埃里克·奥尔索尼，托芙·奥尔索尼。很快托芙·扬松也加入他们。托芙有了新的社交圈和新的情人——也许还是一段相较而言与塔皮奥在一起时更经得起日常生活考验的爱情。

芬兰与苏联的战争结束了，但在芬兰北部与拉普兰的战争一直持续到次年春天。当然，战争的结束对所有芬兰人来说都是最重要的事情，对托芙来说也是如此。与阿托斯在一起的生活也发生了变化，现在她能够以截然不同的眼光看待事物。停战协议宣布后，托芙高兴地给身在美国的埃娃写信："我每天早晨醒来后，想起来男孩子还活着，我有了工作室（现在还有阿托斯！）。"关于阿托斯的部分，她是用另一支笔添上的："我想要幸福，也会变得幸福。我现在已经很幸福了，科妮。"[80]托芙不乏恶作剧地向好友描述自己的新恋情：

> 你会喜欢阿托斯·维尔塔宁的。他和你一样充满活力，拥有顽强

的生命意识，有着闪闪发光的聪明大脑［⋯⋯］他个子不比我高，是一个毛茸茸的长着雀斑的小哲学家，大大的笑容比你的还灿烂。他丑丑的，很快乐，充满了对生活的热爱，富有思想，具有乌托邦精神，还很有自尊。他坚信自己是当今芬兰（为什么不能是整个北欧的呢？他有时候会纳闷！）最伟大的知识分子。他认为最伟大的先知是尼采，我已经听过无数次相关的介绍，开始有点儿厌倦了。[81]

戏剧导演薇薇卡·班德勒对阿托斯的评价也与托芙的非常相似："阿托斯有着大量极不现实的乌托邦社会思想，以及与许多女性极其现实的关系。他不寻常的活力和效率使他很具有吸引力且备受欢迎，尽管他看起来并不十分可口。在'危险年代'，他敢于为和平与和解发声，这在当时几乎被视为叛国。"[82] 很多同时代的人评价阿托斯非常勇敢，战争结束后，在所谓的"危险年代"，他毫不妥协，为了捍卫思想甚至不惜牺牲个人的自由。这一时期一直持续到 20 世纪 50 年代初，当时仅仅是为和平发声就会引起怀疑。正如班德勒所说，甚至有人暗示阿托斯犯有叛国罪。

从一开始，托芙和阿托斯的关系就不是毫无矛盾的。男人讨厌多愁善感和温柔的话语，而这些正是托芙渴望的，或者她希望多少能够得到一些男人心意的证明。阿托斯甚至没有说过喜欢托芙，更不用说表达爱意了。托芙可能很难在这个男人的生活和他周围人的地图上找到自己的角色与定位。站在考尼艾宁庄园的其他宾客中间，她会思考，自己究竟是他的女朋友、未婚妻、客人还是好朋友，又或许只是个熟人。

在爱情中，托芙还过着双重生活，她和阿托斯的关系因此也变得更复杂了。她有另一个男人，这段关系对她很重要，尤其是因为它具有强烈的身体和情欲性质。与这个她称为"海洋画家"的男人的关系始于塔皮奥之后，又在赫尔辛基遭遇猛烈轰炸时升温，当时这男人从前线带着满身的疲惫、饥饿和痛苦回来。艺术绘画这个共同点将他们联系起来，尽管托芙彼时已经是一位职业艺术家，而这个男人的艺术道路才刚刚开始。托芙将这段爱情故事描述为"恋爱小插曲"，并表示这段关系充满激情，虽然他们在精神上彼此疏远。身体和灵魂没有相遇。尽管如此，托芙还是发现自己"奇怪地沉迷于海洋画家"。在两段关系中保持平衡是十分痛苦的事情。战争期间的双重生活可能比其他时候更容易，但依旧非常困难，必须在两者之间做出选择。托芙向阿托斯坦白了这个男人的存在，却意外地得到了这个男人对自己有感情的证据，至少她是这么认为的。阿托斯的反应让托芙大吃一惊，他"很不理性表现出嫉妒，并且变得相当狂野，有几天我以为已经失去了他。但从那以后他离我更近了，很奇怪。但我很高兴"。[83]

然而，放弃与"海洋画家"之间的关系并不容易。就在做出这个决定时，托芙在她的工作室乔迁派对上发生严重的神经突发症，按照当时的处理方式，不得不丢下庆祝到一半的派对去医院注射吗啡。在没有了女主人的情况下，客人们继续庆祝，每个人都玩得很开心，派对一直持续到第二天早晨。那段爱情已经死去，但悲伤依然存在："有时候，虽然只是偶尔，我会开始强烈地怀念那些黑暗的'危险年代'，它们像乌云一样飘过我的人生上空。"[84]托芙指的显然是"海洋画家"与战争，伴随着那些恐惧和情欲，二者在记忆中混乱地交织成一个整体。

托芙对阿托斯的爱是一种快乐的爱。她写给男人的信中充满了光芒、温暖和幽默，尽管她写的东西本身可能非常平淡和日常。她可能会告诉阿托斯自己腌制了100公斤的蘑菇，或者她外出旅行时，非常担心弟弟拉尔斯在她的工作室进行招魂活动。每次也都会提到她最近写作的进展。当然，那些信中也会表达钦佩和爱意。托芙曾多次强调，阿托斯是她认识的最温暖、最有爱和最聪明的人。[85] 她描述自己对他的爱充满了文字和诗歌，就像是一首关于这个男人的舞曲。她想把这首曲子作为春天的礼物送给阿托斯，让他在阳光下用永远崭新的词和曲来歌唱。[86]

与阿托斯共同度过的那些年里，托芙撰写并完成姆明系列的前五本，而且绘制了插图。1947 年，在阿托斯的启发和帮助下，她第一次尝试创作姆明系列连环画发表在《新时代报》上，当时阿托斯是该报纸主编。这些连环画是基于《姆明谷的彗星》这本书的冒险故事创作的，每周五发表在报纸的"儿童角"专区。这系列的连环画起了一个勇敢的名字：《姆明和世界末日》。阿托斯对这件事尤为上心，不仅仔细阅读连环画的草图，还会给出深思熟虑后的反馈。即使在他们的恋爱关系结束后，阿托斯仍然费心为姆明系列连环画寻找在国际刊物上发表的可能，尽管那时这个系列的连环画已经不能再在《新时代报》上发表，因为读者谴责它们太过资产阶级，姆明爸爸在连环画中竟然阅读保王派报纸。[87]

远走他乡——摩洛哥艺术家聚居区

这对恋人双方都极富创造力且勇于打破桎梏，所以他们对未来也有足够多的计划和乌托邦般的设想。早在 1943 年 8 月，托芙就询问过阿托斯，他怎么看待去西班牙巴斯克地区的吉普斯夸省建立艺术家聚居区这件事。这个地方应该很适合托芙，但她对摩洛哥的社会和风景更感兴趣。[88] 托芙在书信中描述了她对摩洛哥艺术家聚居区的设想，还画了房屋和帐篷的草图。她为阿托斯设计了一座塔楼，其外形与未来的姆明屋有着明显的相似之处。那座塔甚至可能就是姆明屋的前身。至少不管从诞生时间还是外观

摩洛哥艺术家聚居区，托芙给阿托斯·维尔塔宁信中的手绘图，1943 年

角度来说，它们都相差不远。

建立一个艺术家社区成为他们共同的伟大梦想。他们计划购买芬兰人类学家和哲学家爱德华·韦斯特马克在摩洛哥丹吉尔附近的空置别墅。这所房子位于一个海边的斜坡上，面朝大海，位置优越。托芙在信中写道，她从来没有像那一年那样计划和梦想："不是在闹着玩，而是出于绝对的必要。我在想象中环游世界，最后来到了摩洛哥，韦斯特马克的别墅就在大海旁边。[……] 温暖和色彩，埃娃！阿托斯和我将在那里为艺术家和作家建立一个聚居区 [……]" [89]

除了阿托斯的塔楼和空中花园，还得在聚居区建造一些艺术家工作室，那些有心计的艺术家得住在单独的一栋，想家的人也得有一栋他们自己的房子。他们计划邀请那些在芬兰无法安心工作的艺术家和作家。萨姆和马娅·万尼得是第一批收到邀请的艺术家。他们为这个计划筹集资金，后来这些资金又不得不用在了别的地方。关于聚居区的想法持续了很多年，项目被不断推迟，直到被彻底遗忘。在给埃娃寄去那封充满热情的信件半年后，托芙就失望地写道，很显然摩洛哥计划无法实现。阿托斯在议会的工作会将他束缚好几年，而且他似乎也对这件事失去了热情，因为他"根本都没有尝试和韦斯特马克的继承人联系，好沟通购买别墅的事情"。托芙在当时的社会形势中寻找原因，当时似乎没有人对钱感兴趣，"他们只想要土地、珠宝、皮草、黄油和家具……"。[90] 或许这也是部分影响因素，但不是唯一的原因。对阿托斯来说，要把他与北非的一栋房子捆绑起来，就像要他与托芙结婚一样困难。

很久以后，托芙在她的《公平竞争》(Rent spel)一书中写到她和阿托斯的这个摩洛哥梦想，她在书中给阿托斯取名约翰内斯。故事和人物都与事实和人物原型一致，只是摩洛哥变成了法国南部。"当时我们设想等有钱了，要在法国南部买一所闲置的房子，这样就可以邀请那些需要安心写作和绘画的朋友来定居——但每次筹到一点钱，约翰内斯就把它们捐给了某个罢工基金会。"[91]

在摩洛哥建立艺术家聚居区并不是托芙唯一的梦想。在这个梦想的同一时期，之前和之后，很多其他地方她也考虑过，备选方案包括：西班牙巴斯克地区的吉普斯夸省、佩林基群岛、"克里斯托弗·哥伦布"船屋或汤加王国。建设与规划是托芙生活的核心。房屋和公寓是生活改变与做出选择的象征。她希望离开芬兰并定居在一个未知的地方能帮助她找到一种不同的、崭新的生活，重拾快乐和创造力。尤其是在战争期间，梦想和计划是难能可贵的精神避难所，能帮助人摆脱所有的丑陋、痛苦和恐惧，哪怕只是片刻的逃离。它们帮助人们在日复一日的痛苦岁月中至少保有一些积极的能量，以抵挡焦虑和痛苦的侵蚀。正如托芙所写的那样，梦想和计划虽然不是总能产生结果，但也并非毫无意义，而是度过那些艰苦岁月必不可少的因素。[92]

托芙在给阿托斯信中的自画
像，1943 年

托芙在 1943 年创作的画作《花园》中，画出
了自己梦想的花园，她的理想至少在画布上实现
了。花园位于南部的某个地方，在色彩缤纷的院
子里，巨大的棕榈树和开花的树木在炎热盛夏里
带来令人愉悦的气息。远离那个充满迫害、纷争
和奸诈的世界，取而代之的是色彩、温暖和幸福。
仅仅是用这些鲜艳的颜色作画，就可以很好地抵
消战争给生活带来的恐惧和晦暗。

在摩洛哥建立艺术家聚居区的计划显然只能

《花园》，油画，1943 年

是一个遥不可及的梦想，因为阿托斯并不是与她一同实现这个计划的合适人选。然而，他仍然是托芙生命中最重要的男人。托芙曾说，与阿托斯在一起的两年里，她以一种全新的方式变得更加丰富、更加温暖、更有力量。现在，当她和阿托斯在一起时，她从心里希望"再也没有人能靠近我。他改变了我，我很愿意和他结婚，当然，我们还是会保留各自的工作室"。生孩子对她来说似乎也不再是不可能的事，尽管工作室的寒冷让她迟疑，她害怕孩子会受冻："但我不像以前那样害怕生孩子了，有一个小家伙也很不错。"

托芙稳定了下来。她对承诺和母性的恐惧也慢慢变少，尽管还没有完全消失。一切似乎都变得有可能。在给埃娃的信中她也提到了很多生活中的改变。托芙用了好几个月写一封信，最后在 1945 年的仲夏节完成。信中的最后一句话显然是这封信，甚至整个世界最幸福的主题："埃娃，现在整个世界都和平了！！！"[93]

第三章
工作与爱

艰难的和平

沃勒·魏纳半夜打来电话说，世界和平了。

我回到床上，在黑暗中只想着一件事：佩尔·奥洛夫可以回家了。我们再也不会失去他，他的女朋友再也不会失去他。拉塞不用去前线了。所有在那里战斗了四年的人，都可以回家了。天色慢慢变亮，我才后知后觉地感受到幸福的浪潮，随之而来的是铺天盖地的快乐、渴望和力量。我知道，这一刻我永远不能忘记，也永远不会忘记。[1]

托芙回忆起战争年代的恐怖，以及那时的生活是多么沉重。她对战争深恶痛绝。后来，她有时甚至拒绝谈论战争年代，并将那些时刻描述为失去的岁月。然而，那些年并非失去的岁月——恰恰相反。战争年代她创作了很多作品，还凭借它们确定了自己的艺术创作主题。其实，那段岁月对她的整个职业生涯来说意义重大。她的生活中也发生了很多事。这个年轻女子经历了各种情绪的起落，在那些日子里，她体验过幸福的巅峰，也经历过绝望与沮丧的低谷。

托芙在 1947 年设计和使用的藏书票，或许可以最好地描述她的青春

左图：托芙设计的藏书票，1947 年

以及她对待自己人生的态度。藏书票上写着"labora et amare"。这个拉丁语词组语法上不太准确，但它的意思应该是"工作与爱"。把工作放在爱之前很符合托芙的个性。大多数年轻女性会把爱放在首位。小小的藏书票上有很多图案。上面有大海、锚、玫瑰和蓟，还有环绕希腊圆柱的藤蔓。画面正中央是一颗燃烧的心脏，右上角是一个裸体女人，左边是头戴王冠、手持画笔和调色板的狮子王。托芙的星座是狮子座。画面描绘了她钟爱的一切事物，还有她自己的很多象征。这些不同的元素使得小小的图片空间显得非常拥挤。作为一名刚刚崭露头角的艺术家，以及正在寻求独立和真爱的年轻女性，她的生活无疑就是这样的情况。后来，她又画了一张新的藏书票，画面描绘了海上巨大的波浪。托芙的最后一张藏书票是母亲西格妮为她绘制的，上面是托芙姓名的首字母。

和平已经到来，但生活并没有变得轻松。芬兰的经济开始蓬勃发展，但一切物资都短缺：食物、衣服和住房。花了将近30年的时间，经济才恢复到"冬战"爆发前的水平。战争年代工厂一直处于停产状态，很长一段时间里什么都没有。支付战争赔款需要耗费大量的人力和物力。房屋在战争中被炸毁，来自割让给苏联的地区的人也需要住房，到处都是穷人、病人和无家可归的人。住房严重短缺，甚至没有足够的木材或其他燃料取暖。需要分配、修复和新建住房。很多带着孩子的家庭不得不住在防空洞、阁楼以及各种临时住房中。在战争中致残和精神崩溃的人也很多。由于衣服短缺，很多男人仍然穿着破旧的灰色军装。食物是定量配给的，但这些食物不足以维持正常的生活，除此之外又没有别的方法获得食物，只能持续忍受饥饿。黑市贸易盛行，但它只对那些负担得起或有勇气这样做的人有帮助。同样缺乏的似乎还有人性，因为那个时代任何事物都需要靠斗争获得。穷人并不是穷人的朋友。托芙对埃娃说，孤独是那个时代最大的诅咒，藏在人们内心深处的黑暗无声的孤独："我从无数双眼中看到人们对真正亲密和触碰的渴望。就连我这样的人有时都感到孤独，即使我身边有很多我爱的和爱我的人。很难想象那些没有朋友或家庭的人是怎样的情况。"[2]

托芙深刻且批判性地分析了这场战争。在教会内部和信徒中间，战争普遍被认为是上帝对人类罪恶的惩罚。人们认为是上帝发起了战争，也唯有他可以收回战争；战争是罪恶的代价，是对恶人的惩罚。托芙就此事写信给她的朋友、艺术家伊娜·科利安德，语气激动，言之凿凿：

> 我一直在思考你的观点，即上帝发动战争、瘟疫等，以便让我们成为更好的人。它们是我们需要的东西。我不这样看。我认为战争是我们所有邪恶的凝聚，而不是上帝赐予我们的东西，而且这很显然。我一直向上帝祈祷，希望佩奥能够平安回家，但我从来没有祈祷过胜利，甚至没有祈祷过战争结束。我认为这些与上帝没有任何关系，尽管他也许会保护个人。正如中国人所说的，我们必然会自食其果。但你真的认为有了战争，我们会过得更好吗？相反，我只看到人变得越来越冷酷、小气、仇恨、刻薄和自私。战争是如此消极，根本无法产生任何美好的东西。[……]也许有些人能够摆脱这种困境并赞美全能的主——不幸的是，我还没有看到过这种情况发生。你自己变得更好了吗？我希望如此，可我并不相信。[3]

尽管有战争，年轻女子的生活中总是还有年轻女子的希望、快乐和梦想。真是万幸。人们必须挺过战争，开始工作。1946 年，托芙得到了在贝克斯巴卡画廊举办新的个人展览的机会，现在她专注于工作。她感激和平为她带来了新的绘画风格。"那种在灰暗底色上涂灰色的画风已经成为过去，取而代之的是永久的鲜艳色彩。"正如她自己说的那样。她继续写道："现在我的绘画更加自由，色彩也更加明晰。"从她脑海中消失的还有那种说明性，她曾因为这个特点而受到批评，也因为这个特点，她在评价自己的作品时过于挑剔。不得不提的是，她很多战时的作品色彩非常丰富，并非只是在灰色上涂一层灰色。与大多数艺术家一样，托芙期望自己能够创作出更好的作品。她谦虚而乐观地评价了自己的作品："我的这些作品画得并不好，但相信随着一次次的展览，它们会越来越好。其他的我并不在乎。也许我画画时用脑袋想了太多（尽管创作每幅画时我都带着一颗绝望的心）。"[4]

黑暗的岁月过后，每个人都渴望欢乐、色彩、美丽，当然还有食物。托芙同样如此。埃娃从美国寄来一些包裹，里面有穿过但还能继续穿的旧衣服、珠宝、皮带、鞋子、外套、裙子、衬衫、羊毛袜，还有脂粉、肥皂、护肤霜、耳环、发夹和烟草——对于年轻女子的快乐和美丽来说至关重要的一切事物。包裹中甚至还有给阿托斯的领带和给西格妮的钱包。托芙似乎为收到的每一个小物件都感到十分开心，并向朋友表达了自己无限的感激。[5]

锦缎和香水

托芙非常幸运地得到了去瑞典学习交流的机会。对她来说，去一个没有战争的国家，就像是到访天堂，或者像是回到了战争噩梦之前的时光。这次旅行她没有得到任何资助，但因为可以去瑞典的亲戚、朋友家里住，花费不多就能将一切安排妥当。阿托斯因为要去斯德哥尔摩开会，也在那里待了一周，所以他们分开的时间不算太长。对于年轻的托芙来说，斯德哥尔摩简直是一个完美的仙境，她很享受那里的氛围，贪婪地汲取着快乐和丰富的色彩。

如果人在自己的麻烦事中煎熬了六年，最后终于逃脱时，总会有种难以置信的感觉。刚开始我只是在城市中漫步，半醉半醒地欣赏着那些霓虹灯、熙来攘往的人群、美妙的商店橱窗。我看了又看，闻了又闻，汲取着上千种新鲜感受。我发现，自己体内被压抑许久的女性虚荣心几乎深不见底。猜猜终于能买到鞋子，是多么有趣的事情！那是一双由柔软皮革制成的高跟小靴子，是我能找到的最美丽的鞋子。还买了一件火红色的雨衣（法范肯定要称之为"布尔什维克外套"！），一件大衣，一个小巧精美但毫不实用的新手提包。瑞典人觉得我们很轻浮，竟然宁愿买锦缎和香水，而不是奶粉和羊毛内衣。但是他们无法理解，我们最渴望的正是光辉和美丽。我还给家里的每个人都买了丝绸袜子和衣服——钱花光了，我只能满足于看看那些橱窗里展示的商品，尽管我还想买上百件美好的物品。一切都那么美好，我遇到的每个人都那么友好和善，根本没有看到人们口中瑞典人那种漫不经心的肤浅。

在斯德哥尔摩时，阿托斯住在他姐姐家。托芙也可以去那里过夜，但只能在他姐姐不在家时偷偷过去。他向别人介绍托芙时只说是自己的朋友。尽管他们遮遮掩掩，但人人都猜到了他们真正的关系，背后的指指点点和嘲讽让托芙很受伤。仅仅因为这些事情，托芙就愿意考虑结婚了。另外，在芬兰，尤其是艺术家圈子中，结婚后境况也会容易很多。她冷哼道："我似乎比自己以为的要资产阶级得多！"[6]

托芙在瑞典逗留的时间比阿托斯长，并且对分开的状态抱有很多的期望，主要是期望阿托斯会发现自己想念她。同时她也很想看看，没有阿托斯，她的生活是否也可以继续下去，最起码可以维持一段时间。[7]也许正是因为分开了一段时间，阿托斯意识到自己想念托芙，并且开始表达自己的感受，他甚至在信中称呼托芙为"树脂花"和"贝壳舞女"。托芙在回信中说自己很喜欢这些昵称。[8]夏天的群岛会开满粉红色的树脂花，托芙也很喜爱贝壳。她的家里满是贝壳状装饰，它们也是她的各种故事、手绘以及艺术画作中反复出现的主题。

亲爱的傻驴

除了政治和历史相关的书籍，阿托斯还撰写并出版了许多格言集。阿托斯最重要的格言之一是他的座右铭。根据拉乌尔·帕尔姆格伦的说法，那句话凝结了阿托斯的人生智慧："如果你讲着未来的语言，请当心你同时代的人。"[9]这句话在当时和现在都很有道理。阿托斯和托芙的自由关系在当时就是一种"未来的语言"，那种关系放在今天任何人都不会感到震惊，但在那个时代，未婚同居的生活受人谴责，甚至是可鄙的——尽管这种审判仅仅针对女性。道德标准对于不同性别有着截然不同的要求，通常被指责的都是女性。她们会受到群体的谴责，被认定是"坏女人"。而对男人来说，自由的性关系甚至可能会被看作一种荣誉。词典里甚至找不到"坏男人"这样的概念。即便人们谈论坏男人，所指的方面也与谈论女人时完全不同。

阿托斯不想结婚。托芙猜测也许是他那段只持续了几个月的婚姻使他产生畏惧。[10] 然而，未婚同居的生活非常困难。因为托芙和阿托斯公开过着已婚夫妻般的生活，人们在背后议论纷纷，说了很难听的话。维克托很生气，但西格妮理解女儿，什么也没说。就连以思想开明著称的西格丽德·绍曼也劝告托芙，催促两人正式缔结婚姻关系，并且很不明白这对年轻人到底在等什么。[11] 托芙表示："我丝毫不在意［……］人们总是会有些闲言碎语。"[12] 不过她也承认，以未婚的状态在一起生活非常困难。早上突然有客人来访时，阿托斯不得不躲起来，她却不能坦荡地告诉客人"不好意思，我的丈夫还在睡觉"。一起旅行的话，从订房间就开始麻烦不断。未婚的两人必须各自入住单人房间，有些旅馆甚至没有单人间。[13] 更重要的是，一起购置房产非常复杂，比如摩洛哥韦斯特马克的别墅、一艘船，或者佩林基的岛屿。尽管如此，托芙仍然为这个男人感到骄傲，并且喜欢和他在一起。[14]

战后，托芙与阿托斯的关系进一步加深。托芙本可以拿到法国政府的助学金去巴黎留学，但她不想离开，因为她根本没想过离开阿托斯。托芙能够跳出当下的境况，从远处审视自己，她对自己看到的情况感到担忧，同时也害怕这段关系会威胁自己的精神独立。她发自内心地想要结婚，但是"哲学家"不愿意。托芙十分沮丧，她情绪爆发地说自己厌倦了这种"半个女性"的状态，甚至妥协同意秘密结婚。她自嘲地问：自己是不是一个"未婚夫人"？如果在这样的关系下生了孩子，孩子到底应该姓什么？结婚会让事情变得简单很多，旅行，聚会，一切的一切。她深爱这个男人，以至于"有时候会觉得心痛"。[15]

结婚不会改变什么。两人可以继续保留各自的公寓和工作室，只是日常生活会更方便。然而，对托芙来说，阿托斯是"一种特殊现象，独一无二的彗星般的存在"。托芙相信自己"在第101次坠入爱河后"仍然知道这一点。在一段关系中，如果一方一直逃避做出任何承诺，另一方的深情就是件可怕的事情。尽管如此，离开这个男人似乎是不可能的："遇见他以后，很难再爱上别人。了解过他的快乐、自由和智慧后，再想和其他任何人结婚几乎都是不可能的。这很可怕，但也让我感到自豪和自信。"也许她找到了阿托斯不愿意做出承诺的根本原因："我知道，他没有能力用我们以为的那种方式去爱。他喜欢我，就像他喜欢阳光和土地，喜欢笑声，喜欢风一样。可能喜欢我更多一点，但方式是一样的。"[16]

阿托斯是一位忙碌且充满热情的政治家，总是忙于世界事务和意识形态问题。他大概无法留给托芙太多时间，两个人渐渐疏远彼此。即使他们偶尔会见面，阿托斯也总是满身疲惫，大部分时间都在睡觉。托芙抱怨说："这个男人像机器一样，几乎一整天都在不停地运转，但愿机器能受得了。"[17]男人的表白，哪怕是小小的浪漫举动，托芙期待的这些都没能得到满足。不过，阿托斯确实给托芙买过一件礼物——首饰。那是一枚公牛形象的陶瓷胸针，与浪漫毫不沾边，与她期待的戒指更是相去甚远。"亲爱的傻驴"，失望的托芙在给埃娃的信中这样提到男人和他选的礼物。[18]

他们关系的转折发生在次年，也就是 1947 年。仲夏前不久，托芙在信中提到，他们现在只谈论一些泛泛的话题，尽管还是以一种私人的方式，也很有趣。温柔的情愫已经所剩无几，但托芙表示，"他变成了一个很好的爱人，但我不再渴望爱的表白，因为我感觉自己已经不爱了"。[19]不过在关系走到这一步之前，发生了很多其他事情。

薇薇卡·班德勒与左岸

托芙的生活平静地继续下去，生活被即将到来的展览准备活动和对阿托斯的担心填满。但很快一切都变了。1946年圣诞节的前一周，托芙给埃娃写了一封长长的信，那封信充满了激情，传递着全新的生活感受。

> 现在发生了一件我必须告诉你的事情。我感到无比幸福、快乐和自由。你知道，我一直将自己看作阿托斯的妻子，并且以为自己永远都是。但是现在我无可救药地爱上了别人，一个女人。而且这个感受无比自然、真切，我不觉得它有任何问题。我只是觉得骄傲，还有无拘无束地快乐。过去的几周就像是在跳舞一样［……］[20]

托芙爱上的对象是薇薇卡·班德勒，她是赫尔辛基城市财务主管埃里克·冯·弗伦凯尔的女儿，也是拉尔斯的同班同学，以及他当时的女朋友埃丽卡的姐姐。薇薇卡比托芙小三岁，她嫁给了库尔特·班德勒。库尔特·班德勒是奥地利人，有一半犹太血统，为了躲避纳粹主义来到芬兰。在芬兰，他曾作为志愿兵参加战争。托芙和薇薇卡坠入爱河时，库尔特住在斯德哥尔摩，而薇薇卡大部分时间住在芬兰，尽管她经常旅行，也会去斯德哥尔摩。托芙当时与阿托斯住在一起，他经常出差。

薇薇卡·班德勒曾表示，1946年她与托芙的第一次见面很不顺利。当时拉尔斯和埃丽卡为他们的姐姐安排了一次见面。薇薇卡差点把托芙吓坏了，而托芙的卷头发、皱衣服和小雀斑在薇薇卡看来很可笑。她们第二次见面是一次机缘巧合。战后的赫尔辛基没有什么庆祝活动，但还是有人举办了聚会。人们生活贫穷且各种物资都短缺，但跳舞是允许的，而托芙最热衷的就是跳舞。在聚会上的其他人都回家后，托芙和薇薇卡遇到了对方，她们一直跳舞到黎明。"我们就这样成了朋友。显然受到了酒精和醉意的影响。"薇薇卡·班德勒这样回忆对她们彼此生命都非常重要的那个夜晚。[21]

托芙用丰富和温柔形容这段刚开始的新恋情。这段爱情就像是对新风景的探索，令人难以置信的美丽风景之旅。"它是无法用言语形容的伟大奇迹，就仿佛你在自以为熟悉的老房子中找到了一个美妙的新房间。走进房间后，你才发现一切竟然那么美好，你会惊讶无比，自己之前为什么对此一无所知。"[22]

她们在薇薇卡家的庄园度过了四天假期。托芙幸福得散发着光芒："我们无比愉快地交谈，埃娃，我仿佛重新发现了自己最好的一面〔……〕你知道吗，我终于第一次在恋爱中感觉自己是一个女人〔……〕现在我可以坦荡地谈论一切，而且毫不羞耻。我的朋友们盯着我，问我发生了什么。我仿佛重生了一般，获得了自由，感到幸福快乐，而且没有任何负罪感。"[23]找到自我，发现自己的女性气质以及职业方面的更大自信，是对薇薇卡的爱情赋予托芙的新力量。托芙写道，她不再觉得自己是那个欣赏日出的可怜女孩，总觉得这一切只为男人而发生。现在，她第一次觉得自己就是太阳，尽管是在次年春天薇薇卡回到芬兰后，这个太阳才真正开始放射光芒。[24]

托芙发现自己并不像之前以为的那样，是个完全的异性恋者，当然也感到困惑和惊讶。但她并不觉得害怕，至少从她的信中看不出来。她从自己个人和生活角度出发，独立冷静地思考了自己的性取向，并充分考虑了外界的谴责、诽谤以及这段关系很可能会带来的痛苦，最终决定不去在意这些。她关注的是这份真正的爱情和它所带来的幸福：

我不认为自己是完全的女同性恋。我清楚地认识到，我不会爱上薇薇卡以外的任何女人。而我和男人的关系也一如从前，甚至有所改善，更简单，更快乐，也更放松。阿托斯一直不在家，明天就会回来。明天薇（薇薇卡）会去斯德哥尔摩找她丈夫，然后去丹麦和瑞士，之后整个春天，她都会在巴黎导演一部电影。我们刚找到对方就要分开，这真的太糟糕了。但我们都有自己的工作，而且可以带着信任等待对方。也许我们的未来会困难重重，人们并不能理解我们，他们没有同样的经历。诽谤已经开始了，但是我并不在乎。现在我甚至可以失去阿托斯。[……] 我将生活在巨大的快乐和痛苦当中。埃娃，生命是如此丰富。[25]

她们的爱情极其热烈且充满欲望。除此以外，她们在思想层面的交流也非常深刻。按照之前的约定，薇薇卡去了瑞典、丹麦和巴黎，这对恋人在爱情最炽热的阶段不得不分开。托芙曾试图获得去巴黎旅行的许可，薇薇卡还准备在那里为她安排一场展览。但这些计划都没能成功。那个年代旅行并不容易，不仅需要钱，还需要各种通行证。然而也正是因为分离，她们给后人留下了大量充满热情的信件。托芙和阿托斯的关系得以延续。对薇薇卡的爱熄灭了对阿托斯的爱，但尊重和友谊依然存在。托芙和他的关系甚至得到了改善："现在我们有了更多可以谈论和说笑的，也许这就是最好的友谊吧！情欲现在也没那么重要了。就像我睡着了一样。没有什么特别的感觉，也不缺了什么。仿佛我正专注于某个重大任务，但也有一些其他的东西。我的心在你那里，没有它，我永远无法去爱。"[26]

在薇薇卡看来，她和托芙的爱情之所以与众不同，是因为它知性的精神层面。通常在她的爱情中，心是主导力量，但现在大脑也参与其中。她

代表托芙的姆明，来自托芙给薇薇卡的信，1947 年

在信中问托芙："你想要我把头放在盘子里吗？你可以拥有它，因为它是你的。"[27] 托芙也强调了她们爱情的完美。她写信给薇薇卡说，她的智慧爱薇薇卡的智慧，她的心和身体也爱薇薇卡的心和身体。然而，心与心之间的爱是最热烈的。她们的爱如此热烈，以至于彼此分开时，托芙仿佛得了相思病。不过大多数时候她都感到欢欣鼓舞，因为知道薇薇卡在那里，并且她爱自己。[28] 爱情在她每天的日常生活中强烈存在着，甚至闯进她的梦境，引发了失去对方的噩梦。爱情支配着她的生活，以至于心灵上的渴望第一次超越了工作的重要性。之前，托芙在工作中总是全身心投入，不会逃避自己的职责，并且严格遵守约定的时间表。[29] 不过爱情对她的创造性工作有好处，她看到自己的工作变得更加丰富，也摆脱了目标过于远大的烦扰。总体来说，她变得更加平和了，至少她自己有这样的感觉。[30]

把薇薇卡的形象画进壁画这个工作填满了托芙每天的生活。她唯一的期望就是这个心爱的模特能够来到她身边。但因为无法实现，她就只能靠记忆作画。正是在这段时间，她开始写第三本姆明故事书。对薇薇卡的爱使得《魔法师的帽子》（*Trollkarlens hatt*）和姆明世界永久地诞生了两个新的小家伙：薇夫斯兰（Vifslan）和托夫斯兰（Tofslan），同时诞生的还有怪物格罗克。托夫斯兰的原型是托芙，薇夫斯兰的原型是薇薇卡。托芙开始在作品上署名托夫斯兰，有时甚至同时使用这两个名字。在给薇薇卡的信中，她也经常称呼对方为薇夫斯兰。书中那两个小家伙说着自己的语言，外人有时很难理解。和现实生活完全一样，她们经常需要用加密语言谈论被禁止的事情。

托芙想要敞开心扉，将她与薇薇卡的爱情告诉自己最好的朋友，比如萨姆、马娅，还有斯文·格伦瓦尔，但令她失望的是，她得到的反应相当

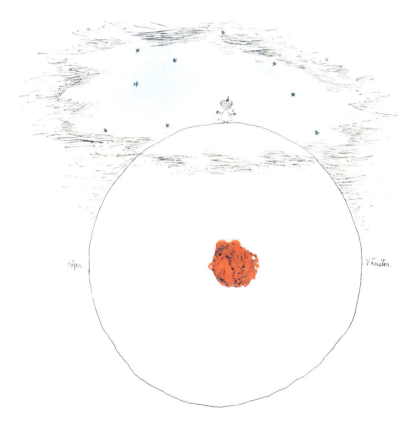

孤独的托夫斯兰，来自托芙写薇薇卡的信，水彩画，1947 年

115

复杂。[31] 没有朋友可以分享她的这段幸福。她有时可能会和妈妈谈论自己多么喜欢薇薇卡。显然西格妮应该是从别人那里听说了，很清楚她们之间的关系。但是西格妮喜欢阿托斯，所以很为他担心。[32] 而薇薇卡则担心西格妮是不是不赞同她们的关系，因为西格妮对此事保持了沉默。[33]

在那个时代，同性恋在法律上是犯罪行为，并被归为一种疾病。它也是一种罪——甚至是最大的罪之一。托芙和薇薇卡必须非常谨慎。薇薇卡尤其主张谨慎行事，部分原因是库尔特·班德勒还不知道这段关系，薇薇卡也希望继续对他隐瞒，不过最主要的原因还是公众的态度。托芙也没有立马对阿托斯坦白自己的新恋情。托芙写信给薇薇卡说，她一直都很难做到不忠，现在也不想这样。

托芙打电话到国外问薇薇卡是否还爱她时，薇薇卡非常害怕。托芙只是说了一些恋人平常会说的话。薇薇卡解释了她恐惧的来源，她说自己一直在盖世太保的名单上。即使在战争结束后，她仍然怀疑自己的电话会被窃听和录音。她写道，她不想让托芙陷入麻烦，所以不得不小心谨慎。出于安全考虑，她们创造了自己的私人语言，来表达她们禁忌的爱。"我们最好不要说那个危险的字眼——爱。"[34] 薇薇卡写道。旅行期间薇薇卡住在家庭旅馆中，因此必须小心自己的电话和信件不要引起主人过多的关注。她让托芙多给她写信，实际上她们几乎每天都给对方写信，不过托芙必须把好几天的信放在同一个信封寄出去。谨慎到这种程度现在看来似乎有点夸张，甚至有些偏执。然而必须记住的是，此前几年，欧洲大部分地区的同性恋者被送进了毒气室。在当时的芬兰，同性恋可能会被送进精神病院或者监狱，直到20世纪50年代初期，这种情况仍然会发生在女性身上。直到1971年，同性恋在芬兰都是犯罪行为；被视为精神疾病的时间则更长，一直持续到1981年。

战争期间，人们经受着巨大的悲伤、死亡、饥饿和毁灭，无暇关注同性恋。和平到来之后，社会对同性恋的态度变得强硬，从众的压力也越来越大。在艺术界和赫尔辛基这样的大城市，总体来说要比在乡村和小资产阶级圈子中容易很多。尽管如此，同性恋在城市中也不被接受。人们即便知道，也只会在背后对同性恋纷纷议论，当面却缄口不言。女同性恋者会被诽谤和造谣，并被污名化，包括在工作中。薇薇卡听到她丈夫的一个朋友辱骂她是"一头追着女人跑、跟男女都上床的脏猪"时，十分沮丧。正如薇薇卡描述的那样，"每个人都有自己内心的地狱"。[35] 她们有充分的理由保持谨慎。因此，人们会缔结所谓的"虚假婚姻"，其中一方或者双方都是同性恋者。这样做是为了维持营造一种"正常的"异性恋结合的假象，以此保守那个可怕的秘密。但如果其中一方是异性恋者，悲剧就会产生。

男同性恋和女同性恋通常不用各自的正式名称提及，而是使用各种暗号和更日常的委婉语。最初，托芙使用巴黎塞纳河左岸的名字 Rive Gauche（左岸），来表示她的同性恋身份。选择"左岸"，意味着选择女同性恋，尽管她也经常使用后者。后来，谈及她的选择时，托芙倾向于提到她的"新路线"和"态度"。早在 1952 年，她就写道，她可以用女同性恋圈子中常用的 spöke（幽灵）一词，来形容自己。有时，瑞典语俚语动词 mymla 会被用来指代女同性恋的性行为，但托芙用这个词指代普遍的性行为。比吉塔·乌尔夫松记得，托芙在看到一对恋人做爱时曾说："啊你看，他们应该是在做爱（mymlar med）……"[36]

当时的社会环境对这对恋人来说非常不友好，更何况这段恋情本身也不容易。薇薇卡从巴黎、丹麦和瑞典回来后，说自己在巴黎找到了新的爱情，似乎在芬兰也找到了新欢。托芙理解，但还是非常痛苦。她和阿托斯一起的生活一如既往，对他们两个的爱情也同时存在。

她信誓旦旦地写道，在阿托斯之后她的生命中不会再有其他男人，在薇薇卡之后也不会再有其他女人。[37]

我把你画成最甜蜜的模样

薇薇卡出差后，托芙留在芬兰为赫尔辛基市政厅的餐厅绘制装饰画。这个工作并非通过竞争选择的艺术家，托芙是直接获得了委托。最开始它们只是向托芙订购相对较小的作品，一些"漂亮的小插图"。但是托芙很有雄心壮志。在之前阿黛浓学校的老师约翰内斯·格布哈特的鼓励下，她想要创作更加宏大的作品，并且故意超出了预定的规模。工期是按照最初的计划估测的，因而她的时间表变得非常紧张。很多人提醒托芙扩大工作

代表托芙的姆明角色说，壁画创作工作繁重，但很有趣。来自托芙给薇薇卡的信，水彩画，1947 年

规模会直接导致工期紧张，其中就包括萨姆·万尼，他说托芙不自量力地认为她能在春季完成任务，真是太愚蠢了。[38] 时间紧张和压力都是托芙的野心导致的，因此都是她自己造成的。

艺术界的行情很不好，工作机会的竞争非常激烈。有些人可能猜测托芙是通过关系，也就是薇薇卡的父亲，得到这个机会的。但因为这项任务本来工作量不大，组织竞赛有点夸张。另一方面，尽管托芙很年轻，但已经在装饰画和大型作品创作方面有一定的声誉。她之前创作过很出色的大型画作，其中包括 1941 年为杜丽波米餐厅创作的玻璃彩绘，1944 年为阿波罗大街女子学校创作的玻璃彩绘，以及 1945 年为斯特伦贝格电气集团位于皮塔亚马基工厂的员工餐厅绘制的两幅壁画。托芙有足够的资格和经验胜任这个工作。然而，赫尔辛基市政厅毕竟是一个享有盛誉的公共空间，很多人希望得到这个机会。也难怪她的同行们嫉妒得发狂。创作这些壁画的时候，托芙觉得身后站了一群带着敌意的艺术家。这正是她全力以赴的原因，因为这项工作她只能成功，不能失败。

赫尔辛基市政厅的壁画是她 20 世纪 30 年代创作的童话风景画和天堂主题绘画的直接延续。天堂本身也是童话故事的重要主题。《乡间庆典》尽可能地呈现乡间的一切美好景色，而《城市庆典》描绘的则是具有城市文化烙印的庆祝活动。赫尔辛基市政厅壁画的创作需要全身心投入其中。托芙心中满是爱情和去了巴黎的薇薇卡。分离的痛苦，也许还有对未来失望的预感或害怕，给那些日子增添了几分灰暗色调。同行的嫉妒，以及关于两位女士关系的谣言也给工作增加了一些苦涩的味道。

托芙怀着忐忑的心情将草图先后拿给建筑师和薇薇卡的父亲看，最终都通过了。当托芙将壁画同等大小的纸质草图画好时，这项工作难度最大的部分就完成了。现在她大概可以确定自己会成功完成这项工作了。托芙

非常高兴地写信给薇薇卡：

> 早上好！工作室里庄严地演奏着贝多芬的第五交响曲，唱片是阿托斯从斯德哥尔摩带回来的。今天我不准备工作，甚至懒得取暖和做饭。昨晚我完成了壁画的彩色草图，现在准备一整天都不去想艺术创作的事。我只想着你，听着音乐，游走在时间之外。[39]

托芙按时完成了两幅巨型壁画作品。一幅是她与精通壁画技术的专业

《童话》，油画，1934 年

修复师尼洛·苏伊赫科一起完成的。另一幅她希望自己独立完成。前者展示了天堂般的田园牧歌，人们在鲜花和葡萄藤环绕的自然环境中安然休息。画面充满了完美的幸福氛围和童话般的美好。后者则是充满文化气息的天堂模样，古希腊圆柱环绕的露天平台上，穿着晚礼服的人们在无忧无虑地跳舞。白鸽在天边飞翔，桌上摆着诱人的酒瓶和酒杯。那舞会的场景就像是艺术家当时生活的画卷。画面中央是一位飒爽的黑发女子，她身穿浅色连衣裙，正与一位英俊的年轻男子翩翩起舞，裙摆飘扬。观者一眼就能认出那是薇薇卡。

托芙将自己的形象置于画面的前景。她坐在那里抽烟，若有所思地看向一旁，部分身体被一个插满了鲜花的花瓶遮住。两个姆明形象也被画进了两幅作品中：一个姆明在田园牧歌那幅画的左侧，在花丛中间靠左下角的位置；另一个姆明在跳舞那幅画中，靠近托芙自己形象的手肘，就在酒杯旁边。壁画完成后，托芙满意地写信给埃娃，告诉她这项艰巨的工作终于完成，"我觉得画得很棒"。[40] 后来在市政厅大修期间，餐厅也进行了翻新，两幅作品被转移到了赫尔辛基瑞典语工人学校，如今仍然在那里。

将薇薇卡的形象画进壁画，是一种大胆的表白。她们的爱被保存在壁画中，那幅画将成为她们曾经相爱时光的回忆。这幅画也是勇气的写照。托芙将她那隐秘的禁忌之爱的对象画成这幅画的中心人物，让她亲密圈子中的每一个人和所有艺术家都能认出来。托芙故意将薇薇卡的形象画得很有辨识度，表达了她对同时代人们那些流言蜚语和诽谤的毫不在意。她给薇薇卡写了一首长长的情诗，表露了自己想要通过这幅作品传达给观者的一切：

> 我把天空画成蓝色，天蓝色，
> 把裙子画成太阳的黄色，
> 如同你那美丽的笑容。
> 我把你画成最甜蜜的模样，
> 把你画在墙上，
> 你将留在那里，
> 那个曾经的你，
> 曾经爱我的你。[41]

她们之间的爱很多，但失望更多。生活的乐趣逐渐消散。正如托芙所写的，"悲伤坐在工作室的墙上"。[42] 7 月，托芙伤感地写信给埃娃，说薇薇卡要和儿时的朋友戈兰·希尔特一起去航海。托芙向阿托斯承认，自己已经不再爱他。[43] 此外，经济方面也捉襟见肘。1947 年，她只卖出了两幅画。[44]

最终导致托芙和薇薇卡关系破裂的原因似乎并不明晰。薇薇卡曾表示，两个人的青年时期都充满了巨大的不确定性。其原因不仅仅在于战争及其带来的痛苦，而且还在于"世界上总是有很多满心恐惧的人。很多姆明故事书也正是关于克服某种恐惧的"。[45] 她们成了终生的好朋友，关系非常亲近。薇薇卡说："孤独、不安全感和赤裸裸的恐惧是我们友情的坚实基础……"[46] 对于一段热烈却受到社会规范与法律谴责的爱情来说，这可能并不是最好的基础。

《城市庆典》，赫尔辛基市政厅的壁画，油画，1947 年

托芙没有解释分手的真正原因，只是讲述了自己的心情。最重要的是避免愤怒和痛苦。一切似乎变得毫无意义。她觉得整个爱情故事毫无意义，留给她的只有遍体鳞伤。在同一封信中，她真切地反思了与阿托斯的关系，以及她对薇薇卡痛苦的爱。[47] 托芙几乎准备无限地理解薇薇卡与其他女性的关系，甚至还和她新的爱人交朋友。薇薇卡曾回忆她们爱情故事的开始，以及导致爱情结束的原因：

> 我和托芙·扬松在 30 岁左右相遇。她给了我成为艺术家的勇气，而我给了她成长的勇气。
>
> 这就好像一个人从小到大一直在挨饿，然后突然得到了饭后甜点，但也只有甜点。我生命中第一次觉得，自己得到的比自己能够回报的要多，这让我无所适从。一切都是那么美好，好到我无法接受。一直以来，我已经习惯了事情总是出错，而当一切不再出错时，我就开始犯错了。
>
> 对此我非常后悔，没有一辈子，也有半辈子。[48]

托芙对薇薇卡的爱为姆明谷带来了新的小生物：托夫斯兰和薇夫斯兰。它们和壁画中跳舞的薇薇卡一起，让人忆起一段不能被忘却的美好爱情。后来，薇薇卡去世时，人们在她的遗体旁发现了一封写给托芙的信，大概写于 20 世纪 60 年代后期，她在信中向托芙表白了自己的爱。薇薇卡写道，对她来说，托芙是世界上最美好的人，甚至超过了她深爱的母亲。在她绝望的时刻，托芙的存在对她来说是一种莫大的安慰。她在信的结尾写道："你是我生命中最伟大的爱。每次听到你的声音，看到你，甚至只是听到你的名字，我都会颤抖。我不相信上帝，但我相信你。"[49]

一只猴子坐在佩林基的海上，20 世纪 40 年代

考虑结婚

赫尔辛基市政厅的壁画按时完成，托芙也从工作带来的疲劳中恢复过来。对薇薇卡的爱在绝望中继续着。她在佩林基的布雷德谢尔岛上盖了一所名为"风中玫瑰"的新房子，以此摆脱失望的情绪。托芙一直热爱各种建造工作，正如她描述的那样，那就像是她血液中的某种"遗传本能"。岛屿对她意义重大，就像她在给埃娃的信中所写的，岛屿是"我梦寐以求的最好的东西"。[50]

当托芙建造东西时，结果总是像她计划和设想的那样。这不同于画画。画画时，她完成的作品永远不会完全符合最初的设想。于是她进行建造工作，用身体上的劳苦消除悲伤。她在岛上一直住到 9 月。她睡在帐篷里，欣赏着美丽的风景：红色的新月，松树枝在蚊帐上投下的斑驳光影。

125

她还给埃娃写了长长的信，埃娃似乎并不理解这段关系。面对埃娃的轻视，托芙为自己的爱人辩解道：

> 你只称为"那个人"的薇薇卡，教会了我很多东西，她给的不是只有那些苦果。[……] 我觉得自己的成长有一部分是她的功劳，我克服了自己的困境，褪去小女孩的天真幼稚，还有偶尔对受欢迎的渴望，我不再害怕自己不被别人喜欢。因为她，我获得了新的自由。如果是这样，那一切都是值得的。我曾认为自己的情感已经足够强烈，但现在知道，其实还有无限可能——关于幸福和痛苦，以及如何表达它们。我觉得我的一生都在害怕。现在我知道，我可以勇敢起来。薇薇卡，她同样可怜、窘迫，又没有被宠坏。[……] 你知道，当我对薇薇卡说一些伤感且不真实的话时，她会是怎样的反应吗？她会说"喵"。听起来很糟糕，但如果是阿托斯，他会表现得很烦恼且一言不发，那就更可怕了。[51]

阿托斯在赫尔辛基等待托芙，他经常出差并且一直在工作，托芙讽刺地评论他"必须为国家的福祉负责"。不过他也设法去了岛上，诚然只有一个周日，不过那天过得很顺利。冬天时托芙曾提出分手，因为她感觉他们之间已经没有爱——只有习惯和友情。尽管如此，他们还是很喜欢和对方相处，这也是托芙非常庆幸的。阿托斯对分手的提议没有做出回应，继续去波兰出差了。托芙梳理了自己的感受，她说生活十分奇怪。当你最终明白人必须百分之百诚实时，你反倒不知道什么是真心什么是诚实了。[52]

她遇到了来赫尔辛基的薇薇卡，但这次碰面充满了争吵、误解和猜疑。托芙思索着是不是两个女性之间的关系缺少互补的力量，因此双方的反应在同一个方向上互相增强，导致行为过激。她想要摆脱这段关系，但又不想放弃她们的友情。它太强大了。她甚至接受了心痛的感觉，并且相信是因为薇薇卡，她的人生变得更加丰富和充满热情。托芙写道："如果不快乐，会怎么样呢？那时你所见到、听到和思考的一切，会有更强烈的体验。"[53]

但她也没有无休止地悲伤下去。她写信给薇薇卡说，她希望爱情已经结束，但不幸的是，事实并非如此。不过她还是建议结束这段关系，因为"我只是再也不想继续不快乐了"。同时，她还将自己写的一大摞诗送给薇薇卡。[54]

托芙显然准备从熟悉的关系中寻找安全感，并向阿托斯求婚。如果他同意结婚，她觉得自己会永远关闭通往另一个世界——"左岸"的大门，然后开始做一个纯粹的异性恋者。托芙希望能够理清自己的人生和情感，因为"悬在男人和女人之间的半空中"实在太困难了。在那封求婚信中，托芙先提了一下姆明书的近况。她说自己刚把稿子交给出版商，目前正在画画和思考。接着，她像突然想到一般提议说："我在想，你会不会觉得结婚是个不错的想法。这肯定也不会改变我们的生活方式。如果你不想谈论这件事，等你回来时，我们可以聊聊别的事情。"[55]

她以"我非常非常喜欢你"作为这封信的结尾。很符合实际，但缺少热情。婚姻对她来说很重要，她期待婚姻能够解决她内心艰难的矛盾："婚姻这个'象征'对我的意义要比对他大很多，我不知道为什么。但也许它能让我平静下来，安心地工作。这样我就不会再想念'左岸'了，仅此而已。"[56]

出差回来的阿托斯假装很惊讶地说道："难道我们不是已经结婚了吗？反正我是这么认为的……我们确实应该做点什么，不然别人会怀疑我们在一起过得并不好。"[57] 托芙开始筹划婚礼。她希望住在芬兰的最好的朋友，也就是作家埃娃·维克曼，弟弟拉尔斯，当然还有西格妮，做婚礼的见证人。但这些人不包括她父亲，因为她猜测，父亲不会认可女儿的选择，不会接受一个"近乎红色的女婿"。[58] 托芙问埃娃："你觉得我会成为政客的滑稽小妻子吗？"不过，她也怀疑阿托斯是不是真的想要结婚。[59] 他没有为婚礼做任何事情，甚至没去奥兰群岛申请结婚需要的证明材料，只推说选举太忙了。他们原本计划 1948 年春天举行婚礼，但最终也没有举行。

托芙对此表示理解，并且说不能用其他人的标准来评判阿托斯。这个男人非常独特，我行我素。大约在同一时间，阿托斯的前妻在巴黎突然去世，原因不明。虽然他们的婚姻仅仅维持了几个月，前妻的突然死亡还是让男人十分震惊和悲痛。[60] 这个突发事件很可能影响了男人再次承诺结婚的意愿。托芙没有在信中进一步表露自己的失望，尽管她很可能会有这样的感觉。她准备专注于工作，重拾对绘画的热情。

寻觅快乐和渴望

1948 年，托芙与萨姆、马娅·万尼一起去意大利旅行，希望重新获得力量，最重要的是找回内心对于绘画的渴望和热情。萨姆一直是个鼓舞人心的朋友。现在，托芙希望在他的帮助下，能够再次找到艺术创作的快乐。绘画很成功。他们给彼此安宁，各自画画，互不干扰，而且非常努力。不过，从他们旅途中创作的那些相似作品中，还是能够清楚地看到他们精神上的亲密。有时候甚至很难分辨哪幅作品是谁创作的。

作为第三个人与已婚夫妇一起旅行并不容易，尤其是考虑到萨姆和托芙共同的经历。他们之间的爱从未消失，只是换了一种形式。旅途中产生了很多情绪，他们享受彼此的陪伴，也没完没了地就艺术进行长谈。[61] 托芙很看重萨姆的批评和支持，也喜欢和他一起在城市里漫步。萨姆习惯了在路边摊买香肠和酒，托芙也很喜欢。马娅对此毫无兴趣，也没有参与其中。然而，一起旅行时产生的情绪实在太多，在某些方面甚至相互矛盾。很显然，三个人一起相处太过困难，托芙后来独自去了法国的布列塔尼作画。[62]

托芙在布列塔尼时收到了薇薇卡的来信，她高兴得几乎要晕过去。薇薇卡大胆建议她们在赫尔辛基的瑞典剧院上演姆明话剧，内容将根据《姆明谷的彗星》一书改编。[63]

托芙在旅途中写信给阿托斯，祝贺他在选举中取得成功。但是从前的感觉消失了，信件语气友好，就事论事。托芙希望能见一面，但她也说会尽快去岛上。她在信中说想念岛屿，但是没有说思念他。她与阿托斯的生活依旧慢节奏地继续着，但他们显然不再讨论婚礼的事情。1948 年底，在信中，托芙讲述了阿托斯向她解释了自己的情感生活及其背后的原因。他年轻时经历过深深的沮丧，生活对他来说只有苦难和不幸。年轻人遭受的典型痛苦，比如思念、孤独、不幸的恋爱，还有对死亡的恐惧，笼罩着他。那时他认为，自己不能再"主观地"活下去了。痛苦是情感和敏感的代价。抑郁是个无底洞，他甚至想过开枪自杀。不过，幸运的是，他最终只杀死了那个主观的自己，也就是"自我"这个概念本身。他对着黑夜大喊"自我，自我，它什么也不是"，并且相信他已经成功扼杀了自我。爱与承诺不再和"新我"有关。从那以后，他开始"客观地"活着，不再让任何个人感受控制自己的生活。他只想爱整个人类，而不是任何个体的女性。

"这确实是真的。他不知道如何去恨去爱，他不会感到悲伤或恐惧，他也不渴望任何事物［……］他是个超人［……］但有时我会很不安

[……] 我觉得当我对他说我不再爱他时，我伤害了他。我是多么愚蠢！"托芙也思考了自己和这个男人之间的关系："最近几年，我一直在寻求内心的平静，并躲避人群，也许我应该为阿托斯的样子感到高兴。"[64] 阿托斯的客观存在意味着某种脱离个人深邃情感的自由存在。托芙在自我批评时指出，阿托斯这样的男人适合她。事实确实如此。这个男人的陪伴总能带给她智慧的启发，并且给她足够的精神空间。阿托斯也不会打扰托芙充满热情的工作。只是情感方面的代价太高了。

后来，1951 年，阿托斯曾尝试再次走近托芙，但为时已晚。在此前的那些年里，他们的关系一直以友谊的方式继续存在，偶尔也会有肉体关系。他们的关系就像是老夫妻的婚姻一般，仅存着星星点点的火花。托芙的人生已经发生变化。对她来说，阿托斯似乎只是"像个老伴，但没了我爱他的那七年的光辉和危险。现在他想和我结婚，可我已经没有兴趣。不过我会一直喜欢他"。[65]

女同恋情改变了托芙，这个想法对她来说还很新，她需要适应。在好几年时间里，她一直在信中思考这件事，尽管收信人埃娃·科尼科夫对托芙这个新的人生转折持相当否定的态度。有时候，托芙想要完全摆脱她的女同性恋倾向。[66] 有一些事情困扰着她，她观察思考着男性朋友的同性恋情侣关系，他们内部的张力和争执，最后得出结论：与异性恋者相比，同性恋者更难建立舒适、持久的和平关系。她悲哀地想，也许这就是大自然报复的方式。[67]

战后的《加姆》杂志

托芙无条件地捍卫自己"为了艺术而艺术"的想法，但战争期间作

130

为《加姆》杂志的插画家，她完全不是这样的。战争时她经常画斯大林和希特勒的讽刺漫画，作品也常以鲜明的立场反映战争的残酷；和平到来后，她也多次描绘那些被炸弹烧毁的荒凉景象。她的作品刻画了和平开始时期的一些核心问题，例如食物短缺、物价上涨、公共福利和望不到头的配给制度。同时，她也画各种让人烦恼的日常事物，并且用讽刺和幽默的手法表现这些话题。比如，在一幅作品中，可怜的小工薪族因为缺钱而苦恼生计。税收、旅行、食品以及一些必需品都变得非常昂贵。她还描绘了那个时代的贪婪、物欲横流和冷漠，以及这个迅速国际化的国家。尤其是在1952年赫尔辛基奥运会期间，人们面对来自不同种族背景的外国游客时的大惊小怪，似乎让托芙觉得很好笑。

随着和平的到来，战争罪的审判也开始了。即使在普通人当中，熟人或陌生人战时的行为也被挖了出来。人们主要相互指责对方是法西斯主义，站在错误的阵营，持有错误的观点。每个人都必须为自己辩护；试图否认自己过去的历史、所作所为和思想观念，想要洗脱罪名也是人的本性。羞耻感和负罪感太过尖锐无情。对于那些在战争中失败的一方，政治观念的转变也不可避免。1945年1月托芙在《加姆》杂志上发表的一幅画，是她最有趣的作品之一。那幅画的主题是转变阵营，也就是试图洗净自己的过去，以及那些失败的和被谴责的政治观点。托芙画了一台巨大的机器，上面写着"变形公司"与"今日风向"。一群工装裤背面带有万字符或Q图案的黑脸的阵营转变者正往机器里爬。万字符显然指的是法西斯主义，而Q图案指的则是吉斯林——被纳粹德国占领的挪威法西斯傀儡政府的领导人，他的名字俨然成了"叛国者"的代名词。一个漆黑的姆明也走进机器。机器轰隆隆地运作，往外喷着煤烟和灰烬。机器的另一端吐出很多纯洁干净的生物，个个穿着雪白的袍子，或弹奏竖琴，或手捧鲜花，头

顶光环，天真神圣。这幅画很滑稽，但对战争罪和"异教徒"的追查，以及战后社会对人们的严酷审判都是完全真实的，一点儿也不好笑。

1946 年 8 月《加姆》杂志的封面图直指核战争。广岛和长崎的原子弹袭击已经过去一周年。画面中，和平天使坐在飞机机翼上沉思着。地面上巨大的兰花或食人花的花丛中站着一个黑衣男人，他抬头望着天使，黑色的蝙蝠在空中飞舞，带着不祥的征兆。男人手里拿着一个公文包，上面写着"铀135"。

托芙的很多插画反映了她当时的政治立场。画中具体的深意，在几十年后的今天已经很难探寻，因为当时很多政治家以及他们代表的观点已经被时代遗忘。托芙描绘人类与自然之间关系，以及新的物质崇拜问题的相关画作形成了一个独特整体，在今天仍然具有现实意义。人们拥有太多的物品，对周围的环境也毫不在意。他们到处乱扔垃圾，对自然造成了污染和毁坏。托芙在 1952 年仲夏节那一期上对这个问题发表了看法。杂志封面图描绘的是派对结束后的景象，仿佛遭遇了炸弹袭击。白桦树被伐倒，到处都是空瓶子、碎玻璃、食物残渣和纸屑。画面里没有人，但凌乱的垃圾和冒着烟的仲夏节篝火都是他们留下的痕迹。

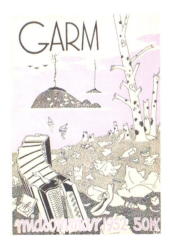

仲夏节庆祝之后，《加姆》杂志封面图，1952 年

为了艺术而艺术的虚荣者

经历了战争期间的闭塞之后，芬兰再次对新的想法和观念开放，它们仿佛涌入真空之中，冲击着当时的人们。阿托斯的

左图：净化战争的罪恶，《加姆》杂志封面图，1945 年

15 MK
75 öre

GARM

AUGUSTI · 1946

朋友圈子对文化修养要求很高，这对托芙来说也意义重大。但托芙从来都不是阿托斯社会或政治思想的复制者。早在他们开始交往之前，托芙就为《加姆》杂志创作过很多关于希特勒和斯大林的政治漫画，它们极富洞察力且令人印象深刻。尽管如此，为了融入阿托斯的社交圈，符合它在政治和文化方面的标准，托芙必须积极地与时俱进，拓宽自己在政治和文化方面的见识。她需要尽可能地扩展自己政治文化视野的另一个原因，是她需要持续为《加姆》杂志和其他出版物创作引人注目的封面图。

20世纪40年代，超现实主义与存在主义是报刊，也是托芙和阿托斯社交圈子的热门话题。表达社会观点的艺术和社会主义现实主义引发了激烈的讨论，在很多人看来，它们是唯一真正的艺术。每个人都必须对它们发表自己的看法。阿托斯有段时间是《四十年代》编辑部的一员，并和他们的很多共同朋友一样积极参与左派文学联盟"基拉社"的活动。这肯定影响了他在那个时代有关艺术的伟大辩论中的见解。

超现实主义激起了人们强烈的反应，左派人士对它看法不一。亚尔诺·彭纳宁强烈支持和捍卫这一艺术流派，其他一些人则完全谴责超现实主义。彭纳宁是一位活跃的演说家，1948—1949年担任左派报纸《自由言论》的编辑部主任，后来担任其主编。他在"基拉社"非常活跃，并且从20世纪30年代开始，一直担任激进的《文学杂志》的主编。他与阿尔沃·图尔蒂艾宁是芬兰语媒体中两位充满热情的作家和演说家，一定程度上就像阿托斯在瑞典语媒体中的角色一样。

埃娃·科尼科夫曾写信给托芙，讲述了她在美国的所见所闻，尤其是一场给她留下了深刻印象的超现实主义艺术展。托芙在回信中评论了超现实主义，认为它只是一种暂时的现象，产生于精神分析等最新的人类心理研究。托芙将该艺术流派比作一种过于引人注目的服装，因为太抢眼，只

左图：和平天使离开原子战争的世界，《加姆》杂志封面图，1946年8月

能穿一季。正如那类衣服一样，超现实主义也没有前途。托芙将印象派画家奉为典范，她尤其崇拜塞尚，认为他的静物画甚至"比最悲惨的大型绘画或耶稣受难场景还要感人"。[68] 托芙强调艺术创作的自由和愉悦，认为艺术不能基于义务或责任感。艺术必须包含绝望，但也要有欲望。她尊重艺术创作的自主性，秉持一种强调以自我为中心的艺术观念，并对当时一些重要的新思想持批判态度。托芙对超现实主义的严厉批评似乎很奇怪，因为她早期的艺术画作中往往带着非理性和童话的氛围，与超现实主义的精神也很接近。

第二次世界大战之后，存在主义成为一种重要的哲学思潮。对芬兰人来说，存在主义的知名人士有让 - 保罗·萨特、西蒙娜·德·波伏瓦和阿尔贝·加缪。借由让 - 保罗·萨特在瑞典引发的巨大影响，这一思潮得以传入芬兰。因而芬兰的瑞典语知识分子有机会最快了解到这位哲学家的著作。芬兰语刊物《四十年代》也发表过萨特的文章。拉乌尔·帕尔姆格伦起初对萨特尤为感兴趣，并在瑞典组织的一次活动中见到了萨特本人。在阿托斯的考尼艾宁庄园的晚宴上，存在主义自然也引起了热烈的讨论。托芙生气地写道，某个不知名的"聪明人"故作惊讶地指出托芙竟然没有读过萨特。这个男人以为自己在和一个什么也不懂的"家庭女仆"谈话。这件事情，或者更准确地说，是那个男人对她的看法，使得托芙十分恼火，她后来说自己读过萨特。[69] 这位哲学家的自由概念对托芙来说一定十分重要，因为她的很多作品明显体现了萨特那种思维方式。[70]

当时人们探讨的核心问题是艺术在社会中的使命。艺术应该为谁服务，或者说，艺术是否有义务为任何人服务？托芙和塔皮奥早在阿黛浓学校求学期间，就对这些问题进行了很多深入的探讨，当时托芙开玩笑地将这个男人称为"我们的共产主义者塔普萨"。塔皮奥也介绍托芙认识了他的很多朋友，比如当时杰出的左派诗人阿尔沃·图尔蒂艾宁。托芙自己最亲密的好友中也有杰出的左派持不同政见者，比如埃娃·维克曼。

自由是最美好的

托芙身边的亲密朋友对她的世界观和艺术创作产生了深远影响。作为视觉艺术家，萨姆和塔皮奥是托芙非常重要的交谈对象。几十年里，萨姆一直都是托芙家庭成员以外的最重要的评论者。受阿托斯影响，托芙对文学和写作的兴趣增加并变得更加多元化。考尼艾宁庄园的文化社交圈在很多方面对她产生了重要影响。通过薇薇卡·班德勒，托芙了解了戏剧世界；戏剧也成了对她来说日益重要的艺术形式。

托芙的男友萨姆、塔皮奥和阿托斯有一个共同点，就是他们都想要影响托芙的思想和价值观。他们都很有影响力，是富有魅力的公众人物，习惯于被倾听、被崇拜、被信任。托芙与萨姆·万尼在一起时，思考了视觉艺术的本质以及艺术哲学相关的问题。他们的讨论仅限于与艺术有关的问题，因为萨姆并非活跃的政治人物。相反，与塔皮奥和阿托斯多年的密切交往，以及与他们各自社交圈子的接触，使得托芙在芬兰当时最著名的左派知识分子及其文化圈中站稳脚跟。托芙通过他们结识了很多具有政治倾向的艺术家和思想家，并且参与了左派组织的一些活动。阿托斯政治上最为活跃，在拓宽这个年轻女性的文化社交圈方面，他胜过了其他任何人。塔皮奥促使托芙思考艺术的使命和艺术家的责任。托芙被迫站在这个男人所代表的坚定的左派艺术政治立场，认为艺术的道德和正当性取决于它如何为人类服务。也就是说，艺术不得不服从于更大的社会问题。

"基拉社"是战后时期非常活跃的左派作家协会，影响十分广泛。芬兰瑞典族作家和艺术家对它来说是一个很有问题的群体，因为很难让他们参与协会组织的活动。拉乌尔·帕尔姆格伦描述了1948年11月举行的一次会议，会议的结果是很多芬兰瑞典族的文化人士加入该协会。在这些新成员中，他提到了米丽娅姆·图奥米宁、埃娃·维克曼，海蒂、海利、奥斯卡、拉尔夫·帕兰、托马斯·沃伯顿、斯文·格伦瓦尔和阿托斯·维尔塔宁。最后两位代表左派社会主义派别，其他人主要是反对战争与法西斯主义的激进知识分子和作家，但他们首先是个人主义者和现代主义者。除了阿托斯，斯文·格伦瓦尔和埃娃·维克曼也是托芙的好朋友。托芙正是在这次会议上认识了沃伯顿，当时她正准备把《魔法师的帽子》的手稿带给希尔特出版社，而彼时沃伯顿是该出版社编辑。从那以后，他们在职业上的联系变得密切。沃伯顿成了托芙的编辑和朋友。另外，他还成了四本姆明书的英文译者。在"基拉社"的会议上，阿托斯在考尼艾宁庄园的社交圈似乎得到了很好的代表。

托芙显然也参加了拉乌尔·帕尔姆格伦提到的1948年的这次会议。在一封给埃娃的未注明日期的信件中，她提到阿托斯带她去了"基拉社"的会议。长久以来，身边总有人试图影响她的艺术观点，希望她转变态度，支持为了社会责任而进行艺术创作。现在"基拉社"准备竭尽全力让芬兰瑞典族艺术家加入其队伍。社会民主活动家亚尔诺·彭纳宁发表了热血激昂的演讲，他强调人们不应该害怕政治，并且呼吁艺术家在这方面持开放态度。他如此热情且崇高地谈论着文化，以至于托芙开始质疑这个人对文化的理解。她以讽刺的口吻说，当人们宣称他们洗过澡时，她总是会很怀疑。别人特意那么一说，她反倒会觉得这些人可能有点儿脏。

托芙对会上提出的观点持保留态度，没有接受会议的精神。她一如既往地守护着自己的独立性。托芙描述了芬兰瑞典族艺术家在会上的表现，如何跟往常一样强调他们渴望成为个人主义者，并且能够独立、安静地写作。他们害怕自己会被贴上政治标签，因此放弃了民族主义，或者用托芙的话说，坚持他们旧有的价值观。活动中的讨论只是进一步扩大了不同语言群体之间的差距。然而，在所有的反对和争论之后，绝大部分芬兰瑞典族艺术家最后还是加入了"基拉社"。对于这种意外加入的行为，他们只是简单地解释道："如果拒绝，就太不礼貌了。"这个解释似乎逗乐了托芙。媒体对这次会议进行了报道。当读到芬兰瑞典族人参加了会议时，维克托非常愤怒。托芙以她一贯的恶作剧式口吻评论道："要是他知道我也在那里，就有趣了。"

芬兰瑞典族作家很难与"基拉社"成员找到共同的意识形态基础，他们中的许多人逐渐离开了这个组织。托芙也很难接受任何意识形态。从求学时期的塔皮奥，到阿托斯在《新时代报》以及考尼艾宁庄园社交圈的各种"榜样"，无论周围的人如何影响，托芙都始终坚定地反对"倾向性艺术"，并因此得了"为了艺术而艺术的虚荣者"这个绰号。埃娃·科尼科夫似乎也批评了托芙这种轻视社会性艺术的行为，而托芙滔滔不绝地回答道：

> 画画的时候，你不会考虑别人［……］我是为自己工作的。难道我应该为了某个别人而画画吗？我只想表达我自己……我讨厌艺术中的倾向性。战争带来了阴沉的色彩和民族主义。战争的影响可能要在几年后才会被看到。每个艺术家进行创作，绘的是他自己，也是他所处的时代。我的艺术却被谴责为故意而为的无知。[71]

托芙无法与朋友们互相认同彼此的价值观，也无法如亲友和爱人期望的那样，坚定地相信某些事物。这一切都困扰着她。年复一年，她不断重复自己的信念，即艺术的意义能够从"为了艺术而艺术"的思想中找到。她认为，艺术不该服务或屈从于艺术之外的某些任务和目的。艺术不是革命的工具，甚至也不是提高社会福利的手段。艺术存在的合理性在于它本身。后来，托芙在根据自己战时的信件和笔记创作的中篇小说中写道：

> 让我们把话再说得明白点。我已经听够了关于艺术的社会责任、社会意识和人民利益的言论。恕我直言，我根本就不相信那种社会倾向的艺术。我相信"为了艺术而艺术"，就是这样！塔普萨说我是艺术虚荣者，我的创作与社会脱节。那么苹果静物画是脱离社会的吗？你们怎么评价塞尚画的苹果？你们从中解读出苹果的思想，观察到解决社会问题的方法了吗？塔普萨说，达利只为他自己创作。我就想问：他还应该为谁画画呢？在创作过程中，我们不会想着别人，也不应该想着别人！我相信每一张画布、每一个静物和每一处风景，一切的创作，本质上都是创作者自己的画像！[72]

托芙觉得党派政治让人反感，甚至经常直言它们非常恶心。[73] 她反思了自己和群体力量之间的关系，发现所有群体集会都让她感到恐惧。她不明白，为什么个人主义就意味着与社会脱节，或者会被视为消极的。她经常公开表达自己讨厌艺术中的倾向性，也讨厌各种会议和社团活动。[74]

随着时间的推移，塔皮奥和其他许多左派艺术家的观点越来越尖锐，各种艺术观点都开始带有政治色彩。塔皮奥和斯文·格伦瓦尔在20世纪50年代担任"基拉社"的主席。艺术的新趋势激起了质疑。政治以一种相当特殊的方式与艺术纠缠在一起。相比于欧洲其他国家，芬兰绘画艺术中的现代潮流到来得更晚，并且引发了很多争论。尤其是抽象派艺术，被斥为美国价值观的宣传手段，其中包含了很多针对社会主义现实主义的"冷战武器"。塔皮奥强调"在艺术家的世界观中，伦理观念必须和美学观念一样多"，并认为抽象艺术是美国的阴谋。[75] 20 世纪 60 年代，托芙和其他一些艺术家开始转变创作风格，转向抽象主义或半抽象主义时，不得不面对这些尖锐的观点。

最终，托芙与左派、社会民主党和共产主义者的世界观之间的关系仍未厘清。从她的信件和笔记来看，她似乎只对意识形态与艺术之间的关系感兴趣，最重要的是与自己的个人创作之间的关系。她也为自己的艺术创作自由感到担忧。1948 年，托芙用几乎有些遗憾，甚至是道歉的语气写道："一生都要成为一个与社会脱节的，也就是不关心政治的画家，一个只知道画柠檬，写童话故事，收集稀奇古怪的物件，保持怪异的爱好，轻视公众集会和各种社团的个人主义者。这听起来很可笑，然而我就想要这样的生活。"[76]

正如一般的艺术那样，表达社会观点的艺术形式也只是左派意识形态的一小部分。托芙在给埃娃的信中，没有评论当时突出的其他政治话题。她的政治观点和其他芬兰瑞典族知识分子的比较接近，包含了最大程度的宽容，尊重人类生活和社会中的各种不同观点及选择。而左派的思想也不可能和她的价值观相差太远，否则她不可能与塔皮奥、阿托斯这样的男人一起生活，不可能与一些左派人士建立深厚的友情，也不可能融入以考尼艾宁庄园的左派知识分子为代表的社交圈。她也有勇气公开表达自己，比如通过讽刺画的方式表达自己的政治观点。

托芙对她生活中的一切都持非常开放的态度，对战争和法西斯主义却是零容忍。在这一点上，她是无条件且坚定的和平主义者和反法西斯主义者。在思想和生活方式上，她领先于时代的女权主义者，尽管她可能从来没有用这个词形容过自己。她思想开明，对待同性恋这件事十分坦率，这对于芬兰的性少数群体来说意义重大。尽管在这个问题上，她没有旗帜鲜明地表达过自己的立场，但她在个人生活和写作中始终保持开放自然的态度。这对当时那种一方面遮遮掩掩，另一方面又捕风捉影的社会氛围产生了很大影响。

当托芙还是个年轻女孩时，她在佩林基夏季住所室外厕所的墙上画了第一个类似姆明的形象，一个看起来像伊曼纽尔·康德的人物。她在旁边写了一句话："自由是最美好的。"各种形式的自由深深地吸引着她，对自由的探索是贯穿她所有作品的重要主题。

托芙强调在艺术创作中对自由的追求，而这在她的个人生活中同样重要。对某种政治观念的坚定信念，与之相关的群体目标，还有相关的会议和计划，都和她的世界相去甚远。社会和人们设置的各种禁令在日常生活中随处可见，托芙在书中也公开表达了对它们的否定态度。就连学校的规章制度也引起了她极大的反感。在托芙的世界里，不服管教并不是什么大罪。在她的生活中，她遵循自己的价值观和道德准则行事，即使在重大问题上也不屈服于舆论，虽然她没有公开强调过这一点。她笔下的人物也并非总是遵纪守法。她早期的戏剧演出和故事书就引起了争议，因为人们担心它们会让孩子误入歧途。

托芙在近距离观察父母的婚姻时，很早就看出了女性地位的局限性。在她自己的生活中，与强大的男人在一起，她也必须时刻保持警惕，以维护自己的自由。很早以前，她就不得不为了捍卫自己的观点而与父亲对抗。无条件的爱情很可怕。萨姆告诫过她，不要迷失在男人的世界里，成为别人的影子。在爱情最热烈的阶段，她注意到了迷失自我的巨大危险，并且意识到自己在亲密关系中有顺从的倾向。她在那些情况下反应非常强烈，因为她目睹了母亲与一个强大的男人在一起时的境遇。[77] 战争期间，在她和塔皮奥关系最紧张时，她写道，她可以在自己身上看到所有女性的本能，就是倾向于崇拜男人、顺从，以及放弃自己。[78]

在没有时代要求的婚姻祝福的情况下，托芙生活在自己的爱情关系中，并且相当有韧性地经受住了周围环境的批判。婚姻对她来说，可能是一种过于限制个人自由的关系。也许她下意识地选择了那些非常注重自由的男人，甚至在她自己想要婚姻的情况下，也没有结婚。

太过深刻的崇拜会限制自由。人们看重自由。有时候，它即便不是人们生活中最重要的目标，也是毕生求索的理想。看似自由的事物，最终可能并不是那样，正如姆明爸爸对树精的评价："我之前认为它们神秘而自由——只是因为它们什么也不说，就一直往前走。它们没有任何话要说，也没有任何地方要去……"[79] 自由和依赖相互矛盾又相互依存，这是她很多书中的基本问题。她的个人生活也是如此。

对一个女性来说，成为母亲意味着巨大的承诺，而这对托芙来说是最困难、最可怕的事情。现实总是很矛盾：有时候她害怕孩子到来，有时候她又期望有孩子。责任总是会限制自由。因此，对一个热爱自由的艺术家来说，生孩子是生活中一大难题。同样有些矛盾的是，一个选择不生孩子的女性，却得到了数百万孩子的喜爱。

个人工作室对托芙来说是自由的象征，它就像弗吉尼亚·伍尔夫笔下的《一间自己的房间》，是一个女性能够创造并保持足够独立性的地方。那是一个托芙从来不愿意为了任何人而放弃的空间。在这个世界上，它为托芙提供了最大可能的自由。任何爱情或亲密关系，都不能使她放弃自己的工作空间。毕竟对她来说，工作才是自由和真实的存在。只有深深的沮丧有时可能会干扰它所带来的快乐。

第四章
姆明世界

姆明的诞生

托芙的插图工作似乎无穷无尽，她不时感到担忧，因为它们占据了她太多油画创作的时间。但为什么一位专注于油画且极具天赋的画家，要开始写作姆明的故事呢？总之，其原因并非经济上的，因为她甚至未曾期待能获得多少稿酬。至少刚开始的时候，托芙仅仅是在为自己写作，以此逃避战争和现实世界的残酷。当时在家里和在战场的大多数芬兰人，主要依靠烈酒和毒品来麻醉自己。对于托芙来说，写作"姆明谷"的故事为她开辟了一条逃离残酷生活的道路。创作初期，写作这件事对于她的生活来说，与她在摩洛哥和汤加王国建立艺术家聚居区的计划有着近乎相同的意义。

我们似乎应该感谢战争带来了姆明一族。姆明一族的形象其实在战前就已经诞生，但直到战争中期，托芙才为它们创造了一个完整的世界，在那里，作家自己也能逃避现实的恐惧。更确切地说，是逃避丑陋的现实世界。[1] 托芙曾提及故事的诞生："我自己本质上是一名画家，但 20 世纪 40 年代初，战争时期，我感到非常绝望，必须开始写作童话故事。"[2] 战争逃无可逃，但我们仍有可能获得短暂的安宁，在幻想的世界里获得片刻喘息，去思考一些其他的事情。

左图：划船的黑色姆明，水彩画，20 世纪 30 年代托芙在姆明谷中找到了藏身之地。重要的不是永远逃离现实，而是有机会去别的地方，一个能一直返回的精神避难所。这一点，托芙自己在1991年也明确表示过。在第一本书再版时的前言中，托芙描述了当时写作的心境：

> 1939年那个战争中的冬天，我的工作陷入停滞。绘画创作的尝试似乎已经毫无意义。或许你们能够理解我那突如其来的创作兴趣，必须以"很久以前"作为开端进行写作。毋庸置疑，随之而来的一定是个童话故事。但我宽容了自己，因为我没有写王子公主，也没有写小孩子的故事，而是选择了我的讽刺漫画中那个愤怒的标志性形象，并将它命名为姆明。故事写到一半后被我遗忘，直到1945年。后来，我的一个朋友说，这个故事可以写成一本儿童故事书，只要把它写完……[3]

这个朋友就是阿托斯。在他的鼓励下，托芙完成故事写作并为故事创作了插图。

伴随着第一本姆明小说的创作，姆明一族诞生了。没有姆明世界，就没有姆明一族的存在。诚然，早在20世纪30年代，托芙就已经画过姆明模样的形象。但它们大多只是一些装饰性的小插图、隐藏图片，或是托芙画作署名的一部分。那些有着姆明外表的形象仅仅是一些零散孤立的图案而已，没有属于它们的姆明故事和姆明世界。最开始那些形象往往黑黑瘦瘦的，有着红色的眼睛，长着犄角和长鼻子，是那种谁都不想在夜里撞见的生物。

据说第一张具有姆明外形特征的图片，正是佩林基屋外那幅神似康德的漫画。在那之后，是托芙在讽刺漫画上留下的愤怒的标志性形象，它们也不具备后来姆明形象的白胖与柔软。一直到很久之后，姆明才变成今天这样很有辨识度的、白胖圆润又人见人爱的形象。眼睛的位置下移，人类特征更加明显，嘴巴也不见了。

托芙自己对于姆明一族的诞生和最初形象的记忆时有偏差。对姆明诞生的过程和历史进行精确记录是不可能的事情——对作家自己来说也是如此。她常根据听众的不同，讲述略有不同的姆明诞生故事版本。在持续不断的采访中，托芙自己似乎汇总了一个答案库，用来回答那些最常被问及的话题。她讲述最多的版本与她早期的童年经历有关，那时候她住在母亲的瑞典族亲人家中。托芙常在夜里偷偷溜进食物储藏室找吃的，舅舅提醒她要小心夜里活动的"姆明怪物"。单单是"姆明"这个名字就足够让人警惕。从喉咙深处发出的长长的"姆"，紧接着是拖得更长的"明"，听起来危险性十足，用来吓唬在夜里偷偷找零食吃的小孩子最适合不过。

20世纪30年代，托芙笔下的那些形象还是比较吓人的存在。它们有时出现在病人床头，就像感冒病毒和凶巴巴的看门人那样不受欢迎。有时在日记中，托芙也会将它们描述成非常奇怪的幽灵般的可怕生物。如同夜晚黑暗中释放出的潜意识深处的邪恶力量，它们是每个人心中的某种恶魔。

1950年，托芙在给埃娃的一封信中解释了姆明一族的诞生。当时埃娃正在美国为姆明小说的出版寻找机会。托芙在信中提到，姆明故事的创作灵感来自冬天的森林。冬天的森林中，树桩被厚厚软软的白雪覆盖。树桩顶部那些形状圆润的积雪常常呈现向下挂着的姿态，"像是圆圆的白鼻子"。[4]这个树桩版本的姆明鼻子起源故事，或许是受到了一些北极异域情调的启发，在当时的国外非常受追捧。

童话故事在孩子们的生活中意义重大。托芙也常提及童年时母亲给她讲故事的永恒记忆。也一定是那些童年故事，使得她自己对故事写作如此感兴趣。在《雕塑家的女儿》一书中，托芙描述了童年时期与母亲一起度过的故事时光，那些故事都是母亲精心准备的，氛围感十足：

> 我们把工作室的灯关掉，然后围坐在壁炉前。母亲开口道："很久以前，有个美丽无比的小女孩，她的妈妈无比喜欢她。"每个故事都必须以这样的方式开始，接下来故事是怎样的已经不重要。在黑暗中，母亲的声音温柔从容，我盯着炉火，感觉所有的危险都消失了。外面的一切都无法进入室内，不论是此时，还是未来的任何时刻。[5]

写作唤起了托芙儿时的幸福感受——做一个在母亲身边的小孩子，听着那些惊险刺激、令人毛骨悚然的故事，却仍然觉得安心无比。这样的感受她也希望带给自己的读者。起初，写作似乎很容易："最初的几部作品我是以业余爱好者的心态完成的，带着毫不批判自己的快乐。直到后来，写作慢慢变得和画画一样重要，它带来的工作也越来越繁重。之后，我经常会把同一部作品重写三四遍。"[6] 托芙经常在作品再版前进行修订。1967年瑞典的出版商再版她的作品时，她将《姆明谷的彗星》和《姆明爸爸回忆录》（ *Muminpappans memoarer* ）全部重写，还对《魔法师的帽子》做了一些修订。托芙也经常为作品的不同版本和各个外语译本绘制新的封面。她曾在给马娅·万尼的信中提到，自己对前两部作品《姆明和大洪水》（ *Småtrollen och den stora översvämningen* ）和《姆明谷的彗星》感到羞愧，但也承认，对于旧版本修修改改，只是因为无法产出新的作品。[7]

创作姆明故事以逃离现实世界的动机被多次提及。在政治氛围浓厚的

20 世纪 70 年代，人们认为书籍必须传达某种思想，内容应该具有教育性、政治性或者说教性倾向。在芬兰，姆明故事因展现了"过于资产阶级的家庭观念"而受到批判。作品最早出版时，关于它们在教育功能方面的适用性引起了很多讨论，尽管这些讨论是出于完全不同的目的。姆明一族说话的用词，以及喝棕榈酒、抽烟等行为引起了很多批评。除此之外，他们说

黑色姆明漫步于城市中，绘于托芙首次德国之旅期间。水彩画，1934 年

话的方式也很不妥当，几乎是在骂人。

关于教育目的，作家本人也公开否认过："我写作是为了娱乐，不是为了教育……"[8] 托芙说，她写作没有任何哲学或政治倾向性。她只是想描述那些让自己着迷和恐惧的事情，将这些故事"置于一个温暖的家庭环境当中。这个家庭最大的特点就是，它带着某种友好又混乱的氛围，对周围的世界持接纳和开放态度，其成员之间相处得异常融洽"。[9]

为不合群的人写的书

姆明谷的故事受到托芙年轻时阅读的书籍的影响。在姆明谷的故事情节中，总能找到和塞尔玛·拉格洛夫的《尼尔斯骑鹅旅行记》，还有刘易斯·卡罗尔的《爱丽丝漫游奇境记》的一些相似之处。鲁德亚德·吉卜林的《丛林故事》也许是对托芙来说最重要的作品，而埃尔莎·贝斯科夫的作品也在她最喜欢的书单中。在姆明谷的故事中常常能够看到《圣经》的故事情节及其影响。佩尔·奥洛夫曾讲述扬松家的孩子小时候如何热切地研究家庭版《圣经》，探索那些富有想象力的故事，以及古斯塔夫·多雷的那些伟大插画对他们产生了多么大的影响。

母亲经常给托芙讲《圣经》故事，这对于一个牧师的女儿来说是非常自然的事情。不过母亲从来都没有提过这些故事的由来。这些故事常常会讲到在芦苇丛中发现的摩西，夏娃和伊甸园中的蛇，还有以撒、大风暴和灾难。[10] 这些或多或少基于《圣经》的叙事在很多姆明谷的故事中作为主题反复出现，虽然明显是借鉴，但也符合姆明谷的生活。

约翰·鲍尔的插图对托芙产生了非常大的影响。她在《雕塑家的女儿》这部作品中提到过那些经历：

我穿过约翰·鲍尔画的森林。他知道如何画森林,自从他溺水身亡后,再也没有第二个人敢尝试……为了将森林画得足够大,得把树冠和天空都略去。只在纸上画下笔直粗壮的树干,直直地向上生长。大地是柔软的土丘,不断向远处延伸,越来越远,越来越小,直到森林变得无边无际。森林中也有石头,只是看不见。石头上覆盖着厚厚的苔藓,它们安静地生长了几千年。[11]

托芙9岁时就开始阅读埃德加·爱伦·坡的恐怖故事。成人阅读书单中的作家还包括维克多·雨果、托马斯·哈代、罗伯特·路易斯·史蒂文森和约瑟夫·康拉德。母亲的工作是给书籍配插图并为它们绘制封面,所以托芙也得到了很多样书。家里总是有很多书,整个家庭也经常阅读。弟弟们也在非常年轻的时候就写出了第一部作品。[12]

作家总是会被问到他们为谁而写作。布·卡尔佩兰在1964年也问过托芙·扬松这个问题,而她回答说是为了自己,并不是为了孩子们——至少不是首要原因。"不过如果说我的作品会吸引某些特定的读者,应该是那些不合群的人。我指的是那些很难融入任何群体的人,那些总在群体以外、处于边缘位置的人……那些害羞的人。那些设法逃脱或者躲藏起来的不合群的人。"她说自己收到的那些不计其数的读者来信,几乎全都来自不合群的孩子——那些感到害怕、焦虑和孤独的孩子。姆明谷故事的读者在姆明世界中探寻并找到了安全和慰藉。托芙曾表示,通过承认他们的快乐和恐惧,孩子们能够获得成年人很容易忘记的体验,比如与简单的事物的接触,安全感,以及与之相反的无处不在的恐惧感。她不想将任何属于儿童世界的东西抹去,比如神秘、温柔和残酷:"我想,每一本诚实的儿童读物中都会有一些可怕的内容。敏感胆小的孩子和自信的孩子一样,都会在不知不觉中被那些内容所吸引，诸如消失和毁灭的情节。"[13]

最危险的是对黑暗的恐惧，那是一种无名的恐惧。即便如此，它也可以和安全感很好地结合，达到某种平衡，并赋予这种恐惧存在的意义。危险总会潜伏在某个地方。窗边一盏静静燃烧的、普普通通的灯火，戏剧性地将黑夜衬托得越发暗沉。[14]

姆明谷的两个世界

姆明世界有好几幅地图，故事里的地理分布也非常清晰。西格妮曾画过几幅扬松家夏季岛屿的精美地图，它们和姆明世界的地图十分相似。托芙曾强调，姆明谷绝对是北欧和芬兰景观的一部分。根据托芙自己的说法，第一本姆明故事书和它最初的版本中有过多异国情调的元素——棕榈树、鲜花和动物。不过后来她将它们删除了。周围的环境和自然必须尽可能真实：月亮必须从正确的方向升起，尽管它可以是任意大小，就像童话故事中的那样。[15]一方面是大海、风暴、崎岖的山脉和洞穴，另一方面是鲜花和茂密的森林，所有这些一同组成了姆明世界。姆明谷是一个地方性强且安全的温馨世界，与之相对应的是姆明一族冒险的舞台：变幻莫测、充满危险的大海，灾难多发的山脉。从广阔开放的世界回到温馨宁静的山谷中总是十分美好。尽管如此，还是要出发去冒险，这样才能获得返回的幸福。[16]

我们能够为姆明谷的风景、人物和社区精神找到很多原型。托芙自己的家庭，她的父亲、母亲和兄弟，以及她的一些好友影响了姆明谷的主要人物。人们普遍认为姆明谷景观的原型，是托芙外祖父母在斯德哥尔摩群岛中布利德岛上的房子，那是托芙的外祖父建造的。托芙在那里与外祖父母、表兄弟姐妹和舅舅们一起度过了很多童年的夏天。那栋房子很大，有

很多房间，并且几乎每个房间都有瓷砖壁炉。那里的环境温和平静，大树茂盛葱郁。托芙在《雕塑家的女儿》一书中，描述了她的外祖父和他对这栋家族房子位置的选择：

> （外祖父）来到一片宽阔的绿草地，被森林和群山环绕，看上去好似天堂的山谷。草地的一端是开阔的，通向一个海湾，子孙后代可

以在那里游泳，就在那时，外祖父决定了：我要在这里住下来，繁衍后代。[17]

姆明谷的居民经常在山谷之外迷失方向，在波涛汹涌的大海上遭受各种磨难。托芙热爱各种形态的大海。在她的生活、绘画、姆明书籍和其他文学作品中，托芙经常描绘它。扬松一家消夏去的不是斯德哥尔摩，而是佩林基群岛。也是在那里，托芙拥有了她人生中的最后一所房子——位于非常贫瘠的小岛克洛夫哈鲁岛。那里从居住地角度来说，条件十分有限，只有大海和岩石。

姆明一族就生活在这样两个迥然相异的世界里。一方面，那里有布利德海岛外祖父家乡那样郁郁葱葱的海岸，有溪流、鲜花、房子和瓷砖壁炉；另一方面，也有佩林基群岛那种总能提供冒险的大海，还有荒凉的岛屿、小岛、洞穴、贝类、其他海洋生物以及船只。姆明家庭就在这样两个世界的各种紧张关系中安顿下来。

家庭的诞生——《姆明和大洪水》

姆明世界的想法和创作始于"冬战"那些压抑紧张的日子。《姆明和大洪水》的书稿在"续战"期间完成并交给出版社，在和平到来后立刻出版。那时，一切都沉郁而黯淡，未来似乎毫无希望。这本书创作的时代背景无疑对书中那种充满威胁和恐惧的氛围，以及故事情节的发展产生了极大影响。这本书无疑是关于灾难的故事，但同时也讲述了一个家庭的诞生。

毁灭性的大洪水席卷了整个大地，每个人的生命都处于危险之中。巨大的环境灾难降临，自然力量的不可预测性催生了冒险和刺激。故事发生的背景是几乎算半个岛屿居民的托芙最熟悉的自然景色：水、大海、风暴、倾倒的树木，还有随海浪漂流的生物。这个故事部分取材于古老的炉边故事，讲述了航海以及与风暴的抗争。

　　本书讲述的是一个典型的漂流探险故事。父亲跟随树精的船失踪，妈妈和姆明去寻找他。维系姆明父母的家庭纽带非常紧密，但同时又很开放。史尼夫加入了这个家庭。姆明世界的种族中有了赫木伦和树精，姆明家庭的核心成员已经登场。客串明星包括蚁狮和蓝发郁金香女孩。另外，山里还有一个巨大的梦幻糖果世界，孩子们在那里可以尽情享用各种糖果。

姆明一族在开阔的风景中，水彩画，日期不详在这本书的插图中可以看到佩林基群岛夏季的大海和自然，但也有遥远国度茂盛的热带丛林之景：也许正是梦想中的摩洛哥或者汤加王国的异域风情。然而，在所有伟大冒险后的幸福结局里，总能找到美丽山谷的宁静。冒险结束，生活可以开始了。

家庭纽带和关爱他人是姆明世界最重要的核心，也是所有故事的起点和终点。姆明妈妈和姆明在爱与思念的驱使下，历经艰险去寻找姆明爸爸。姆明爸爸建造的房子被洪水冲走，如挪亚方舟般漂流，最后在群山环抱的美丽山谷中找到了自己的位置。从那时候开始，一切的一切，比如房子、小溪、风景、色彩和植物，就一直在那里，与我们在后来的书中遇到的一模一样。姆明家庭——爸爸、妈妈和儿子，正式搬进了那个远远看去像瓷砖壁炉一样的蓝色房子中。

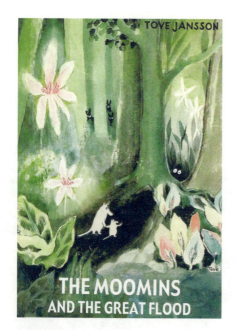

《姆明与大洪水》，英文译本封面

这本书第一版的名字是《小精怪和大洪水》。当时，姆明对于读者来说是完全陌生的，出版商也不想用"姆明"这个名字来为本书命名。那时的姆明一族外形很瘦，有着长鼻子，有时候还画了嘴巴。尽管如此，他们明显就是姆明，白白的，很可爱。书中有好几幅整页或者半页的水彩画，艺术家巧妙地使用黑白色阶，利用深浅不一的灰色阴影，成功地描绘了狂风暴雨中的大海。一方面显现了洪水和连绵不断的雨水那种灰暗，另一方面也逼真地刻画了热带丛林的氛围：巨大的森林中满是粗壮的树干和硕大的花朵。遗憾的是，当时的印刷技术没办法再现水彩画中那种细微的颜色变化，完全无法达到原作的水准。

　　姆明故事具有多层次性，这在第一本书中已经有了明显的体现。这种品质是所有姆明作品的基础，并使其在整个儿童文学中独树一帜。这同样

《姆明和大洪水》草图，水彩画，20 世纪 40 年代

是令出版商困惑的特性，因为他们认为书籍的读者要么是孩子，要么是成人，不可能同时适合二者。

托芙并没有觉得这本书十分重要，或者改变了自己的人生。她在给埃娃的信中写道，自己其实对弟弟们写的书更感兴趣。就在同一时间，佩尔·奥洛夫写了短篇小说集《独自行走的年轻人》，拉尔斯写了《尺子》一书。她似乎是顺带提到自己也写了一本书，并且打算自己绘制插图。[18]

战争和原子弹威胁的世界——《姆明谷的彗星》

《姆明谷的彗星》这本书也诞生在战争的阴影下，与时代的联系也更加紧密。虽不是战争小说，但它描述的大灾难在很多方面使人联想到战

《姆明谷的彗星》封面

争。托芙在"续战"时期开始写作这本书，但直到和平到来后才为它配插图，并完成书稿。

在《姆明谷的彗星》一书中，姆明一族继续冒险，对抗自然和灾难的力量，只是这一切现在更加猛烈，节奏也更加急促。

与上本书一样，这本书也是关于伟大探险的故事。故事在熟悉的风景中展开：从宁静的姆明谷和蓝色的姆明屋，到再次让人联想到《圣经》故事的毁灭和恐怖场景。姆明世界受到一颗彗星

的威胁，彗星飞快地冲向它，世界末日也随之而来。随着彗星的接近，地球快速升温，自然界发生了翻天覆地的变化：海水退去，逐渐干涸，蝗虫从埃及飞来，飓风肆虐。书中也运用了很多儿童读物常见的可怕元素来增加恐怖感，比如愤怒的章鱼、秃鹫和有毒的树丛。烈火和岩浆从爆发的火山中喷涌而出。书中对火山的生动描写，源于托芙几年前在维苏威火山脚下震撼的个人体验。当彗星最终撞上地球时，姆明一家躲进了山洞，与不断升温的泛着红光的外部世界隔绝开来。四周是轰隆隆的撞击声、噼里啪啦的炸裂声，还有火焰燃烧的声音。山洞中的气氛十分压抑，他们完全不知道外面发生了什么：

> 整块岩石在他们周围摇晃颤抖，彗星呼啸着，仿佛在恐惧地尖叫，又好像是大地在尖叫。他们静静地躲在山洞中，久久地依偎在一起。外面山崩地裂的巨响不断回荡。时间似乎被无限拉长，每个人在恐惧面前都显得十分孤独无助。[19]

作者只有自己亲身体验过，才有可能将书中那些恐怖时刻写得如此真实。战争期间，托芙不想每次轰炸都躲进防空洞，而是经常冒着生命危险留在自己的工作室中。这种鲁莽的行为可能是因为她讨厌防空洞，受不了里面的昏暗、压抑、拥挤、异味以及聚集起来的恐惧感。防空洞中最可怕的是隔绝感。猛烈轰炸时，最压抑的就是对外部世界的情况一无所知。如果轰炸持续很长时间，恐惧和担心一切被摧毁的念头就会笼罩在人的心头。

1945 年，日本广岛和长崎投下的原子弹使世界彻底毁灭的可能性变得更加具体。也就是说，世界上还存在比芬兰战时经历更严重的事情。这些

omet in Moominland. Jacket ↑ *Letters in black* Tw

信息令人震惊，影响了全世界的每一个人。原子弹和核战争的可能性这一主题，在很多艺术家的题材选择和写作基调中都有所体现。

这些也直接影响了姆明谷的故事，因为广岛和长崎原子弹爆炸时托芙正在写作《姆明谷的彗星》。只需按下按钮就可以瞬间摧毁世界这一认知，很可能对这本书产生了影响。对于任何一本书来说，彻底毁灭的威胁都是个重大主题，而对于儿童读物来说，这个主题也非常特别。

书中对环境变化的描写，仿佛直接来自原子弹爆炸的新闻。在姆明故事中，空气热得让人难以忍受，天空变成了火红色。生命不久就会终结。只有山洞可以拯救姆明一族。在巨石内部深深的岩洞中，他们不知道地球上还剩下什么。姆明妈妈唱歌安慰儿子和他的朋友们：

> 快快进入梦乡
> 将一切统统遗忘
> 大地已被黑夜覆盖
> 不见光亮
> 小羊羔们去往牧场 [20]

在最终得知世界没有被毁灭后，每个人都欢欣鼓舞。可怕的事情结束，天空再次变得湛蓝。火红炽热的世界仿佛是一场刚刚过去的噩梦。结局美好，一切美好，孩子们应该获得一个幸福的结局。"天空、太阳和大山都还好好的。"姆明庄重地说。"还有大海。"他又轻声补充道。[21] 所有的音符又回到了史力奇的口琴上，他幸福地吹奏着。这些可能正是芬兰人在战争结束、生活得以继续时内心的真实写照。当然，要恢复到原来的样子，肯定比童话中困难很多，但总是有希望的。

左图:《姆明谷的彗星》封面草图，水彩画，日期不详

《姆明谷的彗星》插图草图，水彩画，日期不详

在前两本姆明故事书中，人物之间的关系都是最核心的内容。世界末日的威胁到来时，姆明想要尽快去到妈妈身边，母亲和爱是面对原子弹时的保护。人们在经历最幸福的时刻和遭遇最悲惨的命运时，都希望和自己所爱的人一起面对。谁都不想孤独地死去。

姆明一家坚固的家庭纽带并不妨碍他们向客人敞开大门。麝鼠因为他们建造新桥而变得无家可归，或许也正因如此，他们感到自己有收留麝鼠的道德义务。后来他们又找到了吹口琴的史力奇。歌妮和她的哥哥也留了下来，并在未来成为故事的主要人物。尤其是歌妮对姆明非常重要。姆明谷扩大版的核心家庭现在几乎完整了。

托芙为她的书感到高兴和自豪。她写信给阿托斯说她很高兴，表示建造这个空中楼阁并不是一件愚蠢的事情。她形容自己是个"为姆明一族感到骄傲的古怪人"，这里的"古怪人"是一个挺积极的称呼。更让托芙高兴的是，她的下一本书也被出版社接受了。[22]

《魔法师的帽子》

托芙将《魔法师的帽子》一书的手稿交给了出版商，而西格妮在去出版社处理自己的事情时，听到他们很喜欢这部作品。找到新的出版商十分幸运，姆明谷的故事得以延续下去。之前的出版商不愿意再出版姆明作品，因为销量一直很低。新的出版商也要求减少图片的数量，除此之外，还要从书中删减两章内容。[23]

托芙坦率且开心地表示，自己很满意这本书的内容和插图，并且认为它比前两本写得更好。她感受到了自己内心的变化，认为自己已经找到了全新的道路。[24] 也许她已经预感到姆明世界将要给她的世界带来巨大的改变。《魔法师的帽子》像是一道分水岭，保障了接下来姆明故事的写作和姆明世界的延续。

《魔法师的帽子》与前两部作品截然不同。再也没有任何大的外部灾难会威胁姆明谷，也没有逃亡或躲藏的必要。这本书是在和平时期写作的，也许正因如此，作者认为故事中没有必要再发生重大灾难。这本书更多地描写了人物之间的紧张关系，并且思考了一些关于正义与道德的问题：什么是被允许的，什么是应该受谴责的？谁对谁错，依据是什么？为什么会有这样的判断？主导世界的道德和法律观念归根结底是否符合正义，是非对错的关系究竟是怎样的？这些对于儿童读物来说，并不是简单的问题。但对于托芙本人来说，它们不仅是深有体会的问题，而且与她当时的生活状况息息相关。

顾名思义，这本书是关于魔法师帽子的故事。意外发现的帽子以不可预知的方式改变了受其影响的生物和事物。蛋壳变成可爱的小云朵，可以乘着它到处飞。姆明被魔法师的帽子变成了一个丑陋的小矮人，只有他的妈妈才能认出来。不小心掉进帽子里的种子开始生长，很快整个房子里里外外都被巨大的植物覆盖。原始森林是"泰山"游戏的绝佳场所。姆明自己扮演泰山，歌妮扮演珍妮，史力奇是黑猩猩奇塔，歌妮的哥哥扮演敌人，史尼夫扮演泰山的儿子。而姆明爸爸则坐在那里，全神贯注地写着自己的回忆录。

写作这本书时，托芙的生活处于各方面都非常紧张的阶段，她某种程度上正体验着情绪生活的"拥堵时刻"。人际关系错综丰富，悲伤和快乐都达到了顶点，情绪感受在幸福的云端、愤怒和沮丧之间来回转换。在生活中，她有阿托斯和对他逐渐消退的爱情。但也有薇薇卡，她们之间热烈的爱情和随之而来的深沉失望。托芙还必须与自己偶尔产生的强烈消极情绪斗争，这种斗争有时会让她精疲力竭。

《魔法师的帽子》这本书的诞生有三个人的功劳。除了阿托斯和埃娃，第三个人就是薇薇卡。托芙满怀热情地写信给薇薇卡，告诉她姆明故事完稿了，还提到了以托夫斯兰和薇夫斯兰命名的新角色，它们的原型就是托芙和薇薇卡。现在它们要去姆明谷冒险，并且永远在一起，形影不离。[25]

跟着托夫斯兰和薇夫斯兰一起来到姆明谷的，还有怪物格罗克。托夫斯兰和薇夫斯兰是体型很小、说着奇怪语言的小生物。一开始，人们误以为它们是老鼠，因为它们很小，而且敏感胆怯。这两个小家伙还带着一个行李箱，里面装着巨大的红宝石。那颗火红的巨大宝石是它们从怪物格罗克那里偷来的，所以怪物格罗克一路跟随它们，要求它们归还自己的财产。

正如怪物格罗克的芬兰语名字 * 暗示的那样，它听起来就是个长相邪恶、散发着冷气的幽灵。它不喜欢任何人，也没有任何人喜欢它。因此它非常孤独，并且成了孤独、恐惧、邪恶和沮丧的化身，还是整个姆明谷最矛盾的存在之一：

---

* Mörkö，指怪物、妖怪。

托夫斯兰、薇夫斯兰和一颗大红宝石。《魔法师的帽子》插图，1948 年

　　它一动不动地坐在台阶前的沙子小路上，用那双没有表情的圆眼睛盯着行人。它没有特别大，看起来也没有多危险。每个人只是感觉它充满了可怕的怨恨，准备在这里有多久等多久。实在是太吓人了。[……] 它在那里继续坐了一会儿，然后消失在花园的黑暗中。但是它坐过的地方，地面上都结了冰。[26]

怪物格罗克威胁着生活中的欢乐和爱——《魔法师的帽子》中最重要

姆明、托夫斯兰和薇夫斯兰。《魔法师的帽子》插图，1948 年

的事物。同时，怪物格罗克自己也是恐惧与被排斥的化身。它也象征着充满威胁的法律之手，紧紧追随着小家伙们的红宝石：爱情。

这本书中也有很多对日常生活乐趣的描写。在体验冒险和奇迹之余，姆明一族享受着生活的快乐，他们的朋友也是如此："哦，做一个刚醒来的姆明，在太阳刚刚升起时，欢快地在透明的绿色波浪中跳舞，实在是太美妙了！"[27]

托芙希望自己能够从第三本姆明故事书中获得更多经济回报。现在她知道应该把钱用在何处。她想在赫尔辛基附近的锡博买一艘大船屋。她计划和阿托斯·拉尔斯一起，在船屋上度过夏天。现在他们只差资金，买下名为"克里斯托弗·哥伦布"的船屋。托芙期待着《魔法师的帽子》能解决这个问题。

但这本书最终没能解决托芙的资金问题，船屋也没买成。不过这本书获得了非常好的评价，在斯德哥尔摩尤其受欢迎。在芬兰，这部作品获得的反响比前两部好很多，尽管过了很久才出现芬兰语译本。

第一场姆明戏剧

《魔法师的帽子》一书引发了国际姆明热，同时也带来了必然的烦扰。它给作者带来了很多额外的工作：必须接受采访，进行谈判，回应版权相关的请求。人们想要制作姆明一族的各种周边产品——从陶瓷姆明到姆明电影。姆明产业由此开启，尽管当时几乎没有人能够预想到，它会发展到怎样的规模。

当然，姆明一族的大受欢迎也招致了很多反对的声音。这些生物在书中和剧院里的不当言行受到了很多批评。人们最大的困惑就在于不确定这本书的目标读者究竟是孩子还是成人。儿童读物应该是专门为孩子写的，人们似乎无法想象一本书同时适合孩子和成人。一些针对姆明的"反对派"出现，他们充满攻击性地争论着可怜的姆明一族。同时出现的还有孩子们的姆明主题大篷车。正如托芙说的那样，一切似乎都失去了控制。她在给埃娃的信中写道，自己开始为这名声所拖累，尤其是那些关于姆明创作动机和"可怜小精怪"的行为是否恰当的争论使她不堪其扰。她不得不一次次解释，姆明故事没有任何倾向性，写作它们也不是为了教育目的。托芙写道，有些人说它们会教坏儿童。对于这一点，她完全不担心。[28]

在征服书籍和绘本之后，姆明一族开始征服剧院。薇薇卡曾写信给在布列塔尼的托芙，提议在瑞典剧院组织姆明戏剧演出。托芙被这个"大胆

托芙在姆明戏剧的首演仪式上，1949 年

的提议"打动了。她说："为什么不能像上演《睡美人》那样，上演姆明戏剧呢？"她立即开始设计舞台，从凡·高笔下湛蓝天空中灿烂的太阳那里获得灵感，布置了彗星映照下的火红天空。²⁹ 1949 年，这场改编自《姆明谷的彗星》的戏剧在赫尔辛基的瑞典剧院上演，剧本和舞台设计都是由托芙完成的。

　　最初，剧院管理层不愿意将该剧收录到其保留剧目中，认为它不合适儿童观看。儿童剧必须遵循简单传统的情节模式。它不应该有不同的层次，至少不能包含只有成人观众能够理解的层次。戏剧的主题也不被认可。这部儿童剧讲述了世界末日，太容易使人想起几年前震惊世界的原子弹爆炸及其造成的各种恐怖。戏剧的主题是关于巨大的毁灭性灾难的，而人们认为也许孩子不需要知道这些事情。不过，这场戏剧最终正常上演，显然主要归功于薇薇卡。它在 1949 年 12 月 28 日，"圣婴日"那天首次公演。

演出的观众意见分歧非常大。有些人对姆明一族的生活方式感到震惊：他们抽烟、喝酒，说话用词大胆，有时甚至是粗俗无礼。这些家伙做了很多不适合向小孩子展示的事情，他们是反面教材，应该被警告才对。该戏剧在瑞典语的《首都日报》的读者意见栏引起了激烈的争论。一些读者曲解了台词的含义，将不相关的事情混为一谈，造成了很多误解。父母们希望他们的孩子看到的是传统的王子和公主，而不是喝麝香葡萄酒的先知。作者不得不就这些问题做出回应和解释。

瑞典剧院的这场姆明戏剧引起了很大争议，但整体来说非常成功，很快斯德哥尔摩和北欧其他地方也希望能上演。托芙提出了一个条件，就是必须让薇薇卡·班德勒来担任导演。薇薇卡曾讲述她怎样决定姆明一族在这些演出中使用芬兰瑞典语，就像在赫尔辛基一样。芬兰瑞典语由此成了姆明一族的"母语"。

戏剧制作的要求很高。每天工作时间很长，排演也非常累。用托芙自己的话说，她要累虚脱了。工作时间通常会延长到每日 12 小时，但仍然十分繁忙，连吃饭也顾不上。尽管如此，托芙热爱戏剧制作，喜欢它那充满热情的忙碌世界，还有和各种不同的人一起合作。整个过程迷人又刺激，并且正如她写信告诉埃娃的那样，薇薇卡是非常完美的导演。在所有繁忙准备背后，有一个紧张扣人心弦的认知：这一切可能非常成功，也可能完全失败。这种不确定性让人兴奋，而这就是它的魅力所在。灾难的可能性对托芙来说是一种迷人而激动人心的状态，而这也是从始至终贯穿戏剧的具体存在。托芙知道如何去享受它。

当表演结束，托芙回到自己工作室的宁静中继续画她"熟悉的静物"时，她开始想念戏剧里的忙碌世界。然而，绘画对她来说仍然是最重要的，并被她严肃地视为人生的使命。其他一切或是爱好，用来克服恐惧和沮丧，或是谋生的方式，哪怕她也喜欢那些工作。她很高兴自己现在可以专门写作姆明故事，并把它们画出来，不需要再靠绘制甜蜜的母亲节贺卡等琐碎的工作来养活自己。

然而，托芙仍然长期处于缺钱的状态。一开始，姆明系列的书并没有给她带来什么收入，而且从国外汇款过来也很缓慢。尽管如此，她还是强调自己非常开心出版社接受了书稿，并且作品受到了人们的喜爱。[30] 1950年她写信给埃娃说，她通过一本姆明书获得的最多一笔钱是 30 000 芬兰马克，其中30%用于缴税。当时仅仅工作室的月租金就达到 6 500 芬兰马克。这样算来，一本姆明书的收益只够她付几个月的房租。托芙也没有申请到任何资助。对此她的解释是，发放资助的人可能认为她很富有。她的推测显然很有道理，因为人们会想象，她通过儿童书籍和插画工作获得了巨大收益。

《姆明爸爸回忆录》

《姆明爸爸的英勇事迹》(*Muminpappans bravader*)一书，后来改名为《姆明爸爸回忆录》。这本书首次出版于1950年。姆明爸爸在《魔法师的帽子》一书中就已经开始写作回忆录。在这部新作品中，他给孩子们读自己写好的回忆录。这么做似乎是在展示姆明爸爸多么有才华，以及他获得的理解有多么少。尽管如此，这本书还是将他塑造成了一个英雄，着重讲述了他的英勇事迹。这本书用亲切温柔的讽刺笔调描写了姆明爸爸：他勇敢而有男子气概，也是一个典型的天才。早在童年时期，就有星宿预测说，他会是个天赋异禀但又会制造麻烦的姆明。他的童年充满不幸：当他还是个婴儿时，就被报纸裹着遗弃在孤儿院的台阶上，孤苦伶仃，被冻得瑟瑟发抖。[31] 生活在没有爱的孤儿院，这对一个孩子来说是最糟糕的事情。那里沉闷无聊，规矩严苛。姆明爸爸记得那里所有的可怕之处：

> 我永远不会忘记我们住的房子。它根本没有姆明的房子该有的样子。它没有令人惊叹的曲线，没有阳台，没有楼梯，没有塔楼。我记得黑暗走廊里长长的一排房门，还有方形的漆成啤酒棕色的房间。我记得我们从来不准在床上吃糖浆三明治，也不准在床下养可爱的小动物，从来不准在夜里起床出去散步或者聊天。我还记得燕麦粥的难闻气味……[32]

他逃跑了，开始了自己充满冒险的生活，最终到达姆明谷，组建姆明家庭，生活到达顶峰。只有在那里，他才成了姆明爸爸："这是我的花园和门廊，我的家人就睡在这所房子里……"[33]

当姆明爸爸还是"离家出走的姆明小精怪"时，他第一次盖了房子。这所房子和后来的姆明屋非常相似，也是一座高塔式的建筑，远远望去像是瓷砖壁炉。姆明爸爸和会造船的霍金斯一起，把那所房子放到了船上，然后把船推入水中，这样他们就可以住在船屋里，自由地在海上航行了。

在写作《魔法师的帽子》一书时，托芙决定买一艘名为"克里斯托弗·哥伦布"的船屋，但那只是一个梦想。相比之下，姆明爸爸成功住进了船屋。那艘"海洋乐队号"船带他经历了各种不可思议的冒险。他遭遇了一场巨大的风暴，最后沉到深深的海底，遇到了奇怪的鱼和其他海洋生物。写作《姆明爸爸回忆录》一书时，托芙曾计划和拉尔斯一起搬到波利尼西亚的汤加王国，但计划最终落空了。这一次，姆明爸爸完成得更出色。他成功地在一个"相当大的心形小岛"上建立了自己的移居地。

在《姆明爸爸回忆录》中，姆明谷的人物谱系基本完成，尤其是出生于仲夏夜的小美出场了。大海给姆明爸爸带来了冒险、欢乐和恐惧，更带来了对他来说最重要的人——姆明妈妈。她就像海浪中的阿芙洛狄忒一样，闯入了姆明爸爸的生活。一阵咆哮的巨浪把姆明妈妈抛到海岸上，姆明爸爸像一个伟大的英雄那样拯救了她。就连姆明妈妈的手提包也完好无损。尽管在风暴和巨浪中被抛来抛去，她却一刻也没有松开它。手提包是姆明妈妈不可或缺的一部分，里面装着她后来照顾和帮助亲近之人需要的各种东西。这些东西为建设姆明世界提供了大量的材料，也发挥着重大的作用。

谁是谁

随着时间的推移，姆明世界的存在在外貌和性格上都发生了变化，就像真实的人类一样。但他们仍然保留着自己的特性，从未变得面目全非。托芙创造的姆明世界中每个角色身上都有作者自己的影子。她像史力奇那样追求和平、宁静，以及属于自己的空间，也像他那样热爱自然。她的个性还体现在赫木伦的公正和勤奋，菲利琼克无尽的渴望，以及米萨贝尔止不住的悲伤中。在怪物格罗克绝望地靠近他人的尝试中，每个人都能看到自己的影子，尤其是当生活不尽如人意，以及感到连朋友都离开了自己时。或者在怪物格罗克的身上，我们也能看到自己的恐惧。

姆明妈妈的原型很显然就是托芙的母亲西格妮，这一点托芙自己也多次提及。姆明家庭的生活就像托芙自己的人生一样，母亲是温暖与安全感的源泉和本质。托芙用相似的笔触描写了这两位母亲：她们都会在每年夏天，坐在门廊处用小刀雕刻树皮帆船。两位母亲的人生哲学都是宽容和温暖。她们照顾身边的人。她们的爱与仁慈永不枯竭，足以滋养身边的每一个人。两位母亲都充满智慧，无论是驾驭自然、对抗感冒，还是应对巨大的悲伤。

两位母亲与男人的关系都很困难。她们必须理解自己的伴侣，尽管对方甚至没有注意到她们的感受。西格妮·哈马斯滕－扬松生活中的悲欢与《姆明爸爸与海》（*Pappan och havet*）这本书中的姆明妈妈十分相似。这本书讲述了这位爸爸不顾家人的意愿，执意要搬到很远的一个灯塔岛上。姆明爸爸因为自己个人的挫败感，带着全家搬去了一座荒凉的小岛。姆明妈妈很想家，只能通过画出她心爱的姆明谷风景和鲜花来摆脱思乡之情。或许她可以在想象中躲进这些描绘出来的风景，在那里获得孤独、安宁和幸福，尽管那一切都只是描绘出来的回忆。思念家乡对西格妮来说也是非常熟悉的感受。

正如她自己经常提及的那样，姆明是托芙·扬松的另一个自我。这个形象最初的名字是"斯诺尔克"（Snork），后来在姆明世界中开始叫作"姆明"。托芙经常在信件和《加姆》杂志封面图的署名中加入姆明这个形象，也常将其画进自己的大幅壁画作品中，比如赫尔辛基市政

《姆明谷的夏天》（*Farlig midsommar*）插图，1954 年

厅餐厅的壁画和哈米纳社交大厅的壁画。她也将姆明的形象画在布雷德谢尔岛的旗帜上。

　　姆明可能不是姆明谷最特别或者最有个性的居民，但他仍然是核心人物。所有人都与他有关，包括姆明妈妈和姆明爸爸。儿子、父亲和母亲共同组成了姆明家庭。他是最初的核心，后来不断有新的成员加入。

　　托芙身上显然也有很多小美的个性。这个形象直言不讳，说话经常很刻薄，但说的往往都是事实。在《加姆》杂志的讽刺漫画创作中，她广泛利用小美的特点设计了很多有趣的幽默图文，通常是对日常现象的调侃，也用讽刺幽默的方式表达一些严肃的主题。据说，好友埃娃・维克曼的冲动天性和创造性智慧也为托芙创造小美这个形象提供了灵感。另外，在小美身上也能看到托芙好友和曾经的恋人普滕・福赫的很多个性特征。[34]

　　小美总是什么都说，哪怕是那些没有人想听的内容。但她说的都是事实，而且人们通常也希望有人将这些大声说出来。她非常特别——快乐，暴躁，有些刻薄，甚至有些邪恶，比如咬到别人的腿或者尾巴后，却冲着对方甜甜大笑。她爱搞恶作剧，喜欢胡闹，就像古代国王的宫廷小丑，或是侏儒。小美就是这样一个存在，非常非常小，万分之一毫米那么大，小

《姆明谷的冬天》（*Trollvinter*）插图，1957 年

到不得不通过放大镜才能看到。

很多读者也表示，小美是姆明谷居民中最可爱的，她是一个积极的小坏蛋。托芙曾讲述小美存在的必要性："你看，她多么实际，多么有用。我需要有人来平衡姆明家庭那种无助的多愁善感。如果缺了她，那就只剩下毫无批判的纵容和默许。"[35]

在姆明谷的居民中，小美与永远善良、善解人意的生物形成重要对比。小美好斗的天性是一种自我解放，是每个人（包括那个"看不见的孩子"）都需要的、能够使自己被看见的特性。一个人必须有敢于发怒的勇气，才能真正地存在，在鱼龙混杂的人群中做真正的自己。

托夫斯兰和薇夫斯兰，是代表托芙和薇薇卡的两个角色，她们叽叽喳喳地说着独属于自己的、旁人很难听懂的语言。她们想要永远在一起，想用同一张嘴说话，总是与对方形影不离。她们睡在姆明妈妈的手提包或者梳妆台的抽屉里。这两个小家伙在法律及其条款面前，证明了爱情超越一切力量。闪闪发光的爱情红宝石，只属于珍惜它的人，而不属于只将它视为值钱物品的人。

在最后几本姆明故事书中，姆明作为作者另一个自我的地位慢慢不再明显。一个名叫托夫特的霍姆珀人在后面几本姆明书中既是故事讲述的对象，也是讲故事的人。他"开始给自己讲述他自己的故事，关于一个幸福家庭的故事"。[36]托夫特这个名字在瑞典语原著中叫作"Toft"，与托芙的名字很像。托芙经常在自己的画作中使用托夫斯兰来署名。

虽然托夫特和姆明一样是个男孩子，但单从外表来看，也可以说是个小女孩的样子。姆明谷中的人物性别区分似乎并不重要。实际上，托夫特长得很像托芙，都有着短短的浅色头发。他住在小船下面，很喜欢船里的焦油气味。他想念姆明妈妈，有时候会在恐惧中感到绝望："姆明家庭已经

托夫特和帐篷，《十一月的姆明谷》（*Sent i november*）插图，1970 年

不在了，他们骗了我。"[37] 在《谁来安慰托夫勒？》（*Vem ska trösta knyttet?*）中，另一个主角叫作图伊图。她也是一个小小的，害羞且胆怯的小家伙，就像托芙形容自己那样。她经常说，图伊图是她的自画像之一。

　　怪物格罗克是姆明谷中美好事物不可或缺的对立力量，因而也同样重要。有些人甚至将她视为永远美好的姆明妈妈的反面。[38] 还有人认为其原型是那个时代的评论家兼作家哈加尔·奥尔松。[39] 这位作家对于所处时代和文化阴沉且毫不退让的视角，可能影响了这个人物的塑造。怪物格罗克为故事中阳光灿烂的时刻带来了紧张感和必不可少的黑暗力量。托芙曾说，当她允许怪物格罗克变得温暖时，就不可能再继续书写姆明谷的故事了。那么，怪物格罗克究竟是谁呢？她谁也不是，但同时又是每一个人。她代表着作家以及每个读者的不幸和孤独，或他们残忍、邪恶的那一面。她存在于每个人的内心深处，没有人能躲开她。她永远等在那里。

我们的周围满是赫木伦，他们是教师、公职人员、公园管理员，是法律和秩序的代表。赫木伦们总是在忙碌、组织和指挥着。他们担心着我们这些人，因为"不管他看向哪里，总能找到一些可以改进的地方，他竭尽全力让别人明白应该如何安排自己的事情"。[40] 赫木伦的生活并非总是那么容易。他们身形庞大，笨拙，看起来很可笑。他们不是很有爱心，也不太讨人喜欢。作者自己身上也有很多赫木伦的性格特征。托芙对自己的工作、作品销量和收入进行了严格统计。面对雇主时，她一丝不苟，精确可靠，对细节的追求甚至到了造成过大压力的地步。她持续记录生活中的各种事件，将这些信息存档，并在时机成熟时随时使用。

菲利琼克一直生活在恐惧之中。那种恐惧与生俱来，并且一直跟随着她。对她来说，最重要的是秩序。她最喜欢做的就是清洁工作："如果不能打扫和做饭，我要怎么活下去？世界上没有任何别的事情值得

菲利琼克和风窗。《看不见的孩子》（*Det osynliga barnet*）插图，1962 年

去做。"[41] 在秩序的帮助下，她能够控制自己的焦虑，但恐惧控制了她的生活。最终她还是直面灾难："现在它来了。终于一切变得一团糟。现在我不需要再等待了。"[42] 她恐惧的是恐惧本身，但直面自己所恐惧的对象让她解脱："现在我再也不会害怕，她自言自语道。现在我完全自由了，现在我觉得任何事情都很有趣。"[43]

图迪琪这个角色诞生于1957出版的《姆明谷的冬天》。那时，托芙与图丽琪·皮耶蒂莱将近半个世纪的相互陪伴才刚开始，二人也才刚刚建立伴侣关系。仅凭外表就很容易辨认出图丽琪是图迪琪的原型。图丽琪·皮耶蒂莱的个性并没有分别体现在姆明谷的几个角色身上，而是由一个角色代表，就像姆明妈妈代表母亲西格妮那样。图迪琪看起来很有男子气概，但在瑞典语原著中一直用"她"来指代，这说明了其女性身份。图迪琪睿智、善解人意，并且很务实——她会雕刻、烹饪和捕鱼。

姆明谷的居民还有树精。它们被视为山谷中性力量的代表。树精是托芙笔下引人入胜又略显吓人的奇怪角色。它们在雷雨中会导电，充满活力并开始繁衍。那时如果有生物触碰它们，也会被灼伤。导电这一点，可以被视作无法约束的性欲。树精的外表也支持这一观点，因为它们看起来像阴茎或者避孕套。这一充满阳具意象的世界像强大的自然力量一样吸引着姆明爸爸，让他着迷。于是姆明爸爸离开家庭，加入了它们的行列。姆明爸爸和托芙的父亲维克托非常相似，他热爱大海、风暴和雷雨天气。维克托没有跟随树精一起消失在海上，但他经常以类似的方式消失在赫尔辛基的夜色中。

美宝是永恒可爱的女性气质的缩影，也是与树精相对应的女性气质面。"美宝"这个名字来源于瑞典语的"mymlan"，托芙用它来指芬兰瑞典族俚语的"mymla"，意思是做爱。姆明谷的美宝温柔、圆润，女性气质明显，而且非常花心。她和不同的男人有大约二三十个孩子，其中一个就是小美。美宝天性自恋，开朗快乐。对她来说，最重要的是享受生活和满足，任何时候想睡就睡，乐意的时候才起床："世界上没有什么比享受生活更舒服，也没有什么比这更容易。"与树精一样，美宝也会放电。[44]

史力奇这个角色诞生于托芙和阿托斯恋爱期间。那时候，这个男人无疑是托芙生活的绝对中心。在姆明一族当中，史力奇是一个具有人类外貌的非姆明的角色。他的存在方式很大程度上与阿托斯和托芙自己很像。托芙的弟弟拉尔斯也是这个人物的一个精神原型。从外表来看，史力奇很显然有着阿托斯的形象。两人都有着灿烂的微笑，嘴里经常叼着烟斗，戴着有羽毛装饰的宽边大礼帽。史力奇经常背着个包，总是来去匆匆。阿托斯也是如此。

史力奇和查尔斯·卓别林演绎的流浪汉很像：戴着帽子，穿着破烂衣服，裤脚太短，鞋子太大，但同样孤独而善良。但卓别林演的流浪汉是悲伤的，他努力摆脱孤独，让我们产生同情，而史力奇有着积极无畏的冒险家天性，他的自给自足令人钦佩。托芙曾说，史力奇的孤独是积极的。与此形成鲜明对比的，是菲利琼克那"可怕的"孤独。[45]史力奇的孤独并不是被抛弃的悲伤，那是一种自我选择。他不对任何人负责，也不依赖任何人。他不依恋别人，也不希望别人对他有任何依赖。他是自由的——或者至少看起来是这样的。

托芙通过史力奇这个角色，从不同角度思考了对自由的理解，尤其是强烈的情感如何束缚一个人。史力奇说，如果太崇拜一个人，就永远不会完全自由。他对自由的追求让姆明感到很难过很痛苦。因此，崇拜与爱是非常矛盾的情感。彻底的自由将人类强烈的情感排除在外，例如爱、渴望、愤怒，以及深刻且无条件的崇拜。姆明和史力奇的关系与托芙和阿托

Nuuskamuikkunen
Snufkin

"Mumintroll i kulisserna"   Snusmumriken

Tove

《姆明谷的彗星》插图，1946 年和 1955 年

斯的关系非常相似。史力奇来去匆匆，姆明的感受正是托芙写作这本书时的情感体验。她等待着这个男人，还有他的爱与承诺。这些东西史力奇无法给予姆明，正如阿托斯无法给予托芙一样。阿托斯是托芙生活的中心，但这个男人的生活中有很多"中心"。对他的伴侣来说，随之而来的是孤独、难过和思念。

史力奇和姆明的夏季计划，可能与阿托斯和托芙的现实生活很接近。阿托斯总是在忙自己的事情，通常生活中只有它们。

左图：史力奇。为瑞典皇家剧院的戏剧节目制作的手绘图，绘于斯德哥尔摩，20 世纪 80 年代初

"我有个打算，不过你知道，这是我一个人的打算。"

姆明看了他好一会儿，然后说道："你准备离开了。"

史力奇点了点头。

"你什么时候动身？"姆明问。

"现在就动身，马上就走。"史力奇说着把所有的芦苇船都扔进水里。他从桥栏杆上跳了下去，嗅了嗅清晨的空气。这是徒步旅行的好日子。

"你会在外面待很久吗？"姆明问道。

"不会。"史力奇回答说，"春天的第一天到来时，我会回到这儿来，在你的窗下吹口哨。一年很快就会过去。"[46]

姆明努力去理解史力奇和他对自由的渴望，尽管等待并不容易。托芙和其他很多经历过战争的人一样，已经习惯了等待。未婚夫、男朋友、丈

《十一月的姆明谷》插图，1970 年

夫、兄弟和好友都去了战场，其他人也纷纷离开，各奔东西。女人等待着她们的男人休假回家，又或是他们阵亡的消息。她们等待着战争结束，和平到来。等待的人永远不会自由，因为思念是坚固的精神牢笼。尽管托芙已经习惯了，但还是觉得这种等待很折磨人：

> 姆明陷入深深的悲伤和思念，总是等着他，想着他，崇拜他。他对史力奇说道："当然，你应该自由自在。你显然需要离开，走自己的路。我很明白，你有时候需要独自一人。"但那时姆明的双眼总是湿漉漉的，充满了失望和无助的渴望……[47]

托芙有时会因为阿托斯无数的工作任务和研究尼采时的高度专注而感到痛苦。她希望这本关于哲学的书能尽快完成，因为她觉得自己对阿托斯的过度崇拜是对自由一种极大的限制。如果太过崇拜一个人，就无法感到自由。别人对自己的依赖，也可能成为自己前行道路上的绊脚石，就像姆明对史力奇的爱那样。一旦达到了理想的自由状态，情感就不再成为羁绊：

> "如果太崇拜一个人，就永远不会完全自由。"史力奇突然说道，"这一点我很清楚。"
> "姆明一从冬眠中醒来，就开始想念你。有人每时每刻都在想念和等待你，你应该很开心吧？"森林里的小爬虫问道。
> "我只会在适合我的时间回去。"史力奇不悦地回答，"或许我根本就不会回去，又或许我会去完全不同的方向。"
> "哦，那他肯定会伤心的。"小爬虫说道。[48]

虽然托芙对阿托斯的爱已经消退,对她来说无比重要的光辉也变得暗淡,不过他们之间的友谊却一直延续到生命的尽头。这种恋爱后的深厚友情,很容易让人想起姆明和史力奇之间的关系。当史力奇再次出门远行,还有谁能说出比这更美好的话来与朋友告别呢?

然后姆明从椅子上起身说道:"我现在为史力奇举杯,他今晚就要出发,远行去南方,独自一人,但肯定和我们一样幸福快乐。让我们祝他有美好的扎营地,还有一颗轻快的心!"[49]

和朋友们在一起时,托芙有时候称呼阿托斯为"火枪手",因为他的名字来自大仲马的小说《三个火枪手》中的阿托斯这个角色。不过,她最常使用的昵称还是"哲学思想家""宇宙思想家"或"政治思想家",或直

麝鼠,《魔法师的帽子》插图,1948 年和 1956 年

接用简称"思想家"。她还经常称阿托斯为"麝鼠"。在姆明世界中，另一个代表阿托斯的角色就是麝鼠，不是通过外表，而是通过性格。麝鼠是个哲学家和思想家。他有点儿笨拙且不切实际，就像阿托斯一样。

树精的世界与阿托斯追求的生活方式也有许多共同点。男人想要扼杀个人情感、"客观"生活的愿望，可能影响了树精这个角色的个性塑造。姆明爸爸思索着那些在海上扬帆起航的树精，它们摒弃了所有的悲伤、遗憾和渴望。也许它们那种完美的客观生活的状态，正是阿托斯所追求的。托芙在短篇小说《树精的秘密》中，对这种人生选择及其后果进行了思考和评价：

> 想想看，从来不会快乐也不会失望。[……]从来不会喜欢任何人，不会生别人气，也不会原谅别人。从来都不睡觉，也不会觉得冷。永远不会犯错，不会肚子痛去看医生。从来不庆祝生日，不喝啤酒，也不感到内疚……[50]

姆明一族找到了自己的读者

最初几本姆明书在《西新地周报》《时事新闻》和《工人报》等芬兰的瑞典语报纸中获得了很好的评价。《魔法师的帽子》是第一本广受欢迎的姆明故事书，那是一个重要的突破。但一般来说，姆明故事书要过很长时间才能翻译成芬兰语。语言障碍是一个现实的阻碍。芬兰的出版商速度慢得出奇。当时其实有愿意翻译的译者。作家亚尔诺·彭纳宁就曾向托芙表示，自己可以为奥塔瓦出版社将姆明故事书翻译成芬兰语。他有这方面的资质和能力。他在儿童文学方面有一定的经验，他曾在马尔蒂·哈维奥教授的指导下，根据芬兰文学协会的档案资料，改编芬兰童话故事，甚至作为政治犯在监狱服刑时，还获准继续这项工作。[51] 直到在瑞典和英国取得成功后，姆明小说才开始被翻译成芬兰语。早在 1950 年，英国就出版了第一本姆明故事书，名为 "Finn Family Moomintroll"（直译为《芬兰姆明家庭》）；次年在美国出版，名为 "The Happy Moomins"（直译为《快乐的姆明一族》）。

姆明故事书翻译成芬兰语花了很长时间。《姆明和大洪水》直到 1991 年才翻译成芬兰语。1955 年，《姆明谷的彗星》被翻译成芬兰语，比瑞典语原著晚了 9 年。1956 年，《魔法师的帽子》出版了芬兰语版本，比瑞典语原著晚了 8 年。《姆明爸爸回忆录》于 1963 年在芬兰出版，比瑞典语原著晚了整整 13 年。

第一本姆明绘本《然后，会发生什么呢？》（*Hur gick det sen? Boken om Mymlan, Mumintrollet och Lilla My*），讲述了关于美宝、姆明和小美的故事。这是第一本在同一年同时以芬兰语和瑞典语出版的姆明书。由此可以看出，姆明一族也开始征服芬兰语读者了。《姆明谷的夏天》的芬兰语译本比瑞典语原著晚了 3 年。《看不见的孩子》出版于 1962 年，《姆明爸爸与海》出版于 1965 年；两本书出版时都是同时出版了瑞典语版本和芬兰语版本。瑞典语原著在芬兰和瑞典基本上同时出版，除了《姆明谷的彗星》和《魔法师的帽子》，这两本书在瑞典的出版时间比芬兰晚了一年。一直到 20 世纪 50 年代中期，姆明一族才通过几本姆明书，慢慢被芬兰语读者熟悉，获得了所谓的"突破性进展"。那时候，姆明书籍已经出版了英语译本，姆明连环画也开始在世界性的报纸上以不同语言发表。芬兰语读者在本国作家征服世界的过程中严重"迟到"。

关于芬兰语读者在熟悉姆明作品时非常迟缓的原因，或许可以从当时的其他芬兰语儿童文学中窥见一些线索。战后芬兰语儿童文学中最著名的作品，是于尔约·科科1944年在前线创作的《佩西与伊露茜亚》。这本书印量非常惊人，超过4万册。1945年，该作品获得了芬兰国家文学奖。在芬兰图书市场，姆明故事书完全逊色于《佩西与伊露茜亚》。1952年，芬兰国家歌剧院演出《佩西与伊露茜亚》戏剧，曾邀请托芙为其设计服装。托芙接受了这项任务，但与作家于尔约·科科产生了重大的意见分歧，后者在最后一刻要求进行重大的"民族性"修改。他们的分歧非常大，以至于托芙希望将自己的名字从工作人员名单中完全删除。在最后的演出中，一部分服装是科科要求的粗犷风格，具有民族特色，一部分服装是托芙设计的，精致典雅。整体风格非常奇怪，没有得到多少观众的喜爱。

第五章

走向成名

20 世纪 50 年代的现代主义

战争和多年的匮乏随着 20 世纪 50 年代的繁荣发展而结束。1952 年，芬兰向苏联支付了最后一笔沉重的巨额战争赔款，现在改善自己国民的福祉成了可能。芬兰一定程度上进入了标志着乐观和重建的繁荣发展阶段。随着 1952 年赫尔辛基夏季奥运会的举办，芬兰开始变得国际化，至少从街头风景就能看出来。赫尔辛基第一次出现了来自不同种族的人，芬兰人也不断发出惊叹和敬佩。建筑得到了修复，也建造了很多新的以替代在战争中被摧毁的那些。建筑瑰宝进行了翻新和保养，整个城市的样貌焕然一新。为了奥运会，芬兰还建造了新的机场，并开启了与欧洲各个城市的直飞航线。芬兰必须展示出繁荣的西方国家的样貌。芬兰人的人种特征之前没有受到充分赞美，导致了一定程度的自卑，但随着 1952 年阿尔米·库塞拉当选环球小姐，芬兰人也获得了更多认同感。

生活中的一切仍不完美，但比之前好很多。食物充足，商店里的商品琳琅满目，人们甚至负担得起奢侈品。可口可乐进入芬兰市场是这个国家日益繁荣和国际化的标志。芬兰的形象正在迅速改变，尤其是对外部世界而言。在精神层面，战争的创伤深深留在人们心底，但人们不愿公开谈论这些问题。沉默是解决焦虑的办法。人们都忙着专注于未来。世界仍处于冷战时期。欧洲被铁幕分割，它的存在也深刻影响着芬兰的艺术界。

芬兰艺术界再一次打开了通往欧洲的窗口。战争与紧随其后的短缺年代造成的精神空白得到填补。芬兰努力成为西方现代思想和艺术潮流的一部分。尽管如此，旧的民族艺术观点仍然非常活跃。二元对立是那个时代的特点。

20 世纪 50 年代被称为"芬兰文学的黄金十年"，这不是没有原因的。文学犹如一个熙熙攘攘、躁动不安的微型世界，各种政治阵营以及新旧文学立场之间相互对峙。芬兰文坛许多最重要的作家成了现代文学的影响者和新文学语言的探索者：玛丽亚－莉萨·瓦尔蒂奥、图奥马斯·安哈瓦、韦约·梅里、约科·蒂里、安蒂·许吕、帕沃·林塔拉、帕沃·哈维科、拉西·努米、彭蒂·霍拉帕和埃娃－莉萨·曼纳。老一辈作家中仍然活跃的包括米卡·瓦尔塔里、尤哈·曼纳科皮、劳里·维塔、马尔科·塔皮奥和韦伊诺·林纳。现代主义引发大讨论，新体诗歌更是成为文坛关注的焦点。林纳的《无名战士》于 1954 年出版，引发了人们对战争、前线状况以及士兵真实生活的反思和热议。

这十年也是芬兰设计的黄金时代。芬兰的玻璃制品开始享誉国际，玻璃制品艺术家蒂莫·萨尔帕内瓦和塔皮奥·维尔卡拉被称为天才。鲁特·布吕克和卡伊·弗兰克的陶瓷设计，阿尔米·拉蒂亚创立的布艺、服装及家居用品设计品牌玛莉美歌，迈娅·伊索拉设计的面料，以及阿尔瓦尔·阿尔托通过阿尔泰克传遍世界的家具设计等，在芬兰国内外广受赞誉。设计是这个国家摆脱贫困路上的启明星，也对提升芬兰在战争中受到伤害的自尊心十分重要。设计领域还包括平面艺术行业，比如托芙·扬松的插图。

在视觉艺术领域，20 世纪 50 年代是一个充满热情的时代，但也充满了艺术分歧和争议。艺术家们获得越来越多的机会前往欧洲的艺术中心，其中巴黎是最重要的艺术大都市，他们频繁地前往那里。一次比一次重要的巡回艺术展也开始从国外来到芬兰。抽象艺术以前在芬兰并不多见，但随着艺术家访问巴黎并不断带来影响，现在也开始站稳脚跟。托芙的好友中萨姆·万尼和比耶·卡尔施泰特是芬兰最早对非具象艺术感兴趣并进行相关创作的艺术家。早在 20 世纪 30 年代，卡尔施泰特就做了一些抽象艺术创作的尝试，但在很长一段时间里仍然继续具象艺术创作。20 世纪四五十年代暂居巴黎期间，萨姆·万尼开始对抽象艺术产生巨大的热情。1953 年，在阿尔泰克的展览上，他几乎所有的作品都是非具象风格的；两年后的展览也是如此。第一次展览就引起了很多关注。尽管萨姆备受尊敬，长期以来一直是评论家们的宠儿，现在却得到了非常保留的评价。埃伊纳里·韦赫马斯是那个时代最有影响力的批评家。他写了一篇文章评价萨姆的抽象风格作品。根据萨姆自己的说法，这篇评论更像是讣告。韦赫马斯用近乎哀悼的口吻，回忆了这位艺术家过去的天赋。尽管遭到反对，又或者说正是因为不被接受，20 世纪 50 年代后期的展览中出现了更多的抽象派艺术作品。这也开始引起阿黛浓学校里年轻学生的兴趣。萨姆是最重要的先行者之一，同时也是教师，下一代最著名的抽象派艺术家大多是他的学生。[1]

战后艺术界最具争议性且最引人注目的事件，就是 1952 年初在赫尔辛基艺术大厅举办的巴黎当代艺术展览。该展览是从巴黎引进的，为芬兰艺术界开启了全新的阶段。这次展览的重要性怎么强调都不为过。展览中展出的是维克托·瓦萨勒利等许多抽象派艺术家的作品。非具象艺术强烈冲击着大众的意识，影响了年轻一代的艺术家。

艺术应该是具象的还是非具象的，是那个时代的一个大问题。多年来，这个问题成为不同艺术流派间的一道明显分水岭。[2] 托芙同时代的很多芬兰瑞典族艺术家是 20 世纪 50 年代领先的艺术创新者。第一代芬兰抽象派艺术代表几乎全是以瑞典语为母语的人。相比于芬兰语媒体，瑞典语媒体对新艺术形式的接纳度普遍更高，瑞典语评论家也能更好地掌握评论新艺术所需的词汇，因为他们能够紧跟整个北欧的文化发展，尤其是瑞典的艺术批评写作。相对于芬兰语母语者，战争年代对他们来说并没有意味着严重的空白。而以芬兰语为母语的评论家，不得不在毫无准备的情况下突然面对抽象主义。那时，无论是他们的语言还是审美眼光，都很难适应这些新的变化。[3]

大部分公众支持抽象派艺术，并乐此不疲地进行相关的创作。当时的报纸对此进行了广泛探讨，并且发出疑问：抽象艺术中有没有爱与情感。普遍的评价是抽象主义是空洞的，"并非所有丑陋都能被视作美丽，哪怕它是从巴黎带来的"。[4] 也有一些评论对这些艺术展览和作品不屑一顾，甚至出现了针对它们的讽刺漫画。[5] 托芙本人也画过一些。

然而，巴黎当代艺术展览的抽象艺术在某种程度上还是使托芙对抽象主义产生了兴趣。她曾评价该展览"非常出色"，尽管也有一些保留意见。埃娃写信说她在美国看了马蒂斯的展览，这让托芙深深叹息，她说自己更愿意看马蒂斯的展，而不是巴黎当代艺术展览。[6] 尽管托芙理解展览的基本意义，展出的作品并没有使她动摇自己的艺术理想。马蒂斯一直都是托芙和萨姆的伟大榜样，也是他们所深爱的。如今萨姆也开始欣赏维克托·瓦萨勒利的抽象派艺术语言，但托芙还没有。

热情中的克制

托芙对巴黎当代艺术展览上展出的抽象艺术作品的态度，很好地体现了她对艺术的总体态度，同时也预示了她未来作为视觉艺术家的职业生涯。托芙想要坚持传统价值观，遵循父亲和学校教给她的一切。尽管她对新艺术很感兴趣，但并不热衷。她保守谨慎，想要与之保持距离；或者完全绕开这种新的艺术，沿着她认为正确的道路继续前进。

托芙与超现实主义和存在主义在精神上也保持一定距离，更不用说社会主义现实主义了。多年来，她一直强调自己渴望成为一名"为了艺术而艺术"的艺术家；在面对抽象主义时她也是如此。有趣的是，抽象主义通常被认为是"为了艺术而艺术"的代表。它被认为没有内涵，空洞且毫无意义，只是为了艺术而艺术。

托芙称自己的艺术是"非社会的"，意思是艺术与社会无关。同时她反复强调自己是个人主义者。群体中的热情并不适合她，而且她对新的艺术观点也带有某种抗拒。或许是对自由选择和个性的强调，使她坚持原先的艺术观点。[7]似乎在她开始了解那些新的艺术流派之前，思维方式就已经使她产生了抗拒的偏见。她对艺术及其悠久传统的尊重，使她很难突然打破那些传统。父亲曾教导她，人们可以取笑任何事物，但是不能取笑艺术——因为它是非常严肃的事情。[8]

20世纪50年代初，当托芙亲密的艺术家朋友，特别是萨姆·万尼开始转向抽象主义绘画风格时，她觉得无法理解："就在我认为他无比优秀时，他突然开始画一些棱角分明的东西。"[9]

很多时候，实际上几乎每一位转向抽象主义风格的艺术家，他们最初的作品都或多或少出现了质量下滑。他们不得不放弃很多已经学过和采用的技艺。面对新的艺术形式时，他们总是非常无助，对新事物的热情并不能弥补技能的缺失。与他们之前的作品相比，早期的抽象派作品显得相当单薄，恩斯特·梅特尔－博格斯特伦、拉尔斯－贡纳尔·诺德斯特伦等艺术家都有过这样的经历，萨姆的作品某种程度上也体现了这一点。进步需要时间的沉淀、坚定的意志，还有对自己能力的信心。

托芙好友圈中的许多艺术家，如萨姆·万尼、卡尔施泰特、罗尔夫·桑德奎斯特和阿尼特拉·卢坎德，都对抽象主义产生了浓厚的兴趣。托芙很容易就会被他们启发和感染，这一点显然可以预见。但显然有更强大的力量浇灭了托芙加入他们的愿望，阻止她参与那些热情澎湃的，有时甚至是充满狂喜的激进运动。在梅尔·古利克森领导的阿尔泰克画廊里，大多数艺术家都很年轻，对新的实验运动很感兴趣，托芙本可加入他们。当意识到自己被边缘化，与最亲密的艺术家圈子渐行渐远时，她一定非常不安。

也许托芙在自己的艺术创作中缺乏独立，也缺乏自信。[10] 她对于独立性的强调，也许正是这种不自信导致的结果。这一点某种程度上也体现在托芙依赖周围环境的认可，尤其是她父亲的认可。崇拜父亲，期待得到其认可和赞赏，这些都是她谨慎的部分原因；而这种谨慎可能会限制艺术天赋的发挥。托芙天生聪慧、机智，喜欢讽刺、戏仿和幽默，这些在她的文学作品和插画中都有明显的体现，但在她的艺术绘画中却没有任何痕迹。

不为艺术，为了生活

芬兰艺术家在巴黎的见闻，对他们的作品产生了至关重要的影响。巴黎最热闹的年代恰好是 20 世纪 40 年代末，因为当时旅行再次成为可能。

一直到 20 世纪 50 年代初期，那里仍有足够的热情。北欧的艺术家们聚集在巴黎，尤其是讲瑞典语的芬兰人，他们从在那居住更久的北欧同行的经验和知识中受益。20 世纪 50 年代末，视觉艺术的影响领域开始被打破，抽象派艺术开始被非形式主义主导，后者的重要中心在意大利。

托芙并没有和其他很多人一样，在 20 世纪 40 年代末 50 年代初前往巴黎"朝圣"。金钱方面的担忧、银行贷款和工作让她留在了自己的祖国。但这些不是唯一的原因，因为同一时期她去了意大利，继而去了法国的布列塔尼，并在那里勤奋地画画。当时，意大利还没有艺术家的团体精神，也没有对新思想和展览的热情。不过，仅在巴黎短暂逗留其实也并不能体会到这种热情。

1951 年，托芙与薇薇卡一起进行了一次长途旅行，去了意大利、北非和巴黎。这次旅行主要是为了生活和体验而计划的，两个目的她们都达到了。她们在旅行中充满热情地生活，在城市中尽情漫步，直至疲惫不堪。姆明世界也跟随着托芙，不断浮现在她的脑海中，这从她在旅途中创作的几幅手绘中可以看出。和薇薇卡一起的生活十分顺利，那段充满各种美好回忆的时光就像一个"丰饶角"*。她没有去寻找艺术馆和博物馆，而是去体验各种别的事物。托芙探索着夜总会的生活，直到厌倦为止，至少她是这样写信告诉阿托斯的。当时图丽琪·皮耶蒂莱也在巴黎，薇薇卡和托芙在城市众多的夜总会中偶然遇见了她。[11] 美术创作并没占用旅行者太多时间。相反，这次旅行的经历为后来几本书以及姆明系列连环画提供了不少话题和灵感。

很显然，托芙与其他北欧艺术家不同，她对定居巴黎不感兴趣，尽管

---

* "丰饶角"，又名"丰饶羊角"（cornucopia），源出古希腊神话。丰饶角的形象为装满花果、谷物的羊角或羊角状物，象征丰收和富饶；后来也象征着和平、仁慈与幸运。

她也有过同样好的机会。托芙不得不将本来用于绘画的时间分出来，用于写作和创作插画，尤其是创作姆明作品。1954年，她和母亲一起，经过伦敦和巴黎，前往法国里维埃拉。托芙在连环画《姆明一家漫游里维埃拉》和短篇小说《里维埃拉之旅》中都曾刻画过这次旅行的经历。[12] 母女俩对一起旅行已经期待了很长时间。通过奖学金和托芙为北欧联合银行创作壁画的收入，这个计划已久的旅行终于成为可能。西格妮已经退休，不再受固定工作的束缚。这次旅行最主要的目的就是实现母亲和女儿一起度假旅行的愿望，好好休息，一起回忆美好的旧日时光。[13]

姆明一族大受欢迎，但托芙仍然认为绘画是她最重要的任务，尽管当时她用来画画的时间有限。她不断打磨自己的艺术，一如既往地画风景、静物和人物，虔诚地遵循着在学校学到的一切，对于新的刺激极其克制。战争刚刚结束，她就多次强调，会努力让自己的作品回到战前的水平，力求延续那个时期在色彩和图形上的特点，努力活得就好像战争和那些被她称作"消失的岁月"的东西从来没有存在过。然而，回到过去是不可能的。托芙不再追求20世纪30年代她作品中的那种非理性的"光辉"。在她的某些壁画作品中还能找到它们的踪迹，尤其是在姆明绘本中，那种"光辉"仍然鲜活，跃动不息。

遵循传统的艺术家

早在1938年，托芙就获得了第一个杜卡迪艺术奖，这对一个刚刚进入艺术领域的年轻艺术家来说，是一个隆重的欢迎。奖项和资助金力求公平，努力在讲瑞典语和芬兰语的艺术家之间平均分配。但有时候，人们会就公平和对错问题展开激烈的辩论。早在阿黛浓学校求学期间，托芙就很

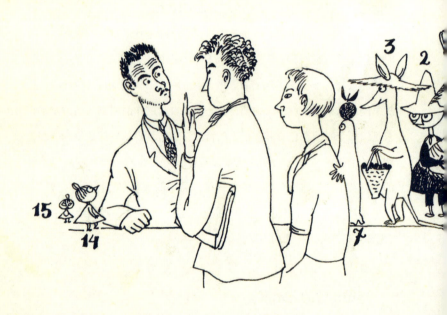

1. *Mumintroll*. 2. *Snusmumrik*. 3 *en Sniff*. 4 *en snork*
... 9 en Mymla. 10, 11, 12, 13, 14 *mymmelbarn* 15 *Ah ...*

《逗留》，手绘，姆明一族跟随薇薇卡和托芙去往各地，包括意大利酒店的接待处，1951 年

13 5 1 9 8 4 6 12 10 11 Tove

反感说不同语言的学生群体之间的"语言纠纷"。

　　在托芙之前获得杜卡迪艺术奖的是艾茜·伦瓦尔，而她之前是萨姆·万尼。在托芙之后获得该奖项的，是她的同学埃娃·塞德斯特伦，也就是说，和托芙一起获奖的都是她熟悉的人。根据规定，该奖项只能颁发给四十岁以下的参展艺术家。1953 年，托芙有了最后一次再次获奖的机会，因为次年她将超过规定的年龄限制。跟她共同竞争该奖项的艺术家有三位：雕塑家埃拉·希尔图宁，她后来创作了备受人们喜爱的西贝柳斯纪念碑；拉尔斯 - 贡纳尔·诺德斯特伦，他后来成为声名鹊起的具体主义艺术家；阿尼特拉·卢坎德，她的艺术家生涯在许多方面与托芙十分相似。托芙在 1953 年再次获得该奖项。从某种程度上说，这是一种巨大的认可，因为她超越了很多备受尊敬且才华横溢的艺术家。

　　20 世纪 50 年代，只有两名女性获得了杜卡迪艺术奖。托芙获奖五年后，迈娅·伊索拉获得了该奖项。她像托芙那样在全世界获得了声誉，不过不是作为画家。伊索拉成了玛莉美歌的面料设计师，设计了很多著名的图案，包括"罂粟花花卉系列"。[14]

　　托芙 1953 年的作品《炉火旁取暖》，是她这个时期最美丽的画作之一。画中一位身穿浴袍的黑发女性在炉火前取暖。摇曳的暖光洒满整个房间，使衣服的红白色和背景的黄色熠熠发光。这幅画聚焦于中心主题，留下了很多抽象的空间。作品仿佛会呼吸，它具有生命力，代表着一种游刃有余且克制的现代主义。托芙这一时期的作品表明，她正处于一个强大有力的发展阶段，但也表明，作为艺术家的她水平不太稳定。

　　1955 年，托芙在贝克希斯艺术沙龙举办了个人展览。距离她上一次个展已经过去九年——间隔太久了。她一直都在辛勤地作画，显然是有作品产出的。托芙多次参加联合展览，其中包括青年展览和艺术学院三年展。

然而，个人展览仍然是不可或缺的，因为只有通过个展，艺术家才能完整地展示个人作品的重要主题。那么，为什么两次个人展览之间相隔这么长时间呢？托芙确实将大量时间分配给插画、壁画，以及姆明书的创作。但时间不够可能并非全部事实，因为托芙自己一直强调，她首先是一名艺术画家。或许可以从托芙1955年的笔记中找到一些线索，发现那个时代和环境给她带来的挫败感：

> 不知道从什么时候开始，我和自己的艺术绘画变得很不默契。它怎么了？我要怎么做，才能重新获得那种自然的创作欲望？曾经有段时间，我以为那些连环画能够帮助我。姆明创作，一种带给我乐趣的、半禁忌的业余爱好，慢慢开始通过连环画成为一种新的责任。我多希望创作它们的欲望会转移到艺术绘画中去。不知道那欲望最后去了哪里，总之没在艺术绘画中找到。[15]

托芙在贝克希斯艺术沙龙举办的个展很顺利，售出了一些作品，也收获了较好的评价。但现在人们更多将她看作儿童作家，尤其是姆明一族的创作者。托芙的画作并没有引起同样热烈的反响。一位评论家在最大的瑞典语日报上不满地评价托芙的作品："这些有品位的作品在芬兰能得到喜爱，但在国际上，比如巴黎，显然不会获得怎样的关注。该艺术家在素描和文字创作中彰显了鲜明的个性，但这一点在艺术画作中并没有明显的体现。"[16] 评论很有礼貌，但也很打击人。从绘画专业技能角度，托芙被看作一个中规中矩的好艺术家，她的画作不会使任何人眼前一亮。对于一个充满雄心壮志的年轻艺术家而言，这无疑是一种冷漠而严厉的判决，显然也会影响她未来的生活选择。

爱与诽谤

20世纪50年代，阿托斯和托芙的友谊依然坚固，但现在阿托斯开始担心托芙对他的爱，这也并非毫无理由。托芙和薇薇卡·班德勒一起去非洲、意大利和法国旅行时，阿托斯害怕自己会永远失去托芙。阿托斯写信给托芙，请求她"眨眼间"就回来。托芙从非洲寄了回信，平复了男人的不安。她没有答应任何事情，甚至没有说什么时候回去。也许是为了安慰阿托斯，托芙强调他永远是自己人生的一部分，对自己十分重要："我们当然会一直彼此陪伴，这不会改变。也许会以不同的方式，但永远都会是好的方式。[……]我知道你因为我和薇薇卡一起旅行而担心，但真的没必要！你完全没有必要担心。"[17]托芙与阿托斯之间的友好关系得以延续。用托芙的话来说，她是这个男人的"软肋"。不过，他们之间的关系越来越多地建立在友情基础上，尽管他们也有身体上的关系。"我们偶尔也会继续这种关系，它充满了安全感和温馨。基本上和'老夫老妻'差不多。"[18]然而，托芙内心的天平越发向女同性恋那边倾斜，她最终决定结束这段关系。她也拒绝了阿托斯来得太晚的求婚。

托芙后来几乎没怎么见过阿托斯，这让她觉得非常遗憾。在仅有的几次见面中，阿托斯显得很局促，甚至对于她的新"倾向"感到害怕。托芙希望随着时间的推移，阿托斯会习惯这件事。她理解男人的骄傲，他显然很难消化自己的女朋友决定转向"错误的那边"这件事。[19]1954年，阿托斯退出议会，全身心投入写作。1956年，他再次联系托芙，显然是希望与她见面。托芙回复了他的请求，她表示阿托斯一直都是她人生中最好的朋友之一，并且几乎没有人能像阿托斯那样给予她那么多。但似乎是警告般的，她又补充道："如果你想见我，我当然还在这里。只是我现在可能和以前有些不太一样了。"[20] 后来托芙给阿托斯的信中，署名都是图蒂（她对图丽琪的昵称）和托芙两个人。在阿托斯结婚后，收信人除了他，还有他的妻子伊里亚。托芙仍然关心他的健康，比如她会将自己用于缓解失眠的药物寄给阿托斯，并敦促阿托斯去求助她信任的医生。有时候，他们的信件也会聊些很有生活气息的话题，比如托芙会给阿托斯种花方面的建议。[21]

塔皮奥·塔皮奥瓦拉的妻子意外去世了，他十分绝望，试图和托芙重新建立关系。托芙写信告诉埃娃这些，并且强调自己体面且礼貌地拒绝了这个男人。[22] 托芙仍然会不时和萨姆·万尼见面。萨姆按照惯例，基本上每年会去拜访托芙一两次，对她最新发表的作品给出一些评价和建议。萨姆在艺术方面取得了很好的成就，是很多评审团和委员会的成员，并且仍在阿黛浓学校任教。托芙注意到了所有这些变化，以及"他的肚子自然也变大了"。[23]

在芬兰，知识分子和女同性恋者的圈子小到"互相能把对方绊倒"，在赫尔辛基讲瑞典语的圈子中，人数就更少了。在这个小圈子中，薇薇卡引起了很多人的兴趣。托芙在给埃娃的信中说，世界上大概到处都是得不到满足的女人，她们的男人无法满足她们对柔情和性欲的需求，而"幽灵"能带给她们的太多了。[24] 她也在信中提到，阿托斯的新女友如何深深迷恋上薇薇卡。看样子，这个男人的另一个女朋友又要被薇薇卡抢走。

与其他少数群体一样，女同性恋者也很团结，相互帮助。互助是很有必要的，因为社会上的偏见很严重，她们的日常生活从住房开始就很困难。她们之间的信息传递很快。[25] 那些刚刚确认自己女同性恋身份的人，会获得各种帮助，因为她们当中的很多人会被内疚和负罪感折磨，认为自己不好、不正常，并且强烈地感受到亲人的责备。[26]

偏见多种多样。即便是最好的朋友，也很难理解托芙新的性取向。托芙最好的朋友埃娃·科尼科夫似乎并不习惯她的女同性恋身份。托芙总是带着无限的理解和宽容。她写信给埃娃表示，她非常理解埃娃来赫尔辛基时，很难接受自己的朋友是女同性恋这件事。让托芙觉得遗憾的是，对她来说非常重要的两个人，埃娃和薇薇卡，互相不喜欢对方。[27]

1953 年，听说自己的女同性恋身份一直是这个城市里大家茶余饭后的谈资时，托芙感到震惊不已。她一直以来都毫不设防地生活在自己的世界里，从来没有想过会发生这样的事情。现在，一个愤怒的年轻人寄来的恐吓信揭露了残酷的真相。隐私似乎从她的生活中消失了。取而代之的是各种匿名信、诽谤和偷窥，托芙甚至怀疑自己的电话被窃听了。那些她以为只会发生在别人身上的事情，现在都发生在了她的身上。突然间，她就成了诽谤和仇恨的对象。[28]

就连一些开明的同人也对她表现出了偏见。玛丽亚 - 莉萨·瓦尔蒂奥在一次文学活动中遇到托芙的经历，就是个很好的例子。根据瓦尔蒂奥的说法，当时托芙在赫尔辛基的文学圈子已经小有名气，令人羡慕嫉妒。人们都认为她通过姆明一族，就是"那些古怪的幻想生物"发家致富了。托芙的性取向也是众所周知的。托芙当时从自己的杯子里倒了一些饮品给瓦尔蒂奥，但瓦尔蒂奥拒绝了，因为她"知道这是调情的手段"。[29] 即使在艺术家圈子，对同性恋的恐惧和嫉妒似乎也十分普遍。

女同性恋是个极为敏感的话题，即使是在最亲近的人之间，也不一定可以谈论。托芙和母亲西格妮谈论过她与薇薇卡的友情。父亲维克托听到了一些流言蜚语想要打听，但连"同性恋"这个词都说不出口。托芙认为母亲的沉默是明智的，并且尊重母亲的决定。她写信给埃娃说："我觉得哈姆能理解我，但除非她自己愿意，否则她永远都不会说什么。"[30] 对托芙来说，这个决定意味着孤独。即使后来她与图丽琪·皮耶蒂莱一起生活了几十年，也没有缓解这个禁忌。母女之间从未讨论过这件事。[31] 回避、隐藏和对众所周知的事情绝口不提，在芬兰十分普遍。薇薇卡·班德勒曾在一段文字中发泄了她因母亲对于她的同性恋身份保持沉默而感受到的失望和受伤，那段文字描述了这种闭口不言造成的痛苦。

> 现在这件事终于被说了出来，您早就知道的这件事。我知道您明明知晓。这件事只要您活着，就绝对不会说出口。现在您去世了，我终于可以将它说出口。
>
> 一直到去世，都巧妙地对这件事绝口不提，您是怎么做到的，妈妈？[……]您就是一直这样生活的吗，就像您这一代的其他母亲那样，希望我可以好起来——或者说"恢复理智"，就像你们可能会说的那样？[32]

薇薇卡和托芙的友情得以长久地延续，她不仅是给予托芙灵感和帮助的工作伙伴，也是亲密的好友。她是"永远的朋友，伟大的幽灵"。[33] 她几乎每年都会去托芙和图丽琪·皮耶蒂莱在岛上的住处待一周左右，而托芙和图丽琪则会拜访薇薇卡的萨伦庄园。对托芙来说，薇薇卡就像家人，遇到问题时总能向她寻求帮助。她们也一起为剧院、广播和电视创作了很多重要的戏剧。托芙会和薇薇卡谈论自己与图丽琪的关系，而薇薇卡也认为托芙是值得信赖的倾听者。她们之间的书信往来很多，而且涉及生活的各个方面。托芙会谈论她的工作，也会谈其他的事情，并且总能得到很好的建议，她对此很感激。托芙很信任薇薇卡对自己作品的评价，并希望薇薇卡能阅读且评论自己的重要书籍。如果薇薇卡比较忙，这些书就需要等

托芙和薇薇卡在岛上，20 世纪 50 年代

一等。

薇薇卡和西格妮的亲密关系也得以延续，她很关心好友年迈且越来越多病的母亲。20 世纪 50 年代初，西格妮病得很重，因为胃病住院检查。托芙非常担心母亲。西格妮出院时，母女俩作为客人，在薇薇卡的萨伦庄园度过了"十个美好的休息日"。托芙告诉埃娃，薇薇卡是无比忠诚的朋友，从来没有使她失望过。薇薇卡永远是她生命中非常重要的一部分。托芙认为，在薇薇卡的积极影响下，她成功摆脱了天真幼稚，以及美化事物的欲望，这些是她过去根深蒂固的性格弱点。[34]

壁画艺术

第二次世界大战后，欧洲进行重建。人们想要创造一个全新的比以前更好的世界，在这个世界里艺术应该发挥重要作用。艺术作品主导生活场所和公共空间的想法由此诞生。艺术与建筑合作是 20 世纪 50 年代的中心主题之一。对壁画作品的热情传遍整个欧洲。20 世纪 40 年代末，旨在促进艺术与建筑相结合的"空间集团"在巴黎成立，并于 20 世纪 50 年代初在芬兰成立了该集团的分支机构。在芬兰，倡导这一想法的杰出艺术家包括比耶·卡尔施泰特、萨姆·万尼和拉尔斯－贡纳尔·诺德斯特伦。那时举办了很多壁画创作比赛，一些壁画设计也得到实施。不过，当商店、学校、幼儿园和酒吧等场所需要壁画供人欣赏时，作品通常是直接委托艺术家创作的。这是一种社会艺术，旨在分享美好的事物，将这个从战争废墟中崛起的新世界变得更加美丽。许多作品最后被遗忘。当建筑被翻修时，这些大型壁画不得不被搬走，有些甚至直接被毁坏，因为它们被视作装饰品而不是艺术品。那些年，芬兰几乎没有其他艺术家能像托芙那样创作那么多壁画作品。她的作品经常被称为"装饰画"，也许因为它们经常是为餐馆、餐厅和儿童空间创作的。当然，它们确实具有很好的装饰性。

除了插画工作，壁画创作对托芙来说也是不可或缺的收入来源。她不想做艺术教学，因为在公众场合展示自己和面对学生都会让她紧张。也正是由于这个原因，她更倾向于一个人独立工作。托芙在斯德哥尔摩求学期间，已经在壁画创作方面打下了坚实的基础，现在又通过一项项工作不断学习和精进。托芙的几幅早期壁画作品，尤其是赫尔辛基市政厅餐厅的两幅大型壁画，证明了她的能力和天赋。

1948 年，托芙受邀为科特卡一家私立幼儿园创作一幅壁画作品。她在那里画了一幅七米长的壁画。她表示能够为孩子们作画实在太好了，不需要画任何"重建或者进出口贸易主题的作品"。[35] 托芙一定是想起了她为斯特伦贝格电气集团工厂作画的经历。她为那里创作的第一幅画作并没有直接展示工厂的工作，因为她有意创造了一些美好的事物，用来平衡工人艰辛疲惫的生活。但那幅画或者是它表现的主题，似乎让工厂领导层感到失望。托芙为他们重新创作了一幅作品作为补偿，画作展现了电力输送的场景。

科特卡幼儿园的壁画完成于 1949 年，那是一幅壮观的童话全景图。画中有姆明书里熟悉的角色，他们坐在帐篷附近的篝火旁。作品的童话世界中也有典型的童话人物形象。比如公主骑在白马上，朝着一个打开的百

诺基亚橡胶厂订购的壁画草图，油画，1942 年

宝箱走去。画中还有海湾、拱桥等熟悉的元素。托芙曾说，同时代的艺术家温托·科伊斯蒂宁去看过她这幅快完成的作品，嗤之以鼻地说："什么破玩意儿？"[36] 这样的评价反映了为儿童创作的艺术被贬低的现象，但也很可能是一个"愤怒的年轻人"面对女性艺术时的普遍态度。但是作为艺术家，科伊斯蒂宁的作品也具有童话气息和特定的超现实主义特征，实际上他和托芙的艺术风格并没有相差很远。

托芙有机会买下了她的工作室，但不得不承担一大笔债务。因此她需要钱，很大一笔钱，因为她必须偿还贷款并支付利息。银行贷款很大程度上支配了她的生活。这笔贷款数额很大，一共 120 万芬兰马克，合同期为十年。担保人是父亲维克托和薇薇卡。画壁画的工作可以帮助她偿还贷款，她最终在利率上升到难以承受前还清了贷款。1953 年是尤为忙碌且美好的一年。托芙在信中说，她从来没有得到过这么多收入和赞赏，她对此感激不尽。[37] 那些年，她每年都会画一幅，有时甚至两幅装饰壁画。1952年，托芙完成了科特卡职业学校和哈米纳社交大厅的壁画。其中，为哈米纳社交大厅绘制的壁画名为《海底的故事》，将大海和哈米纳地区的历史描绘得如同童话故事一般。次年，托芙完成了"学术之家"学生宿舍的壁画。北欧联合银行赫尔辛基分行员工餐厅的壁画完成于 1954 年。画中描绘的场所让人想起威尼斯的广场，背景是波涛汹涌的大海和摇摇欲坠的船只。前景是撑伞的人和跳伞者。整个作品的画面叙事与托芙的童话主题画作相差不远。

托芙的很多画作是童话主题的。比如 1954 年完成的卡尔亚瑞典语民族学校壁画作品；1955—1957 年为奥罗拉儿童医院，以及 1984 年为波里城的"魔法师帽子"幼儿园创作的壁画。当时为了奥罗拉儿童医院那幅壁画，还组织了一场五位艺术家参加的邀请赛。所有参赛者都是杰出的艺术家，除了托芙，还有格斯塔·迪尔、埃里克·格兰费尔特、埃尔基·科波宁和瓮尼·奥亚。托芙能够胜过四位备受尊敬的优秀艺术家，一定非常高兴。托芙创作了一幅色彩鲜艳、节奏明快的大幅作品，姆明谷的角色在巨大的墙面上欢快地玩耍。"魔法师帽子"幼儿园的建筑，是图丽琪·皮耶蒂莱的弟弟雷马·皮耶蒂莱和他的妻子拉伊利·皮耶蒂莱共同设计的，幼儿园的名字直接用了托芙作品的书名。托芙在那里创作了最后一幅壁画，当时她已经 70 岁。这幅画用姆明谷的人物描绘了熟悉的姆明世界。

　　托芙为泰乌瓦镇的小教堂创作了名为《十个童女》的祭坛画。该作品于 1954 年完成，是托芙创作的唯一一幅教堂画作。托芙在信中提到泰乌瓦教堂祭坛画的订单，她高兴地写道："还有墙壁真好，人们很少像战前那样买画了。现在我可以通过画壁画来偿还相当一部分银行贷款［……］不过，旅行还是得再等等。"[38] 萨姆和马娅·万尼去了巴黎旅行。托芙也很想去，她有些忧伤地向往着巴黎。她想象着好友们坐在圆顶餐厅里，她希望自己也能坐在那里。但是现在她能坐在泰乌瓦的餐厅就已经很满足了。她必须努力工作，偿还个人工作室的账单。教堂里很冷，作画条件也很差。工作非常繁多，甚至有些手忙脚乱。白天她在教堂画壁画，晚上读大卫的《诗篇》，并绘制北欧联合银行壁画的草图。除此之外，她还对《姆明谷的夏天》进行了最后的润色。她唯一的消遣就是给好友们写信。[39]

第六章

姆明征服世界

《然后，会发生什么呢？》

托芙的第一本姆明绘本《然后，会发生什么呢？》于1952年出版，同年，作品被翻译成芬兰语。这本书在视觉上大胆而轻快。书籍中图画是主要部分，线条有力又十分流畅。画面由一些单色的大色块拼接而成，突出的线条和单色色块，很容易使人想起剪纸艺术。这种手法对于当时的一些著名艺术家和小学生来说都很熟悉。这本书色彩鲜亮，在儿童文学中独树一帜。书中也有大量的黑色和白色，映衬着旁边强烈的淡蓝色、鲜红色、靛蓝色、红褐色和亮黄色。

这本书最特别的地方在于书页上的穿孔。通过这些小孔，往往可以看到下一页的一小部分，而下一页还会有新的小孔，可以继续看到后面一页。读者可以通过这些小孔，预想接下来会发生什么，尽管这种暗示往往会引发误导，但总是会有惊喜。设计这本书需要精确的折叠，工作量也很大。据说，这种裁切书页的想法来自托芙儿时的一次可怕经历。托芙和母亲一起读埃尔莎·贝斯科夫的《森林里的孩子们》时，她觉得躲在石头后面偷看别人的精怪十分可怕，母亲不得不在上面贴一张纸，将其遮住。那张纸只有上方粘在书页上，仍然可以掀起来查看图片，托芙那么一看，就

加夫西太太在钓鱼。《然后，会发生什么呢？》插图，1952 年

姆明森林。《然后，会发生什么呢？》插图，1952 年

会特别害怕。[1]

　　这本书的文字是用诗歌形式写的。有趣的尾韵吸引着读者将那些朗朗上口的诗句大声读出来。文字也是影响内页视觉效果的重要部分。那些文字本身就是独立的元素，仿佛是用学校里使用的装饰性字体写下来的。

　　在故事中，小美不见了，对朋友的担忧打断了姆明开心的取牛奶之旅。经过各种冒险后，小美和姆明最终回到了美好的姆明妈妈身边。在故事情节上，有前几本姆明故事书中熟悉的元素，比如消失、探索、发现、自然力量，还有姆明妈妈的温柔。现在这些被处理得更加简短，故事通过图片来推进情节的发展。

　　这本书迅速引起了广泛关注和毫无保留的夸赞，可被视为姆明世界在国际上的突破，包括在说芬兰语的芬兰。当时大多数讲芬兰语的人都是通过这本绘本，才开始接触姆明世界的。托芙非常高兴："这本绘本在这里最受欢迎，而且它已经被翻译成芬兰语了。"[2]

次年，托芙因为这本书在瑞典获得了尼尔斯·霍尔格松图书奖。这是她第一次获得儿童图书奖，但显然不会是最后一次。这次获奖后，托芙很快就凭借《姆明谷的冬天》一书，在芬兰获得了颁发给儿童和青少年书籍插画家的鲁道夫·科伊武奖。托芙获得这些奖项实至名归。无论在芬兰还是在国外，《然后，会发生什么呢？》都是一种全新的儿童文学形式。它的插图代表着一种新的现代主义艺术观念，可以与当时最好的艺术作品相提并论。这部作品在平面艺术和儿童文学领域，都具有很强的原创性和创新性，在当时可以说无与伦比。托芙曾在她的短篇小说中，描述过一位她想象中的连环画家："没有谁能拥有如此美丽的线条，如此轻盈干净，仿佛他非常享受创作的过程。"[3] 这句话同样可以用来描述她自己对线条的巧妙运用。

《姆明谷的夏天》

1953 年夏天，托芙在佩林基的布雷德谢尔岛的美丽风景中，开始撰写她的下一本姆明书《姆明谷的夏天》，并于次年出版。她将这本讲述戏剧世界的书献给薇薇卡，这位托芙在戏剧创作中的向导和启发者。在这本书中，再一次出现了重大的自然灾害，它是故事的起点，将之前熟悉而安全的生活完全打乱。火山喷发引起的海啸吞没了周围的一切，包括姆明屋。姆明谷的居民们都处于洪水的威胁中。幸运的是，他们在水中找到了一个漂流的剧院，并因此获救。他们对剧院和表演一无所知，甚至不知道自己正生活在剧院里。

《姆明谷的夏天》封面草图，水粉和水彩，1954 年

　　写这本书时，托芙已经有了剧本创作和舞台设计的经验。创作这本书之前，托芙就参与制作了薇薇卡导演的《姆明与彗星》这部国际巡演的戏剧。托芙完全被戏剧制作，以及它所带来的兴奋与热情深深迷住。戏剧的世界非常复杂，其中任何东西可能都不是它起初所展现的那样。[4] 这本书描绘了火山大爆发前的时刻，那是灾难到来的前奏，高温、干燥以及燃烧的烟灰碎片都预示着即将降临的毁灭。原子弹爆炸的场景再次出现：

左图：雷雨中的树精。《然后，会发生什么呢？》插图，1952 年夜晚充满了不安，外面吱吱嘎嘎作响，巨浪拍打着窗户。[……]"世界末日来了吗？"小美好奇地问道。"至少是这样。"她的姐姐，美宝之女说，"趁你还来得及，赶紧变乖一点吧，因为我们所有人马上就要去天堂了。""到天堂去？"小美重复道："我们都得去吗？去了后怎么回来呢？"[5]

在生死攸关的时刻，姆明妈妈关注的却是日常生活中的微小细节，那些即使大灾难来临也能够理解的事情。她寻找着自己雕的树皮船，也很高兴丑陋的吊床消失了。姆明屋被淹没后，可以通过地下室地板上的锯孔，用另一个视角观察厨房。她还庆幸自己在洪水暴发前没来得及洗碗，因为即使洗了也已经毫无意义。姆明和歌妮被警察抓住并被关进了监狱，最后他们又回到家，生活中的一切一如既往地继续着。危险已经过去：

剩下的唯一一滩水映照着天空，这是小美游泳的好去处。就好像一切从来都没有发生过，又好像任何危险的事再也不会发生。[6]

《姆明谷的夏天》插图，1954 年

托芙从来不会为她的读者定下什么该做、什么不该做之类的规矩，就连儿童读者也没有。在充满爱与关怀的姆明世界，除了禁止这件事本身，没有任何事情应该被禁止。在《姆明谷的夏天》中，史力奇的敌人——公园保安和园丁阿姨住在公园里，他们把公园里的每一棵树都修剪成球形或者方形。所有的廊道都"笔直得像老师的教学棒，只要哪根草敢从侧边探出头来，立马就会被剪掉，逼得它立马重新往上长"。[7] 一群被管教的毛茸茸的森林小娃娃，在这个被高高栅栏围起来的公园里玩耍。公园里到处都贴着禁止标志：禁止吸烟，禁止坐在草地上，禁止大笑，禁止吹口哨，禁止跺脚。看到这里，史力奇做了个决定："现在我们要把所有的禁止标志都撕掉，让每一根草都可以自由生长！"[8] 他也确实这样做了。

《舞台上的姆明一族》

《姆明谷的夏天》是一部对戏剧创作来说十分具有启发性的完美作品，因为它的内容就是关于戏剧和戏剧制作的。在这本书基础上改编的戏剧名为《舞台上的姆明一族》，1958 年由薇薇卡在利拉剧院执导。托芙编写了脚本并负责舞台设计。她依然热爱着戏剧创作，满怀热情地全程参与那充满紧张刺激的制作过程，就像她第一次制作戏剧时记录的心情那样，充满期待和忐忑地等待着首演后的结果——表演究竟成功还是失败。戏剧彩排使她像其他人那样兴奋不已。托芙的好朋友、利拉剧院的女演员比吉塔·乌尔夫松曾回忆起剧院中的托芙："轻盈如羽毛般的奔放小女孩，在舞台和观众席之间来回穿梭，手里拿着一罐颜料，口袋里装着一个笔记本。不断修改、调整，非常实际的一个人。"[9]

薇薇卡对第一部姆明戏剧《姆明与彗星》并不满意。演员们戴着巨大的头套，无法通过面部表情表达自己。仅靠肢体语言，又不足以传达台词的含义。而且姆明一族的戏服十分宽大，很大程度上遮挡了演员的肢体动作。吸取以往的教训，新的戏剧立马将头套摘掉。托芙在写脚本时也会和薇薇卡商量。薇薇卡担心地询问工作进度时，托芙回答说一切顺利。她表示自己完全不担心如何创造"姆明精神"，它会在对话中自然而然地诞生。她打算逐个阅读检查这些角色。托芙认为，比较有挑战性的是使戏剧形成连贯完整的框架和体现戏剧性。[10]

这剧获得了巨大成功，令观众着迷。[11]继赫尔辛基的演出后，该剧1959年又在斯德哥尔摩上演，并于1960年在奥斯陆上演。演出的明星是托芙的好朋友，比如拉塞·波伊斯蒂和比吉塔·乌尔夫松等传奇戏剧演员。这些戏剧也都是由薇薇卡执导的。这些成功进一步带来了无数的访问、电视剧和广播节目。在挪威的演出中，托芙还参与表演，她身上披着黄毯子，饰演狮子的臀部，舞蹈编排也很完美。毕竟托芙本身对跳舞充满了热情，跳得也十分出色。[12]

连环画和两千万读者

在儿童杂志《伦肯图斯》上发表自己的第一部连环画作品《普里奇纳和法比安历险记》（*Prickinas och Fabians äventyr*）时，托芙才刚满15岁。这部连环画中规中矩，符合传统，但又制作得相当专业。次年，她创作了连环画《飞上天堂的足球》（*Fotbollen som flög till Himlen*），那是一个节奏明快、紧张刺激的故事，简约的黑白线条描绘出的动作感十分强烈。三年后，她在斯德哥尔摩完成了艺术工业的学习，[13]并创作了下一部连环画作品。学校教育的效果能够从作品的专业性上体现出来。作品充满了细节，除了黑白线条，画面中还出现了很多深浅不一的灰色。

在接下来的几年，托芙对连环画创作明显不再感兴趣。她在阿黛浓学校学的是艺术绘画，也许那些学习经历使她远离了连环画的世界。

另一方面，连环画创作在经济上也没有什么吸引力。创作连环画的报酬远不如其他绘画工作。托芙停止了连环画创作，但之前所学的技能一直都在。

托芙的姆明系列图书启发了阿托斯。实际上也正是在阿托斯的提议下，托芙有了创作姆明连环画的想法。作为《新时代报》的主编，阿托斯可以从托芙那里，为其报纸的儿童角订制连环

姆明妈妈在画她的花园，《姆明爸爸与海》插图，1965 年

画。托芙以《姆明谷的彗星》为基础改编创作了连环画，名字也很简洁，就叫《姆明与世界末日》（*Mumintrollet och jordens undergång*）。但读者显然非常有限，因为姆明爸爸在连环画中阅读"保王派报纸"，这在读者中引起了很多不满，这类行为不适合面向工人阶级的报刊。连环画发表半年多后就停止了发行，不过还是成功发布了大约 26 集。阿托斯坚信，这些连环画应该在国际性的报刊上发表，为姆明连环画争取国际出版机会的想法由此诞生。

在《新时代报》之后，托芙曾写信给《赫尔辛基日报》或者《新芬兰》，自荐为他们创作，不过她已经不记得到底是哪一家报纸了。报社的人甚至都不愿意见她，还将她寄去的连环画样本材料弄丢了。直到姆明连环画在英国的《伦敦晚报》发表后，芬兰语媒体才开始对它产生兴趣。[14]

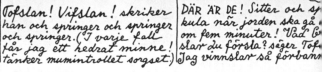

　　《姆明谷的彗星》和《魔法师的帽子》这两本书分别于 1950 年和 1951 年在英国和美国出版了英文版。姆明一族也因此在北欧以外的英语国家为读者所熟悉。英国对姆明一族的评价尤为积极。1952 年，英国的联合报业集团想要订制姆明主题的连环画。连环画的故事情节必须是连贯的，并且主要面向成人读者。他们希望通过姆明一族的连环画故事，使用讽刺的手法，调侃所谓的"文明世界"。托芙获得了一份为期七年的合同。合同内容看起来很不错，托芙非常高兴："一周只需要画六则连环画，然后再也不用绘制那些愚蠢的小插图，或者与麻烦的作家争论，抑或设计母亲节卡片……" [15]

　　托芙长期以来一直处于缺钱的状态。姆明故事书好评如潮，但带来的收入却很低。她或多或少地生活在债务的旋涡中，还在给埃娃的信中频繁提及银行债务、贷款偿还以及工作室的租金。稳定的收入无疑能够很大程

托芙为《新时代代报》绘制的连环画，日期不详

度缓解这种状态。她没能通过姆明故事书获得太多收入，也没卖出多少画作。插画工作的收入相当微薄，而工作室的开销却非常大。但她强调自己十分高兴，因为"出版社接受了我的书，而且它们受到人们的喜爱"。[16]

《伦敦晚报》提供的机会看上去非常好，托芙接受了，想象着她可以摆脱金钱的烦恼，能够专注于绘画创作。实际上她大错特错。联合报业集团邀请她去伦敦进行几天的谈判。"我把手边的一切工作都扔在一边，中断了北欧联合银行的壁画创作，虽然我承诺要在今年春天前完成它。"[17]托芙在伦敦度过了紧张忙碌的两周。每天都充满了各种兴奋刺激：见面，会议，晚餐，戏剧，新的面孔，新的语言，同时还得十分谨慎，需要时刻关注和维护自己的权益。这份合同保证了她人生的第一份固定收入。现在金钱对她来说十分重要，因为母亲西格妮即将退休。经济上的保障能给人带来幸福："每月月初去银行领取薪水，这感觉真的太安全太美妙了。你可能会觉得这听起来很滑稽，但我从来都没有过这样的经历，每个月竟然有那么多的钱可以花。"[18]

后来，出版商在伦敦对托芙进行了为期近一个月的培训。她必须很清楚，出版商对她有怎样的期待，以及有哪些禁区。托芙被赋予了相当大的创作自由，但也存在一些禁令。托芙用很幽默的语气描述了那些禁令，它们主要与性、死亡和政府有关。连环画中不允许出现色情内容，不过托芙认为，由于姆明的身材结构，想要描绘这样的场景反而相当困难。死亡可以提及，如果它发生在 18 世纪。这似乎并不是无法克服的困难。她的故事书中本来也没有太多涉及死亡的情节，她说自己在书中只写死过一只刺猬。连环画不能置喙当时的政治和王室事务，托芙本来也不想掺和这些。事实上，她向《伦敦晚报》明确表达了自己的要求："任何情况下都不要牵

《伦敦晚报》的姆明连环画草图

220

涉政治！那样会完全摧毁连环画中普适的人道主义观念，使连环画创作具有明显的企图，并剥夺我的工作乐趣。"[19]

　　禁令很少，但要求很多。必须创造紧张和兴奋。在一则连环画的三四张图中，必须迅速发生很多事。得有紧张刺激的氛围。人物得陷入棘手的困境，然后问题会在第二天的连环画中得到解决，紧接着必须再次创造新的故事。根据合同，这些故事都必须有个幸福的结局，角色最终要克服一切困难生存下来。任何生物都不能吃掉其他生物，即使它们可能那么想过。[20]

《伦敦晚报》的姆明连环画，20 世纪 50 年代中期

　　在这些连环画中，托芙再次使用了她那些书中的故事和基本主题。她在连环画中探讨了对她自己很重要的一些事情。在姆明连环画《姆明谷的俱乐部生活》中，她嘲讽了团体生活和加入团体的动机。例如，"弹弓之友"俱乐部的成员借由组织获得了某种道德权利，可以用弹弓随意射击无辜的人们。姆明爸爸则成立了另一个俱乐部，他们最重要的事情就是见面、享乐和佩戴俱乐部的标志，这样的活动相当自私。被排除在俱乐部之

外的姆明妈妈和姆明则被招募到了"盗贼"俱乐部。经过很多冒险之后，姆明妈妈和姆明受到了惩罚：他们必须在余生中成为所有俱乐部的积极成员。[21] 此外，托芙在《加姆》杂志上发表过的一些漫画在这些连环画中得到了新的呈现，只是这些话题现在由姆明角色来阐释。比如，对于第一次和最后一次恋爱的探讨与反思：第一次恋爱经常被误以为是最后一次，而最后一次恋爱又会被认为是第一次遇到真爱。[22]

连环画中的人物，大多是姆明书中那些熟悉的角色，不过也有新的角色诞生。这些连环画在发表五十多年后，还被整理成合集，以图书的形式出版，至今仍在不断再版印刷。它们的新鲜感和趣味性丝毫未减。托芙·扬松是第一位将连环画中不同画面间的分割线也画入故事的连环画家，这被认为是她对连环画创作史的贡献。[23]

最终确定的合同期限是七年。该合同于 1952 年签署。1954 年，连环画开始在当时世界上最受欢迎的晚间新闻报纸《伦敦晚报》上发表。版权方继续向其他国家出售版权。很快，连环画就在世界各地的许多报刊上相继发表。鼎盛时期，该连环画在四十多个国家发表，读者达到两千万左右。通过这样的方式，它最终也在芬兰语报刊《晚间新闻》找到了位置，很快瑞典语报刊《瓦萨日报》和《西新地周报》也开始发表。

1954 年，一名芬兰驻伦敦记者在《赫尔辛基日报》上对"小美系列连环画"的报道，很好地体现了芬兰语媒体对于托芙国际性成就的冷漠态度。[24] 那篇文章只提到了小美，显然作者以为，小美才是连环画中的唯一角色。文章开篇就描述了芬兰女艺术家创造的虚构人物如何引起"英国人的争论"，争论"它究竟是垃圾，还是一个聪明头脑创造出来的令人愉悦的消遣"。记者表示，托芙·扬松可能是为数不多的（如果不是唯一的）"受到外国媒体欢迎"的芬兰连环画家之一，不过他又赶紧补充道，在数以万计的连环画读者中，小美收到的并非只有赞美。该报道提到，至少有"一条用银线绣了小美图案的领带"被生产出来了。对于今天规模庞大的姆明衍生品生产来说，领带不过是一个很不起眼的开始。尽管这些是当时那个记者无法想象的，但很难找到比这些更刻薄的言语来贬低一位芬兰艺术家。这种态度甚至找不到任何原因。对于一个刚刚摆脱了战争和战争赔款的国家来说，本国在艺术和应用艺术方面取得的成就，对增强民族自尊心来说是一种上天的恩赐，但芬兰似乎无法对姆明连环画的成功感到自豪，甚至是高兴，至少起初是这样的。

1956年春天，斯托克曼百货大楼组织了一场盛大的姆明推广活动。芬兰语报纸《晚间新闻》就此发表了一页半篇幅的报道，附有很多图片，也有对托芙的采访。托芙在采访中说，姆明一族才是她真正的雇主。像往常一样，托芙也强调了自己是位艺术画家。记者评论了姆明一族的名气，并将它比喻成迅速扩散的流行病，这清晰地表明了芬兰人的冷漠态度：

> 想想看，在芬兰，一开始我们根本不想知道什么是姆明一族。[……]可能姆明一族对芬兰人来说太聪明了，我们只适合看王子和公主那样的故事设定，还有冷酷巫婆的可怕传说，以及那些传统的动物故事。即便是现在，当整个欧洲都在谈论姆明一族，到处都在看姆明书和连环画时，六本姆明书中芬兰语只出了两本——英语则出了六本，瑞典语和德语版本也一样。

该记者还报道了伦敦备受瞩目的"姆明周"，那里举行了各种活动。比如，街头有很多装饰着姆明的双层巴士，托芙·扬松在电视上展示如何画姆明。[25]英国的姆明庆典和游行显然是芬兰的斯托克曼百货大楼与瑞典

《伦敦晚报》姆明连环画宣传活动的广告车，1954 年

NK 百货大楼姆明推广活动的模板。

托芙变得非常有名——成了"整个欧洲的话题"，她的两千万读者再也无法被忽视。托芙当然也很享受自己的名气，虽然这名气不是来自她的艺术画作。在给她的英国联系人查尔斯·萨顿的信中，托芙承认道：

> 此外，亲爱的查尔斯，恭维和奉承确实是我一直以来所渴望的，尽管我一直梦想着它们是我的油画带来的。但无论人们喜欢的是我的静物画还是姆明一族，对我来说都一样，只要他们喜欢的是我创作的东西。[26]

但这种名声带来的成就感并没有持续多久，它对托芙而言更像是一种喜忧参半的东西。也许作为一个来自小国的女性，她发现自己很难成为国际名人。这可能有点类似于姆明世界中的尤克苏所说的，"出名是件最无聊的事。一开始它可能很有趣，但后来就感觉很平常，最后只会让人难受。就像骑旋转木马一样"。[27] 托芙反思过，承诺创作数量如此庞大的姆明连环画是不是一个正确的决定。这个决定改变了她的生活和事业，却带来了一个与她计划中完全不一样的结果。她原本以为连环画可以将她从各种不同的插画工作中解放出来，毕竟为不同的客户绘制截然不同的图画需要时间和精力。这样一对比，一周画六则连环画似乎不费什么力气。

绘制连环画的头两年充满了兴奋。但随着时间的推移，魅力变成了压力，工作似乎也变得没有多大意义。托芙发现，严格遵守时间表，不断想出新的创意非常困难。对她来说，这件事根本不像对于她笔下的那个没有志向的"懒散连环画家"那样容易："他的技巧如此高超，画作就像腹泻一样从他身上流出来。"[28] 作为一个认真、严格、目标明确的人，托芙非常焦虑，陷入无法按时完成任务的恐惧当中。想要平衡连环画创作、姆明产品设计、壁画绘制、其他画作创作、举办展览以及写作这些任务，显然是不可能的。她不想放弃任何一件事，最起码不是艺术绘画，因为她仍然认为自己是一名艺术画家。托芙的工作节奏非常快。对她来说最糟糕的还是缺乏个人生活，这一点她在给查尔斯·萨顿的信中也抱怨过。[29]

1979 年，托芙为《瑞典日报》撰写了一篇文章，记录了她的连环画家职业生涯。她的短篇小说《连环画家》中也有类似的文字，那篇短篇小说发表在 1978 年出版的短篇小说集《玩偶柜》（*Dockskåpet och andra berättelser*）中。它讲述了一位失踪的连环画家，他创造了"布拉比"这个角色。人们制造了这个角色形象的杏仁糖、蜡烛以及塑料制品，用它们来装饰窗帘和晨衣。此外，还有"布拉比宣传周"、慈善日演讲，以及与姆明一族周边产品相似的一切衍生品。小说中的连环画家对自己的连环画一丝不苟——不允许出现任何错误。他不懂得怎么说"不"，只是越来越疲惫，最后失踪了。种种迹象令人害怕，后来接替他工作的新连环画家找到了他，交谈时他却安慰对方说：

> 你只有七年的合同，你肯定有办法挺过去的。你不会上吊自杀……有个男人这么做了。他拥有里维埃拉别墅、游艇，一切的一切，然后他去上吊自杀了。这可能不是非常罕见，但他给其他连环画家写信，警告他们签订长期合同要当心。那封信存放在报社的秘密博物馆里……[30]

托芙在这篇短篇小说中，用十分绝望的笔触描绘了大型报业集团中连环画家的生活。那些压力显然是她亲身经历过的，她深有体会。托芙也是一个工作十分认真，甚至太过严格的人。她小心地检查自己的工作，不允许出现任何差错。围绕着姆明一族也开始有一系列活动、宣传推广和衍生品工业。她和她笔下那个不幸的布拉比创造者有很多相似之处。

现实与小说还以其他可怕的方式重合起来。托芙开始在报社工作时，被安排在一个属于她自己的小小角落里工作。在她之前，有另一位连环画家在那里工作过，但最后进了精神病院。然而，这些事情都是后来才告诉托芙的。[31] 七年合同期刚结束，托芙就立马提出终止合同，她那辉煌的连环画事业自然也随之终结。1959 年，她给英国雇主写了辞职信，解释了她与连环画、姆明一族以及艺术绘画创作之间的关系：

这段时间，我和姆明之间的关系，仿佛一段破旧的婚姻一般继续着。你一定早就意识到，我想要与他分开。你可能几年前就注意到，我已经厌倦了他。而现在，我更厌倦了。很久以前，我和指挥家迪安·迪克逊聊过这个话题，当时他对我说的话十分友好，但是也坦率得吓人。他说："你要小心，托芙。很快人们就会把你和那些想要成为艺术家的连环画家归为一类。"那时候我还是一个艺术家，创作姆明一族只是一种消遣，我仍然会努力每周日画一些静物画。现在我带着一种近乎愤怒的心情画着姆明连环画，而周日的时候我无措地站在自己的作品前，仿佛面对着一扇紧闭的大门……我再也不想画连环画了。我很抱歉。

　　如果托芙继续画连环画，她内心的艺术家就会死去，这是她不愿意接受的。她本身也厌倦了创作姆明连环画，因此这项工作必须终止。[32] 从一开始，拉尔斯就帮助托芙把连环画的文本从瑞典语翻译成英语，他已经对连环画的世界非常熟悉。最初的三年，托芙自己画连环画并为其配文字。后来她觉得自己的创意已经用完，很难再想出新的冒险故事，就开始和拉尔斯一起构思连环画的创意，但仍然自己绘制图画。[33] 当托芙表示想要停止时，拉尔斯希望能接手这个工作。他之前没有画画的经验，但现在在母亲的指导下开始刻苦练习。在托芙看来，拉尔斯最终在技术和艺术上都达到了惊人的高水平。[34] 报业集团也接受了他的连环画样稿。托芙也警告拉尔斯小心这个工作的繁重。1960 年拉尔斯得到了这项任务后，开始一个人进行连环画绘制和文字创作，这项工作持续了 15 年。1975 年，他也想要停止这项工作，因为他说自己连做梦都摆脱不掉姆明一族了。[35] 拉尔斯在绘图、对话以及故事创作方面都很有天赋。有些人认为他和他姐姐的水平不相上下，有些人甚至认为他更加出色。

托芙·扬松的连环画仿佛有着不朽的灵魂。它们的光辉从未退去，魅力也丝毫不减。相反，它们不断被重印再版，在一代代读者中传承下去。英国作家玛杰里·阿林厄姆曾在《伦敦晚报》发表的文章中探讨这些连环画的秘密："对此我唯一的解释就是，关键在于画作的质量［……］这些连环画里有着完美的线条，完美的简洁，没有一笔是多余的。" 36

托芙绘制的所有插图中都有着完美的线条，而在连环画中，这一点得到突出强调。她可以仅凭一些黑色的墨水线条，描绘逼真的动作，并捕捉细微的瞬间。她能用细如发丝的线条来刻画人物的表情。通过对眼睛虹膜的细小改变，她能够创造出从快乐到愤怒的各种情绪。姆明甚至都没有嘴巴。她在短篇小说《连环画家》中调侃了这项技能："惊喜、恐惧、迷恋等等，需要做的不过是稍稍改一改瞳孔，动一动眉毛，人们便认为这是一项了不起的技能。想想看，可以通过这么少的努力，收获那么多的回报……" 37 画笔要做的动作十分微小，它们能够传达什么却完全是另一回事。托芙显然对此十分清楚。

能将图画和文字天衣无缝地组合在一起是很难得的。世界上能同时掌握这两项技能的人不多。戈兰·希尔特认为，连环画创作是托芙·扬松所有才华中最具天赋的一面，因为图画和文字由同一位作者创作。连环画成功的前提是文字与图画相辅相成，达到整体大于部分之和的效果。文字结束之处，图片延续，反之亦然。

托芙了解连环画的重要性，也明白它能带来的潜在影响力。尽管如此，她还是无法继续连环画创作。多年后，托芙回忆起自己的连环画岁月时，仍然带着几近痛苦的沮丧感。那些她牺牲在连环画创作中的时间，似

Till Ulca!

Tove (avs.)

托芙用肉槌威胁姆明一族。绘于给薇薇卡的信封上，日期不详

乎剥夺了对她来说一切重要的事物。在那六年里，她"根本没有时间画油画、写书、见朋友，甚至一个人安静地独处"。[38] 她想要画画，想要做一名艺术家。不过，连环画永远解决了托芙缺钱的问题，现在她有资金来修缮自己的工作室。14 年来，她一直饱受严寒和冷风的折磨，现在她决定不再忍受这些。她将工作室进行了彻底翻修，更换了窗户，安装了电热暖气片和外墙隔热层。此外，她还在工作室建了一个大阁楼，它几乎是半个公寓大小的二层。[39]

第七章
孤独时连美丽贝壳也会黯然失色

人生伴侣图丽琪·皮耶蒂莱

20世纪50年代中期，除了有姆明连环画带来的疲惫，对她的个人生活来说，那也是一段至关重要的时期。托芙那段时间的信里充满了悲伤。造成这种低落的原因，除了连环画工作带来的疲惫和压力，还有孤独感。她仍然没有找到可以依靠的伴侣，让自己的人生真正安稳下来。托芙确实有很多好友，有约会对象，并且也有自己的家庭。这个小国的女同性恋圈子很小，而首都地区的语言少数群体的女同性恋圈子就更小了，托芙常常抱怨这一点。1955年，她遇见了图丽琪·皮耶蒂莱，她们早在阿黛浓学校时就听说过彼此。不过那时她们不在同一个班级，皮耶蒂莱比托芙晚几届，而且学校里讲瑞典语和芬兰语的学生一般只跟各自圈子里的人来往。托芙和薇薇卡是在巴黎旅行时偶然遇见了图丽琪·皮耶蒂莱，她们碰巧去了同一家夜总会。1955年，托芙和图丽琪的爱情在赫尔辛基开始，并且一直延续到她们生命的尽头，将近半个世纪。

在芬兰艺术家协会的圣诞晚会上，托芙邀请图丽琪跳舞，但图丽琪不敢接受，显然是觉得不合适。不过图丽琪后来给托芙寄了一张画着条纹猫咪的卡片，并邀请托芙去她位于诺登斯基厄尔德大街的工作室做客，那是

左图：在壁炉旁取暖。《姆明谷的冬天》草稿，水粉画

1956 年的冬天。紧接着，第二年夏天，托芙就邀请图丽琪到她在布雷德谢尔岛的家中做客。爱情的火苗由此点燃。托芙写道："我终于来到了那个人身边，那个我想要与之共度一生的人。"[1]图丽琪寄给托芙那张画着条纹猫咪的卡片，直到今天都还挂在托芙工作室的墙上。

几乎从第一次见面开始，在某种程度上就为这段爱情做好了准备。图丽琪第一次来访之后，托芙从岛上给她写信："我爱你，既深深着迷又无比冷静，我丝毫不害怕我们将要面对的任何事情。"图丽琪也表白了自己深深的爱意。[2]她们两人在外表和艺术创作方面有所不同，但人生经历和价值观十分相似。她们开始共同生活时，两个人都已经有了很多见识和人生经历，都是非常成熟的成年人，托芙当时已经超过 40 岁。几年后，托芙写信给埃娃说，"图蒂"是一个随和、开朗的朋友，和她在一起是自己遇到的最好的事情。[3]

恋人双方都是艺术家，这一点使她们的关系更加融洽。她们的兴趣爱好相似，两人都想要用自己的双手工作。图丽琪是木匠的女儿，托芙是雕塑家的女儿。图丽琪天生就对刀具使用和木雕十分擅长。托芙喜欢做体力活儿，最喜欢的就是建造房子和劈柴。据说，在阿托斯的考尼艾宁庄园时，托芙甚至还为邻居劈柴。[4]后来，这对恋人共同的爱好包括旅行、拍摄电影、制作姆明世界的玩偶装置和捕鱼。托芙期望的一段关系中两个人独立自主又互相支持、一起工作的梦想终于实现了。

托芙的生活在遇见图丽琪后发生了改变。1956 年夏天，托芙写信给薇薇卡，告诉她自己是多么平静和幸福，不再那么容易紧张了。她感到自己能够与世界和谐地相处，平静地等待图丽琪来到岛上。她的整个存在似乎非常轻松自在。[5]

随着连环画越来越受欢迎，崇拜者和记者也打破了岛上的安宁。为了获得宁静，托芙和图丽琪在远离海岸的一个小岛，准确地说是一块叫作克洛夫哈鲁的岛礁上，建造了自己的小屋。即便如此，偶尔还是会有不速之客找到那里。冬天的时候，两人在赫尔辛基各自的工作室里生活和工作。图丽琪·皮耶蒂莱设法在

图丽琪·皮耶蒂莱寄给托芙的画着条纹猫咪的卡片，1956 年

托芙的同一栋楼里租到了一间工作室。多年来，她们都是通过阁楼走廊去到对方工作室的。后来，房子里建造了阁楼公寓时，走廊被封了起来。

夏天，她们住在岛上的小房子里，通常只有彼此和海鸟作伴。她们通常在早春时就搬到岛上，在那里一直待到深秋。在图丽琪的陪伴下，托芙从严重的"姆明疲劳"中恢复过来，那种疲劳严重到她甚至可以"吐在姆明身上"。[6] 姆明谷这个令人放松的精神避难所已经变成了一种监狱。在图丽琪的支持下，托芙重拾对姆明谷的信心。姆明一族和姆明世界的故事也成了图丽琪的一个重要爱好。

托芙和图丽琪在精神上彼此接近，在生活中也越来越互补。有时，这种共生关系很难融入托芙和西格妮的共生生活中。母女俩习惯了经常待在一起，一起旅行。现在，图丽琪想与她的生活伴侣分享这些事情。西格妮和图丽琪都想要同样的东西，但不想要对方。托芙必须控制局势，并"公平公正"地处理与双方的关系，这样才不会上演重大的嫉妒戏码，因为嫉妒正是问题的关键所在。托芙苦恼地写道："我的天哪，女人有时候真的是难缠。"她也会轮流和她们出去旅行。显然这种认知有时候会被打破，正

托芙和图丽琪身穿西部化装舞会服饰，20 世纪五六十年代

如一切正常时托芙向薇薇卡报告的那样："图蒂和哈姆相处得很融洽。"[8]

《姆明谷的冬天》

托芙的《姆明谷的冬天》是一本关于爱以及爱上图丽琪·皮耶蒂莱的书。这本书在她们共同生活一年后出版。托芙感谢图丽琪·皮耶蒂莱促成了《姆明谷的冬天》这本书的诞生，并在 2000 年 3 月写道："我能够写出《姆明谷的冬天》这本书，完全要归功于图蒂。"正如书中讲述的那样，图丽琪教会了她理解冬天。托芙也表示想用这本书描绘"地狱般可怕的生活"，她指的是自己作为一名为报社工作的连环画家对截稿时间、版税和无法按时完成工作的担忧。[9] 创作《姆明谷的冬天》时，她仍然受《伦敦晚报》合同的束缚，过度劳累，还要面对公众和媒体的追逐。她哀叹自己永远没有独处的时刻，从未真正、彻底地独自一人。[10] 托芙渴望独处的空间。对她来说，就像对所有艺术家一样，只有在独处中才能诞生新的想法。

《姆明谷的冬天》与之前的姆明书有所不同。故事并非由一场灾难引发，姆明家庭也没有走散，而是在平静地冬眠。冬天，寒冷，冰天雪地，都是那样奇异而美妙。可怕的角色除了怪物格罗克，还有严寒仙女，她那美丽的绿眼睛会杀死所有直视这道目光的人。死亡来到了姆明谷。恐惧的元素无比真实，它们来自成人世界。《姆明谷的冬天》可以被认为是第一本更多面向成人而非儿童读者的姆明故事书。尽管如此，书中也有吸引儿童读者的充满紧张刺激的情节，孩子们也很喜欢它。

在故事的开头，姆明从冬眠中醒来。作为唯一醒来的人，他试图叫醒熟睡的母亲，却发现只是徒劳。带着好奇和沮丧，姆明走出家门，发现了一个意想不到的世界：冬天。这是姆明生活中一直以来神秘未知的一面，洁白而冰冷，连大海也结了冰。姆明在那里面临着最可怕的灾难——死亡。据说，

图迪琪拉手风琴。《姆明谷的冬天》草图，水粉画，1957 年

意识到生命的有限是成年的标志。如果是这样，姆明现在已经长大了。他正在一个陌生的世界里寻找自己的位置：

> "在我睡觉的时候，整个世界都死了。这世界属于另一个我不认识的什么人。也许属于怪物格罗克。这不是为姆明创造的地方。"他犹豫了一会儿，又觉得若是周围的人都在睡觉，自己却独自醒着，似乎就更糟了。于是，姆明用爪子开辟了第一条小路，穿过小桥，爬上了斜坡。[11]

成长需要接受恐惧、孤独和生活的不完美，甚至发现其中的美丽。姆明没有返回姆明屋，也没有尝试再次冬眠。他只是说："整个世界都在冬眠。我一个人醒着，无法再入睡。我独自徘徊数天、数周，直到我也变成雪堆，无人知晓。"[12]

姆明无比渴望身边有亲近的人陪伴，这种原始的悲伤占据了他的内心。之前姆明还是孩子的时候，姆明妈妈的智慧和她温暖的拥抱可以驱散他的悲伤。但现在没有姆明妈妈，也没有装着药物的神奇手提包治疗大大小小的悲伤。姆明十分孤独，他必须独自面对这一切。

尽管这本书讲述了失落、死亡，尤其是面对孤独的恐惧，但它也是一个关于寻找真爱的故事。姆明发现了新的脚印，他在雪地里匍匐向前，试图追上那个路过的人：

> "等一等！"他喊道，"不要丢下我！"他呜咽着在雪地里跌跌撞撞地前行。突然间，对黑暗和孤独的恐惧向他袭来。自从他在沉睡的房子里醒来，这种恐惧就一直潜伏在某个地方。但直到现在，他才敢

真正害怕起来……突然，他看到了一道光。尽管那只是一星微弱的光亮，那柔和的红色光芒却照亮了整个森林。

姆明在雪灯笼边找到了心爱的图迪琪，可以和她在这个陌生的新世界共同生活。图迪琪腰间佩戴着一把小刀，穿着红白相间的条纹上衣和蓝色长裤，头戴有帽檐的毛绒帽子，有点像漫画中的法国水手。她有着强壮而稍显魁梧的身材，头发是金黄色的。所有这些都是图丽琪·皮耶蒂莱也具备的特征。

睿智且现实的图迪琪懂得如何给姆明留下足够的精神空间，又不会试图过度保护他。这就是图迪琪支持姆明独立成长的方式。这种支持有时候甚至有些"残酷"。姆明惊恐地看到有人拿走姆明屋里的东西，图迪琪却高兴地说："这是件好事。你周围的东西太多了，还有你记得的东西，你梦想的东西。"[13] 图迪琪是个现实主义者，她对姆明也有很高的要求。"姆

姆明、图迪琪和雪灯笼。《姆明谷的冬天》插图，1957 年

明说：'我有一次说，这里曾长着苹果。'你却回答说：'可现在只有雪了。'难道你没有意识到我当时很低落吗？图迪琪耸了耸肩。'你必须自己去弄明白一切，独自克服所有困难。'"[14]

图迪琪歌唱那些无法理解或知晓的事物。她思考着北极光是什么——究竟是真实存在的，还是一种幻象。世界如此复杂，他们甚至对雪毫不了解："人们觉得它是冷的，但如果用它建造雪屋，屋子就很温暖。人们觉得它是白色的，但有时候它是红色的，有时是蓝色的。它可以非常柔软，有时候却坚硬得像石头。没有什么东西是确定的。"

他们就生活在这种不确定性之中。一向理智的图迪琪向姆明讲述了她对生活的态度："一切都非常不确定，而这正是我感到平静的原因。"[15] 这句话是本书的关键台词。它讲述了一种健康的成长方式及对其深刻的理解，即需要意识到周围世界一直在不断变化与转变。托芙在采访中一再提到这句话。她提得非常频繁，这句话显然是她人生哲学中的核心思想之一：接受持续的变化和不确定性。

《谁来安慰托夫勒？》

《姆明谷的冬天》出版的几年后，托芙第二本诗歌形式的绘本《谁来安慰托夫勒？》（1960）也出版了。这部作品曾长期使用《孤独托夫勒的浪漫故事》（*Den romantiska berättelsen om Det Ensamma Knyttet*）这个名字，后来改为不那么浪漫的书名。写作这本书时，托芙正处于从上一段辛苦的连环画创作中恢复过来的时期，时不时会感到彻底空虚。但她并没有让疲惫成为工作的阻碍，相反，她在写作的同时画画，举办艺术展览，并且参与戏剧创作。那是一段幸福的时间，因为新的艺术家生活已经开始，她也

姆明和图迪琪在森林里。《姆明谷的冬天》草图，水彩画

《谁来安慰托夫勒？》一书的内页，1960 年

找到了心爱的生活伴侣。这本书就是献给图丽琪的，出版后很快成了大家喜爱的作品。

　　这个故事是托芙为那些胆怯的、小小的图伊图写的，就像 1964 年她告诉布·卡尔佩兰的那样，她认为自己的书吸引的正是这样的孩子。就像托芙说的，她在图伊图这样的孩子身上看到了很多自己的影子，比如害羞、退缩和恐惧。不过托夫勒也是如此。托芙说，她曾经收到一个小男孩的来信，信中小男孩抱怨说自己总是被忽视。没有人真正注意过他，或者直视他的双眼。他对一切都感到害怕。小男孩在信中的署名是"托夫勒"。托芙认为，如果小男孩能找到并拯救图伊图这个比他更胆小的小家伙，他的自信心就能增强。[16]

　　这本绘本是为儿童创作的，是一本关于去爱以及接受爱的书。故事讲

On tienoo ähkä niin hilyainen ja musta
ja mörkö niin kuin vuon tuyottaa,
ja näinen maa on tiymä kammotusta,
kun kuustakin pois vämt putoaa.
Ja nyyte sanoi: helpyoa ei tule olemaan!
Tuo mörkö on niin kamala etten tuulluthaan!
No ensin hurja sotatanssi rohkeutta toi
ja sitten hampaat mörön hänttiin jotta kijunoi!
ja mörkö ällistyy ja puoksi nakoon yksi kaksi —
sitä tuttu kiymliin läpi näki nyytin voittajaksi,
tei niinen tuutun pelottelun ole vaakeaa,
ja tohduttelu, arvaathan, on vielä helpompaa

《谁来安慰托夫勒？》一书的内页，1960 年

述了对他人的渴望，以及对找到同伴的渴望。书中的托夫勒就像他的原型那样孤单又胆小。他在悲伤的思绪中徘徊，并且说："谁也不想独自一人，孤独时连美丽贝壳也会黯然失色。"[17]

海上的漂流瓶给托夫勒带来了图伊图写的信。于是，托夫勒有了想要保护的人。他的勇气增长，甚至敢挑战可怕的怪物格罗克，咬了她的尾巴。被吓了一跳的怪物格罗克害怕地逃走了。托夫勒的勇气得到了回报，爱情被点燃了。"图伊图向托夫勒张开了双臂，低声说道：忘记已成为过去的恐惧，所有的美丽都在我们面前。有一片从未见过的大海，有美丽的贝壳可以拾捡……"[18]

由于作者的性取向，她所创造的角色的性别以及角色间的互动，也比

一般作品更能引起学者和读者的兴趣。人们注意到，故事中勇敢的托夫勒是男性，而害羞胆怯的图伊图是女性，也就是说性别角色非常传统。男性强大有力并拯救女性。然而，根据第一版手稿，托夫勒本应该是个女孩，但出于某种原因，这个角色后来改成了男孩。[19]

这本书没有之前那本绘本的页面穿孔设计。从这层意义上说，它更简单。但这部作品仍然使用了大面积纯净而鲜艳的色块。书中的图片在色彩上非常接近当时的抽象艺术，尤其是具体主义流派，并符合其共同目标，即"保持在表面上"。物体的形状必须以二维形式呈现，不能通过阴影等手法构建三维形状。就像一般的具体主义作品那样，书中的插图通常是单色的，有着鲜明的边缘。通过强烈的色彩对比，画面呈现出动感。纯净明亮的单色表面和大胆的对比相得益彰。白色的轮廓使得图片像是被剪裁下来的碎片，在白色的背景上拼贴出来。这种类似剪纸技术的效果为书籍带来了紧张独特的氛围。

父亲去世

父亲维克托于 1958 年夏天去世。父女之间的关系经历了许多困难时期，但仍然得以维持。随着时间的推移，两人的关系逐渐缓和，他们重新发现了对彼此的爱。从托芙 1948 年写给埃娃的一封信中，也能感受到她对父亲温暖的理解。托芙在那封信中描述了她当时已经年迈的父亲，与他心爱的猴子一起坐在甘布林餐厅里喝着威士忌的场景。[20] 这只猴子是一个重要的存在，它凝聚着家庭内部的很多情感。父亲、猴子以及他们真实的餐厅经历，是托芙的短篇小说《猴子》的原型。故事讲述了一个男人和他的猴子的故事，托芙生动地描绘了动物的狂躁行为和餐厅员工的绝望。[21]

维克托、猴子和糖块

此外，父亲和猴子也是《雕塑家的女儿》这部短篇集中《宠物与太太》与《红狗》的主要角色。

这只名叫"杰基"的猴子是托芙和两个弟弟意外得到的。战后，人们习惯在公告中列出他们想要与别人交换的东西，例如黄油或土豆之类的。扬松家的孩子注意到，公告上有人想要用猴子交换物品。姐弟三个误以为"猴子"指的是他们正在寻找的一种被称为"猴子"的船帆。但实际上，那就是一只真正的小猴子。猴子见到他们后，立马就跳到弟弟拉尔斯的怀中，满意地坐在那里。"我们不得不带走它，因为它想跟我们一起走。"他们没有得到船帆，却得到了一个新的家庭成员。[22] 托芙说，整个家庭的行为举止很快变得和猴子一般——挥舞着手臂，喋喋不休，上蹿下跳……[23]

这只猴子的笼子最开始放在托芙的工作室中。维克托喜欢这个小动物，正如佩尔·奥洛夫说的那样，比起自己的孩子，父亲维克托更容易对猴子表达爱和温柔。[24] 托芙在《雕塑家的女儿》中也提到了这一点："父亲喜爱所有的动物，因为它们不会顶嘴。他最喜欢毛茸茸的动物。这些动物也爱他，因为它们知道自己可以为所欲为。"[25] 姐弟三个把猴子送给了父亲，他们都不想要它。这个小家伙很难对付，身上散发着难闻的气味，会把周围的环境都弄得臭烘烘的。它很不温顺，会咬陌生人，主导着所有人的生活。然而，对于维克托来说它却很可爱。佩尔·奥洛夫拍过一张照片，照片中猴子正试图从父亲嘴里抢走一块糖。后来，佩尔·奥洛夫认为，这张照片可能对托芙伤害很大，因为从照片中可以清楚地看到，父亲有多么宠爱这个顽劣又捉摸不透的小动物。父亲给了猴子很多的爱和关注，而那正是女儿渴望已久的。[26] 在另一个故事中，托芙讲述了一个小女孩对猴子的嫉妒。那个小女孩就是她自己，尽管在现实生活中，猴子成为家庭一员时，托芙已经是个成年人。[27]

《雕塑家的女儿》一书于 1968 年出版。它部分基于托芙·扬松自己的童年经历。这本书出版时，她已经不仅仅是父亲的女儿——她已经建立了自己的事业，并且获得了比父亲一生都要多很多的声誉。这本书的名字表达了她对父亲的爱，就是那个去世后，仍然在成年子女的生活中占据重要地位的男人。父亲一直是托芙在艺术方面最伟大、最长久的权威。她从来没有停止过对父亲艺术的崇拜，并且始终将父亲创作的大大小小的雕塑摆放在身边。父亲就是以这样的方式，一直在女儿的日常生活中占据着重要的地位。女儿从父亲那里获得了很多，但也有很多是托芙为了自己而必须摆脱掉的。这个过程对于每一个拥有强大父母的孩子来说都是必经之路。[28]

父女之间关系缓和起来的原因，似乎也与双方都不再有精力向对方大发脾气有关。他们住在不同的地方，而且最重要的是随着年岁的增长，双方都平静了下来。父亲关心家人的幸福，正如托芙所写的那样，他负责保证岛上有足够的饮品。父亲购买甜味烈酒，并且在夏季漫长的几个月里，煮自酿酒供所有人饮用。[29]维克托为女儿的成就感到自豪。1957 年，托芙带着父亲母亲一起参加了斯德哥尔摩一家百货公司的姆明日活动。同样引以为傲的母亲开玩笑地对托芙说："法范现在肯定像打鸣的公鸡那样神气，四处向别人问好。"[30]

尽管托芙与父亲的关系经常闹得很僵，但在父亲去世后，她才意识到，虽然总是有争吵和分歧，但她对父亲的爱深沉得可怕。[31]很久以后，在 1989 年，托芙写了一段想象中的对话，描述了她的父亲维克托。在那段对话中，很像托芙本人的玛丽和很像图丽琪的乔娜聊起了玛丽的父亲。乔娜问道："你崇拜他吗？""当然。但对他来说，做一个父亲并不容易。"玛丽答道。[32]

维克托的去世改变了整个家庭关系。特别是西格妮的生活发生了变化，但孩子们，尤其是托芙和拉尔斯的生活也发生了改变。西格妮不得不离开拉卢卡艺术家之家，因为这个工作室是专门租给雕塑家维克托·扬松的，主租户去世后，遗孀和孩子们就不能继续住在那里了。他们必须将住处的物品打包搬走，找到新的住所。西格妮搬到了拉尔斯在内翠路的住处，离托芙的工作室也非常近。周末的时候，西格妮基本上都在托芙那里。父亲去世后，托芙惊讶地发现，父亲对母亲的意义多么重大。托芙一生都希望能把母亲从父亲的束缚中解救出来。她曾计划带母亲移民，搬到一个更好的世界，至少是一个充满色彩和温暖的地方，远离男人不断提出的各种要求。托芙写信给图丽琪说："哈姆的日子非常难过……他们对彼此的爱一定比我理解的要深很多。"[33]

第八章
回归艺术绘画

这位大胆的自然主义者是谁？

托芙和埃娃·科尼科夫已经通信20多年。多年过去了，信件的数量逐渐变少，语言有时候也换成了英语。1961年的圣诞前夜，托芙给埃娃写信，回忆起她们共同经历的一切。信中有些地方语气相当悲伤：许多他们共同的朋友已经去世，还有许多人退出了托芙的生活。字里行间透露着忧郁的气息，有时内容本身也很伤感。托芙敬爱的家庭医生、顾问和朋友拉斐尔·戈尔丁已经去世。托芙与萨姆·万尼之间也不再联系。萨姆离婚后再婚，且有了一个儿子，托芙记得他的名字可能是米卡埃尔或丹尼尔，但事实上是米科。"我和萨姆已经不再见面。"托芙伤感地写道。她也很久没有见过塔皮奥。阿托斯也几乎在她的生活中消失，不过他们偶尔会在街头相遇。"他仍然有着往日的光彩和魅力，只是现在已经头发花白，还学会了倾听。"[1]她偶尔会和萨姆·万尼的前妻马娅见面。马娅是一名翻译，住在托佩柳斯街道，托芙觉得她很孤独。

托芙在信中描述了家庭的氛围。圣诞前夜平静而美好——茵比准备圣诞晚餐，西格妮在睡觉，拉尔斯和他的妻子妮塔也在这边。托芙逗着她的黑猫普西普西娜，这个名字是希腊语，意思是"猫"。她说冬天只有黑白

托芙和她的黑猫普西普西娜

两色的那几个月里，她正在为即将完成的姆明书《看不见的孩子》绘制插图，那本书在次年年初就出版了。自维克托去世后，西格妮与拉尔斯一起住在内翠路。现在拉尔斯结婚了，和怀孕的妻子妮塔住在梅里街道上。托芙非常担心母亲。西格妮快 80 岁了，偶尔还会生病。[2] 她仍然住在内翠路那边，托芙的某任前女友和她住在一起，确保她的安全。[3]

托芙在信中回忆起自己作为连环画家的岁月、那段时光的可怕，以及最终摆脱工作的欣慰。回过头来看，那段时间好像是"一场长达七年的牙痛"，工作则像"一段破旧的婚姻"。在连环画创作的后期，她已经无法从中获得任何工作的乐趣。[4]

在结束连环画创作生涯之后，托芙下决心回归她生命中最重要的事——艺术绘画。她为自由感到愉悦，筹划着新的生活。终于，她可以做自己一直想做的事情，重返被搁置的艺术生涯。与此同时，她对未来感到担忧和紧张："经过一段相当长的休息时间，现在重新开始非常困难。我已经失去了从前工作的感觉，也没有新的方向。再也没有人接受我当画家。我只是著名的姆明之母，其他什么都不是。这段时间很艰难。我想重新开始总是很困难的。"[5]

现在，多亏了连环画，她有了财富，不需要再时刻为债务和租金担忧。更重要的是，她有了坚强的支持者图丽琪·皮耶蒂莱，图丽琪本身也是一位艺术家，她完全理解艺术创作中的困扰和来自外界的压力。

重新开始非常困难，尤其是放弃了备受赞誉的事业和两千万读者的喜爱，而且是自愿放弃的。托芙的选择并不是为了追求荣誉和名声，绘画显然不能像之前事业那样带来荣耀与辉煌。托芙就像一个杂耍艺人，曾试图努力把所有球都抛得非常漂亮，但如今已经不可能。现在她有意识地放下了最受称赞、最有价值且最受追捧的那个"球"——连环画，并把节省下来的精力专注于最不受重视的事业领域：艺术绘画。

在经过漫长的停顿后，托芙觉得自己重新滑落回了起点，在艺术绘画的世界中，她像一个无助的初学者。最残酷的是其他艺术家对她连环画作品的批判：

> 那时有一种观念十分盛行，认为艺术绘画是高雅的，但如果画连环画，就是把灵魂出卖给了商业利益。我无法理解，真的有人会打电话给我，说我出卖了自己的灵魂。最后我不得不从电话簿上删除了自己的电话号码。不过，我父亲对我的连环画十分自豪，他甚至把它们带到甘布林餐厅，向他的朋友展示。[6]

也许这些指责更加坚定了托芙要成为艺术画家的梦想，并激发了她展示自己绘画的愿望。也许她也以类似的方式看待艺术和平面艺术之间的等级关系。她毅然决然地回归艺术绘画的领域，并全身心投入其中。1960 年 4 月，托芙在笔记中写道，在最初的四个月里，自己创作的作品就达到了过去十年的总和。[7]

似乎是为了强调自己新的生活阶段，托芙开始在作品中用"扬松"来署名，不再用"托芙"。作为作家，她的两个名字都为人们所熟知。或许仅仅使用姓氏在她看来更加成熟，为她的作品赋予了稳重和庄严感。又或许，她想要传递的是，她现在是另一个创作者——更成熟、目标更明确、经验更丰富的画家。

1959 年，在跨入新生活的门槛时，托芙创作了一幅自画像，并将其命名为《初学者》。画中她穿着日常的运动风格的羊毛衫和长裤，倚靠着那把她经常画的心爱的维也纳椅子。自画像表情沉静而坚决，目光投向画架。作品着重于核心主题的展现，减少了细节。

20 世纪 50 年代末 60 年代初，抽象艺术的非形式主义流派开始在芬兰占主导地位。它带来了一种早已遗失的，大家苦苦寻觅且渴望已久的感觉。非形式主义流派是欧洲最新的艺术潮流，如同"热刀切入黄油一般"，深受芬兰艺术家的喜爱。作品的构图和形式被打破，色彩的数量也有所减少。一些坚决反对抽象艺术的评论家，如埃伊纳里·韦赫马斯，也表现出了浓厚的兴趣。环境的压力也使得一些最初强烈反对非形式主义的艺术家改变立场。萨姆·万尼也受到了影响，他的绘画在几年时间里失去了一部分严谨的结构性，色彩的丰富性也减少了。

1961 年在阿黛浓博物馆举办的阿尔斯艺术展览是一场盛大的非形式主义盛宴，也是芬兰自己举办的首批重要的国际展览之一。展览中的许多作品代表了纯粹的非形式主义风格。奥拉维·胡尔梅林塔在芬兰第二大日报《新芬兰》上发表的一幅漫画，很好地揭示了非形式主义兴起带来的势不可当的压力。该漫画描绘了在艺术家协会年度展览中，大多数作品都是大型的非形式主义绘画。其中仅有一幅自然主义静物画，这引起了当时被称为"极端激进派"的年轻人的注意和震惊，漫画中的文字是他的疑问："这位大胆的自然主义者是谁？"[8]

托芙选了一幅灰色调的静物画参加了这个在艺术大厅举办的年度展览。那个"大胆的自然主义者"，很可能就是托芙。在那次年度展览中，她那幅具象风格的画作与其他作品有着明显的差异，因此被单独挂起来。其他的所有画作都是抽象风格的，正如胡尔梅林塔的漫画所示，主要是非形式主义风格的作品。托芙的作品被单独悬挂在一间小小的平面艺术展览室中，尽管这幅作品的尺寸在里面显得有点太大了。托芙描述了看到那幅讽刺她作品的漫画时内心的感受："其他所有人都是抽象派的，而我只是画了桌上那些该死的瓶瓶罐罐。我不知道应该感到受宠若惊，还是尴尬……"[9]

从众的压力很大，托芙也渐渐屈服于抽象主义，她的画作主题也开始抽象化。她在短篇小说《八十岁生日》中描述了那段时期的氛围。小说不是自传性质的，但它显然反映了托芙自己和许多艺术家同行当时承受的时代压力。小说中祖母的形象很大程度上应该是根据托芙自己的人生经历塑造的。

你知道吗，那时候非形式主义非常流行，无处不在，所有人都得按照同样的方式画画。她看向我，发现我并不知道，于是她开口解释道："非形式主义大概就是画一些看不出来是什么的画作，画中只有一些颜色。那时候，一些老牌的优秀艺术家也躲在自己的工作室中，试图像那些年轻人一样作画。他们很害怕，希望能够跟上潮流。有些人勉强应付过去，而有些人完全迷失了方向，再也找不到正确的道路。但你的祖母坚持了自己的风格，当一切风潮都过去时，她还保持不变。她很勇敢，或者说有些固执。"

我小心翼翼地说："但也许她只是除了自己的方式，不会用其他方式作画呢？"[10]

祖母究竟是勇敢固执，还是只是因为不擅长以其他方式作画？在研究托芙的艺术绘画时，我们也可以提出同样的问题。放弃自己学到的一切，改变价值观，抛弃自己的原则，这些都是非常困难的，哪怕周围的人都这样做。但对于一个艺术家来说，被排除在最热烈的艺术前沿之外，感觉自己落后于时代的发展、远离亲密的艺术家同伴，同样也是无比悲哀的。托芙的绘本《然后，会发生什么呢？》和《谁来安慰托夫勒？》很好地证明了她并不缺乏对色彩和形式的意识，对形状也有着高超的掌控和深刻的理解。她有天赋和条件成为芬兰一流的抽象派画家。

勤奋的画家

托芙非常勤奋，她在整个20世纪60年代举办了好几场个人展览，尽管外部压力很大，她自己的艺术道路也并不明朗。托芙回归艺术画家道路的决心非常明确，她对此非常认真，比任何时候都更加坚定。1960年她就在赫尔辛基举办了个人展览。她没有选择熟悉而安全的贝克希斯艺术沙龙，而是在成立时间只有几年的平克斯画廊举办了展览。这个画廊是年轻艺术家的热门展览场所。画展场所的更换可以被视为一种刻意的信号，表达了托芙渴望融入现代主义者的行列。两年后，她在赫尔辛基再次举办了个人展览，这次是在菲尼斯特拉画廊。她得到的评价很中肯，但并非全是赞美。比如，这些评论指出作品中存在着不确定性，艺术家仍然在寻找自己的风格。[11] 类似的平淡评价也出现在后来的几次展览中。次年，托芙在坦佩雷的胡桑画廊举办了展览。后来，托芙又两次在平克斯画廊举办个展，分别是 1966 年和 1969 年。1969 年，托芙与图丽琪·皮耶蒂莱一起，在于韦斯屈莱的阿尔瓦尔·阿尔托博物馆举办了联合展览。在不到十年的时间里，托芙举办了五次个人展览和一次联合展览。这是相当艰巨的努力，也是力量的展示。

托芙在传统的具象艺术中停留了相当长的时间，但逐渐开始对自己的绘画进行抽象化处理。她在 1960 年完成的《两把椅子》仍然带有具象风格，但背景已经高度简化。画中有两把线条柔和、部分相互重叠的椅子，它们和她自己工作室里的椅子很像。托芙画作的抽象化程度慢慢增强，她转变到抽象主义风格的路径，与当时很多芬兰艺术家十分相似——通过缓慢地一点点减少主题来实现。她的第一批抽象主义作品诞生，比萨姆·万尼等人晚了大约十年，但托芙并不是完全只追求新潮流的人。她的很多作品色彩鲜艳，尺寸也增大了。然而，在那些作品中由色彩构成的几乎完全抽象的背景上上，总会有一些可以辨识的物品。比如，在她之前作品中频繁出现的维也纳椅子，也出现在了 1968 年的作品《椅子》中。托芙这个时期的作品非常华丽，笔触强劲有力，符合当时的非形式主义艺术特点。托芙经常会为这些抽象作品选用一些比较具体的名字，例如《裂缝》（1965），《斗鸡》（1966），《芬兰堡》（1967），《风筝》（1968），《决定》（1969）等。这些名字会引导观众在作品中寻找一些可能根本不存在的叙事。

《椅子》，油画，1968 年

托芙经常会选择一些本身就很抽象的主题，这样尽管它们是以自然主义的方式创作的，最终的作品看起来却很抽象。她在这些作品中通常发挥得最好。例如《风暴》（1963）和《飓风》（1968）就属于这种类型。托芙最喜欢的主题是风景，尤其是大海及其各种形态。1962 年的作品《海浪》是对汹涌大海与惊涛巨浪的壮丽描绘，《八级大风》（1966）则用满幅充满力量感的图案，直观地再现了狂风中翻涌的海面。《破碎》（1965）则生动地刻画出灰白色岛屿与海洋和深色天空的强烈对比。

尽管托芙决定全身心投入艺术绘画当中，但她无法只专心于此。她仍然完成了大量的插图工作，并继续姆明故事和其他书籍的写作。瑞典人非常欣赏托芙的插图，并期望她创作更多姆明一族之外的作品。20 世纪 50 年代末，她为刘易斯·卡罗尔的《猎鲨记》绘制了插图，几年后又为 J.R.R. 托尔金的《霍比特人》创作了插图。之后很快就收到刘易斯·卡罗尔的著名作品《爱丽丝漫游奇境记》的插画创作邀请，这是一项具有挑战性且十分重要的任务。然后，在下一个十年的开端，她又为芬兰出版商绘制了托尔金的《霍比特人》的芬兰语译本插图。这些任务很有挑战性，也占用了很多她用来创作艺术绘画的时间。托芙似乎并没有必须去做这些工作的理由，因为彼时她应该已经不受金钱问题困扰了。托芙是不是已经习惯了巨大的工作负荷，所以在没必要的情况下，也要给自己增加负担？还是说，她只是根本不懂得拒绝？这些工作本身具备的吸引力确实是独一无二的，或许她只是单纯地很想做这些工作。托芙创作的插图独具个人风格，也很精美，但并没有获得辉煌的赞誉。人们对于经典作品已经有了自己的固定印象，很难接受新的版本。有些插图和姆明世界的风格十分相似，但并没有达到同样的多维度水准。

　　各种广播和电视节目，姆明书籍的翻译、修订和新封面的制作，以及

《岩石》，油画，20 世纪 60 年代

《破碎》，油画，1965 年

《八级大风》，油画，1966 年

迅速壮大的姆明产业，这些占据了托
芙的大部分时间。写作再次变得重要
起来，也许正是写作这件事最终取代
了绘画艺术。她接下来的展览都是回
顾性的纪念展，展现了一位享有国际
声誉的艺术家和作家，尤其是备受喜
爱的姆明一族的创作者。然而，即使
到了1969年，托芙在瑞典的一次姆
明一族相关采访中强调，自己本质上
是一位艺术画家。[12]

《爱丽丝漫游奇境记》插图草稿，1966 年

　　艺术画家的职业梦想似乎在 20 世纪 70 年代初就开始枯萎，上一个十
年里活跃的展览活动也结束了。当托芙决定专注于艺术绘画时，她显然不
愿意放弃除了连环画以外的任何事物。在国际广泛传播的姆明电视剧使她
成为世界知名人物。随之而来的姆明产业每年都占据着她越来越多的时间
和精力。她没有时间专注于绘画艺术，而时间的不足和由此引起的注意力
难以集中的问题，也使绘画失去了基础。她也越来越多地通过姆明世界被
人们所认识，就像某个非常贴切的标题所说的："姆明之母首先是一位艺术
画家。"[13]

　　然而，托芙无比渴望能成为一名艺术画家，并认为画家的身份对自己
来说最为宝贵。那么，为什么她没有对它投入足够的时间和精力呢？对于
一个拥有众多天赋的人来说，做选择可能很困难。关于这一点，她的最后
一部小说或许能给出一些线索：

　　　　我可以写一个可怕的故事，讲述一个人总是不得不做出选择，先

找到某个人，并在某个早晨让他突然意识到，他注定要不停做出选择，在他生命的每一刻。而他永远无法确定，自己是否做出了正确的选择。[14]

托芙在艺术家圈子中很拘谨，并经常抱怨自己在他们中间感到不安。显然，她对自己的作品和它们获得的认可感到不确定。在那个当时仍以男性为主导的圈子里，女性艺术家要保持自尊并不容易。与视觉艺术家相比，托芙更喜欢与作家和戏剧从业者相处。她在芬兰艺术家协会的活动中常感到很不自在。决定重新成为艺术画家时，她曾试图努力摆脱这些感受，并向薇薇卡写信描述了她尝试适应艺术家社交圈子的经历：

> 有时我去艺术家协会，只为摆脱我的恐惧，我发现自己不再害怕他们，他们再也不能伤害我的感受。如果我继续参加这些活动，一段时间后我甚至也许会开始喜欢他们。就该是这样的，这就是和同行见面的意义。[15]

对托芙来说，成为第二名或者相对更差的人，或许比做一个普通人更加困难。她在创作生涯末期的一篇散文中写道："我最害怕的——是成为一个差劲的失败者，成为第二优秀的人……"[16] 她在那场巨大变革中，仅处于追随者的角色，获得了相当不错但并不耀眼的评价，这一点无疑减弱了她对绘画创作的热情。尤其是考虑到天平的另一边，是她作为作家和连环画家取得的辉煌成就。

右图：《看不见的孩子》封面草图，水粉，1962 年

下页图：《谢尔岛图》，油画，1960 年

TOVE JANSSON

第九章
写给孩子和关于孩子的书

《看不见的孩子》——写给孩子的短篇故事

七年紧张的连环画创作和勤奋的艺术绘画阶段没有在托芙的文学创作中留下任何痕迹。英国报业集团订购的连环画是专门面向成人读者的。托芙在连环画工作之前和之后创作的姆明故事书在风格上有着明显差异。最初的几本姆明书充满了紧张刺激和大冒险，后来创作的姆明书则更多聚焦在人物关系，还有各种悲欢场景中人物内心世界的戏剧冲突。

重拾写作起初十分艰难。托芙沮丧地思考着自己的处境，感到自己完全空虚。她觉得自己似乎无话可说。连环画对于任何形式的写作都是"致命的"。她认为连环画对她的绘画也产生了同样的影响。正是连环画导致了她生命力的衰退，她感到美好、丰富和生活的快乐已经离她而去——这些曾经是她艺术的核心。现在什么都没有剩下，而空虚也无法被描绘。[1]

托芙在信中向埃娃倾诉了自己的心声，她自我贬低地说，自己一直以来将为儿童写作这件事当作"天真幼稚的发泄口"。现在儿童世界和从那里产生的故事灵感似乎已经枯竭。她想要为成人写作，但新事物使人犹豫担忧，她对自己的能力也有所怀疑。尽管害怕，但它仍然具有很大的吸引力。托芙安慰自己道，即使自己没有能力给成人写作，她总能为他们绘制插图。

左图：托芙和松鼠

写作具有更大的不确定性，但也许正是这种挑战激励了她如此选择。

尽管托芙开始为成人写作，但通往姆明世界的大门尚未关闭，仍然有一些新的姆明故事诞生，比如《看不见的孩子》《姆明爸爸与海》，以及《十一月的姆明谷》。它们甚至可以说是最优秀的姆明书籍，既是为儿童创作的，也同样适合成年人阅读。

《看不见的孩子》是一本完全不同的姆明书，它不是连续的冒险故事，甚至不是一个长故事。正如托芙自己说的那样，它是一本"儿童短篇故事集"。这本书对她来说很重要，她不想在书稿没有达到足够好的时候将它交给出版商。她在给薇薇卡的信中，请求对方和自己一起讨论这本书的手稿，并称这些文字可以"躺在那里等上好几年"。同时，她也感谢了这位

《看不见的孩子》封面草图，水粉和墨水

好友在本书的文字和创意方面给予的巨大帮助。[3]

《看不见的孩子》是一本充满智慧的书，其中的紧张氛围源于角色之间的关系、其个性特点，以及由此带来的冲突。一切都以强烈的心理描写方式呈现。这本书主要是为成年人而写的，不过熟悉的角色对儿童读者也很有吸引力。与本书同名的那个故事成了儿童成长故事的经典之作。它描绘了冷漠和讽刺如何残酷地摧毁脆弱的自我。如果孩子没有得到爱，他们就无法成长。他们必须感到足够安全，才会敢于生气，或者用小美的话来说，"才能学会斗争"。[4]

故事中那个看不见的孩子后来一点点地显露出来。最后，在她终于敢于表达愤怒情绪时，才开始拥有自己的面庞。在这个面庞逐渐显现、人物逐渐成长的过程中，图迪琪和姆明妈妈是重要的帮助者——她们的原型正是托芙生命中最亲密、最重要的人。"看不见的孩子"这个形象有很多作者自己的影子。她在笔记中写道，她希望有一天也能找到自己的面容，"就像看不见的孩子一样，我也学会生气，并表现出来。一开始，我可能会表现得过度了，所以我需要一些独处的空间。希望我自己也能逐渐长出自己的面庞"。[5]

必须学会生气，表达自己的愤怒。[6]对于托芙来说，表现出攻击性一直很困难。然而，她并没有摆脱消极的情绪，反而觉得这种敌意某种程度上潜藏在自己内心深处。她抱怨说，她很难控制自己的情绪，而且愤怒的情绪可能会在错误

《看不见的孩子》插图草图，墨水

的时机和场合突然爆发。[7]

　　抑郁也是托芙反复提到的自己害怕的情绪状态，有时会带走她的工作能力。扬松家的其他成员也受到抑郁症的困扰。尤其是最年幼的弟弟拉尔斯，他在经历严重的抑郁时，也让托芙非常担心。托芙在短篇故事《相信灾难的菲利琼克》中，曾敏锐地描写了抑郁症的状态。这则故事生动地塑造了菲利琼克这个形象，她的生活一直处在对各种自然灾难的恐惧中：旋风、台风、水柱、龙卷风、飓风，沙尘暴，或者大洪水。菲利琼克非常确信，生活还会变得更加糟糕，不可避免的威胁笼罩着她的生活。只有那些深切经历过抑郁的人，才能如此完美地描述它的状态：“无法向它祷告，无法与它对话，无法向它提问，也无法理解它。它出没于黑色的空格子后，远在道路尽头，远在大海深处，不断生长，不断壮大，却瞧也瞧不见，直至留意到它的存在时，一切都晚了。”[8]

《姆明爸爸与海》——核心家庭的危机

　　1965 年出版的《姆明爸爸与海》，正如书名所示，讲述了大海、岛屿和姆明爸爸的故事。但最重要的是，它是一本关于维克托·扬松的书，无论好还是坏。这本书是献给“某位父亲”的——显然指的是 1958 年去世的维克托。托芙写道，如果不是怕显得太过伤感，她本可以直接把它献给自己的父亲。[9] 在书中，姆明爸爸想成为一个“真正的男人”，在没有征求家人意见的情况下，就决定搬到灯塔岛上。

　　这个带着回忆色彩的故事深沉而忧郁。托芙在西班牙伊维萨岛和葡萄牙之行后写下了它，这些旅行某种程度上解开了她的一些心结，使她能够重获一些工作的精力和热情。[10] 尽管如此，这本书的诞生并不容易。按照

右图：《姆明爸爸与海》封面草图，水粉画

Tove Jansson

她的惯例，她请薇薇卡来阅读这本书，也不着急，因为"我打算与它死磕到底，直到我知道它经得起考验为止"。[11] 这本书讲述了父亲内心的渴望，但也讲述了对父亲的思念，女儿的悲伤以及试图唤醒那些逝去的时光，尤其是与父亲相关的记忆。

在完成手稿后，托芙请她非常敬重的朋友——住在乌普萨拉的《词与图》文学杂志的主编拉尔斯·贝克斯特伦来阅读。他的意见对托芙来说很重要，因为她很担心这本书："顺便提一下，我想知道自己是否成功保留了姆明一族积极的一面，尽管我把他们赶出了幸福的山谷，还赋予他们一些前所未有的困难、孤独和忧郁，以及完美家庭的内部矛盾。"[12]

显然，这位备受尊敬的朋友的答复宽慰了托芙，托芙向他解释了自己巨大的不确定性："我可能与这个故事的写作以及故事本身纠缠了很久，因为它是我自己内心黑暗情绪的凝结。这个故事建立在我对几年前去世的雕塑家父亲的思念之上。"[13]

这本书出版几年后，在《雕塑家的女儿》出版时，拉尔斯·贝克斯特伦遵循当时新左派和政治重新评估的精神，写了有关姆明一族的文章。他指出，姆明世界只能在上层阶级的边缘群体中存在。当时一些持有左派观点的作家也指责姆明逃避现实、消极内向、具有资产阶级性质。这些批评可能对托芙后来的文学选择产生了深远的影响，尤其影响了姆明系列书籍的命运。

托芙给拉尔斯·贝克斯特伦的一封信，揭示了她对待这些批评的态度，以及这些负面批评产生的意外影响。托芙在信中感谢了他的想法，甚至表示自己认为他是对的：

> 这些小精怪尽管带着所有轻快友好的特质，但其实都是相当傲慢

《姆明爸爸与海》封面草图，水彩画

的上层阶级代表。在它们的上空，弥漫着一种隐秘而残酷的冷漠。它们以一种无意识而可爱的方式利用着人和事。事实上，它们有着令人难以容忍的自足。我很高兴你将它们看穿——我自己也怀疑它们很久了。尽管我无法改变它们，也不想那么做。[14]

《姆明爸爸与海》是最后一本以姆明一家为叙事视角的姆明书。这是否受到当时新左派的批评及其对姆明世界所存质疑的影响，仍然只能是一种猜测，但显然不会是唯一的原因。

在私人层面上，这本书讲述了关于父亲和海洋的故事。托芙经常提及她的父亲喜欢灾难、风暴，甚至火灾，因为这些能让他兴奋。平凡的生活太过无聊和单调，他只觉厌倦。对于灾难的热情是父亲和女儿共同的特点。激烈的自然力量会使两人兴奋不已——他们几乎就像是雷雨中的树精。父女二人总能一起享受大自然的力量。灯塔岛本身就是这本书的另一个主角。故事里的灯塔岛在汪洋大海中，仿佛一粒"苍蝇屎"那样渺小。写作这本书时，托芙在佩林基获得了一处新的居住地，并和图丽琪·皮耶蒂莱在那里建了一座小房子。姆明爸爸的灯塔岛就像她们的新岛屿——克洛夫哈鲁岛一样。正如托芙形容的那般，这个小岛也"只有苍蝇屎那么大"。那里没有像库梅谢尔岛那样的灯塔，托芙曾试着争取过一座灯塔，但没有成功。但在书中，姆明爸爸得到了灯塔。

《姆明爸爸与海》是对大海及其各种形态的赞歌，歌颂它的宁静、风暴和不可预测。它也讲述了独立的困难，以及适应家庭生活需要做的妥协和让步。姆明从姆明家庭搬走，住进了自己建造的小屋，并开始掌控自己的生活，他独立了。姆明妈妈也找到了自己全新的一面。她把自己对家乡的思念画在灯塔的墙上，藏进自己笔下美丽的花丛中，并按照自己的意愿生活，而不是为别人活着。

托芙将这本书的手稿拿给母亲阅读。西格妮认为这本书或多或少讲述了婚姻的艰难。[15]

怪物格罗克吸引着姆明，同时又让他感到害怕。他一次次地找到怪物格罗克并靠近她。姆明困惑地问妈妈，为什么怪物格罗克是那个样子。母亲告诉他："她就像雨水或者黑暗，抑或是一块巨大的石头，必须绕过它，才能继续前进。"[16] 这里暗指的可能正是父亲去世带来的巨大悲痛，必须绕过它，生活才能继续下去。在故事中，姆明勇敢地面对了怪物格罗克。

这本书在内容上更多地面向成人，但讲述的仍然是姆明家庭的故事，因而它仍然也适合儿童读者。而且就像所有的姆明谷故事那样，这本书也有一个幸福的结局。姆明妈妈对家乡的思念渐渐消退，灯塔也开始正常运作。就连怪物格罗克也变成了一个善良的家伙，她那笨拙的身体再也不会使土地结冰了。

《雕塑家的女儿》

1967 年底，托芙写信给埃娃，告诉她自己坐在赫尔辛基莱林托瓦拉餐厅里"我们的桌子"旁，回忆过去，思考未来。距离这位好友离开芬兰，已经超过四分之一个世纪，两人也各自经历了很多。其间埃娃回过芬兰几次，但她总是时间太少，等待着和她见面的人太多，二人的见面也从来没有像托芙期待的那样。

托芙的生活再次面临巨大的转折。姆明时期似乎已经结束。她感到自《姆明爸爸与海》这本书之后，整个姆明谷都不知去向。就连冰冷的怪物格罗克也变得温和起来，必要的对立已经消失。不过她还是很高兴，自己现在可以为成年人写作，尽管她也很怀念姆明谷对自己写作的支持。一切都令人激动万分，她感觉自己带着极大的热情，全身心地投入写作。现在她为成年人写关于儿童的短篇小说。[17] 不过她也时不时会自我怀疑。她描述了自己的不确定感，对一切都有所怀疑，并一遍遍地修改着自己的文字。[18]

《雕塑家的女儿》的创作并非一帆风顺。在怀疑的时刻，托芙感到自己陷入抑郁，但有时又无比幸福。"无论如何，我把它写出来了——出于

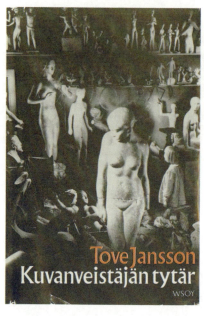

芬兰语版《雕塑家的女儿》封面　　　　　　　　瑞典语版《雕塑家的女儿》封面

渴望。"[19] 这一点对于托芙来说至关重要，是成功的基本条件。她没有为这本书画插图，因为她想强调这是一本成人读物。和姆明书区别开来十分重要。她甚至都不想绘制封面，而是使用了弟弟佩尔·奥洛夫拍摄的一张照片作为这本书的封面图。照片中，一个齐肩短发的小女孩背对着观众站在工作室中，正看向那些白色石膏女性雕像。瑞典出版商要求她绘制封面图，因为希望它看起来和姆明书籍相似。出版商与作者在这一点上产生了一定的分歧和摩擦。

在这本书中，托芙通过她的父亲来定义自己。这是她为成人读者写的第一本书。她不再是一个儿童作家，而是一个普遍意义上的作家。这一区别对她来说似乎有着重大的意义。与托芙的许多作品一样，这部短篇小说集中的故事也都是基于真实的经历，甚至临时标题就是《我，雕塑家的女儿》。虽然是以虚构的方式描绘的，但故事中的孩子就是她自己。她有时可能会将故事发生的时间更改数十年，有时会添加一些完全是想象的元素。尽管如此，字里行间还是能感受到，这些是她本人经历和体验过的真情实感。托芙曾表示，在那个讲述母亲和小女孩被困于大雪覆盖下的小屋的故事里，一切都是真实发生过的——不过当时她并不是小女孩，而是已经成年。根据托芙自己的说法，短篇小说《金色小牛犊》也是基于真实的故事，除了那个小牛犊。[20]

这本书中也有着姆明书那种轻松幽默与戏谑讽刺，仿佛姆明世界的魅力直接转移到了扬松家的日常生活中。不过书中也有一些深沉的色调，通过它们，可以窥见女儿对那个世界的思考：那里只有男性可以参加聚会、玩战争游戏、让酒精控制一切；男性创造的工作总是比一切都重要；那里也有被忽视后引发嫉妒的经历。

西格妮去世与三部悼念作品

母亲西格妮于 1970 年 6 月去世，托芙失去了她最亲爱的人。西格妮去世时已经接近 90 岁，并且一直在生病。在生命的最后几年，她时不时会陷入沮丧和抑郁，有时会觉得自己成了子女的负担。她与图丽琪之间偶尔发生的争执显然也使情况变得更糟糕。

托芙在医院陪伴母亲度过了最后两天，两个弟弟也每天都去看望。西格妮去世的时候很平静，没有痛苦："她能够按照自己的意愿离去，没有经历中风或者在医院进行漫长的等待。她完全保持了清醒的意识和智慧。

［……］她只是陷入了无尽的深深的疲倦中。"[21]

尽管老人的去世是预料之中的事情，但在情感层面上，至亲之人的离去总会使人备受打击。母亲去世后，托芙形容自己的生活平静而奇怪。时值仲夏，大自然正处于最美的时刻，托芙试图从中寻求慰藉。在巨大的悲痛中，工作再次成了她的一切："夏天还在继续，一如既往地美丽，工作也在继续。"[22]

托芙写信给朋友通知了这个悲伤的消息，提到西格妮最后的日子和即将举行的葬礼。她给埃娃·维克曼寄去了西格妮一年前写的一首诗，母亲以埃德加·李·马斯特斯《匙河集》的方式描述了她的一生：[23]

我是牧师的女儿

妇女选举权斗士

教师

童子军成员

热衷护理、

阅读和骑马

一个虔诚的理想主义者

我爱上了一个艺术家

搬去他的祖国

经历四场战争

为生计努力工作

生下三个可爱的、

优秀的孩子

所以一切

似乎

还不错

——哈姆

西格妮的去世意味着托芙整个生活的剧变，这在她那个时期的文学作品中表现得最为明显。早在母亲去世之前，她就已经开始写《十一月的姆明谷》，该书在西格妮去世的那年出版。死亡在这本书中还只是背景一般的存在，就像在托芙的现实生活中那样——可以预见，但暂未出现。短篇小说集《倾听者》在西格妮去世后的1971年出版，书中的故事某种程度上直接指向那个时期和悲伤。长篇小说《夏日书》（*Sommarboken*）出版于1972年，是几本悼念作品中最晚出版的。那是一个由女儿、父亲和祖母共享的，关于阳光、大海与夏日的明媚故事，仿佛是在试图复活逝去的过往，重现那些快乐美好的日子。

《十一月的姆明谷》

《十一月的姆明谷》是最后一本姆明故事书，是与姆明谷及其居民的告别。它的主题是放手和生命的有限。姆明家庭的成员离开了山谷，然而正是他们的不在场，使其存在感甚至比在场时更加强烈。姆明世界的居民来到姆明一家生活过的地方，对姆明一家的思念和对他们回归的期待，将这些居民聚到了一起。姆明一家会回来吗？他们的回归是否只是一种想象？或者只是山谷里客人们影子戏中的影子？在结局中，一切都是开放未

《十一月的姆明谷》封面草图

知的。世界上的一切都变幻莫测，正如史力奇的生活那样，"离去就像一次跳跃"。[24]

书中的霍姆珀人托夫特是故事讲述的对象，同时也是讲故事的人。他在很多方面和托芙本人很像，就连外貌也相似。通过托夫特，托芙哀悼即将到来的离别和母亲的去世："姆明妈妈必须马上过来，我不在乎其他任何人！［……］我想要一个永远不会害怕、总在关心他人的人，我想要妈妈。"[25] 只有姆明妈妈可以带给托夫特安慰。托芙将托夫特描绘成一个白日梦者，但正如她所写的那样，"梦想比现实更加重要"。[26]

托芙通过嘟囔爷爷来描写衰老。他经常打瞌睡，容易忘事，有时甚至记不起自己的名字，他到底是嘀咕爷爷、咕噜爷爷，还是咕哝爷爷。他决定成为嘟囔爷爷。随着年龄的增长，人们开始以不同的方式对待他，生活也发生了变化。作家密切关注着亲人的衰老过程，几乎能像亲身体验一样将这个过程描绘出来。嘟囔爷爷思考他的晚年生活：

托夫特睡在绳团里。《十一月的姆明谷》插图

277

人家向你介绍了那么多人，可你却立马把他们的名字忘到脑后。他们总在星期天来拜访。他们很有礼貌地大声问一些问题，因为他们永远都不明白你根本就没有聋。他们用尽可能简单的方式说话，好让你明白他们究竟在说些什么。他们道了晚安，就回家去玩了，放着音乐，唱歌、跳舞一直到第二天早晨。他们都是你的亲戚。[27]

这个老人拄着拐杖在姆明谷中漫步，他头戴礼帽，与镜子中的自己交谈。在本书中嘟囔爷爷的形象，与德语版《夏日书》中的西格妮如出一辙。嘟囔爷爷只是比《夏日书》中的西格妮更矮更圆一点。老年生活和衰老过程引起了托芙的兴趣。嘟囔爷爷这个角色之后，她还细致入微地刻画了许多与众不同的老年人形象。

《十一月的姆明谷》的故事发生在深秋，一个黑暗且神秘的时期。冬天还没有到来。旧的即将逝去，新的尚未诞生。11 月在芬兰神话传说中是死亡的月份，它的名称"marraskuu"也意味着死亡，或者即将来临的死亡。

《十一月的姆明谷》的创作过程十分痛苦。托芙将手稿交给出版商之后，她从内部消息得知出版商并不喜欢它，甚至不想出版这本书。托芙为这次失败而责备自己，并抱怨夏季写作期间过得太不安宁，岛上有太多的客人。最后她承认这些其实都是借口："如果人们有东西可写，有话可说，他们总能排除万难进行写作。无论如何，我相信这本书的想法和其中一些内容。故事的背景是 11 月的森林。现在我要离开，不是去岛上，而是去佩林基，将自己深埋进秋天的黑暗与阴郁当中，直到大雪降临。"[28] 11 月，她确实在佩林基，住在古斯塔夫松家的小房子里，深入那些日渐黯淡的日子。她想要将这个季节最真实的感受——那种充斥着死亡与衰败的褐色忧郁，写进自己的书中。[29]

嘟囔爷爷与镜子中的自己争吵。《十一月的姆明谷》插图

《十一月的姆明谷》完稿后托芙很担心，她再次写信给拉尔斯·贝克斯特伦征求意见："这本书似乎带着忧郁悲伤的音调，但也没有别的选择［……］此时此刻，对我来说最重要的不是获得鼓励，而是知道如何选择正确的方向——也许我正朝着错误的方向前进。当然，我无法自己决定要'天真幼稚'，还是'完全成熟'，只能顺其自然。"[30]拉尔斯·贝克斯特伦的回信显然安慰了托芙，因为她在回信中感谢了对方的反馈，并解释了

等待姆明一家归来，《十一月的姆明谷》插图

自己的不确定感："我最担心的是，《十一月的姆明谷》倒退了一步——而我必须等待很久，才能再次写关于家庭的故事。而且我很怕这本书过于沉重。"[31]

《十一月的姆明谷》确实更适合成人而非儿童读者，而且它不是一部快乐的作品。托芙收到了一个小女孩的来信，她说自己特别喜欢《十一月的姆明谷》。托芙在回信中强调自己对此非常高兴。托芙原本以为这本书相当忧郁和复杂，不太可能会吸引孩子。[32]

《十一月的姆明谷》是托芙向她的姆明故事书的告别之作。不过，最主要的是，她在书中向她母亲这个最亲爱的人告别。如今母亲已经不在了，姆明谷也就无法再继续存在。托芙将自己的悲伤编织进书中，字里行间流淌着深沉而静默的悲伤。

《倾听者》

短篇小说集《倾听者》于1971年出版。书中真实和虚构的素材在每个故事中所占的比例都有所不同。所有这些显然都与作者本人的生活有着紧密联系。正如她在书中所说的："如果没有亲身经历并仔细观察过孤独，就无法描绘孤独。"[33]

托芙在短篇小说《雨天》中，描绘了一个老人的死亡。这个故事与一年前西格妮的去世有着明显的关联。作者自己的情感在小说中表现得非常强烈。尽管这是作者亲身经历且非常个人化的故事，但它同时也是人们普遍会经历的，发生在垂死者和生者身上的故事。死亡可能就像是"最后一声喊叫，就像绘画者在作品的最后一页收尾时勾勒的那个最终说明"。[34]一段生命结束了。绘画完成了。死亡本身是非常私人和神圣的，尽管它可能发生在医院里，被所有的机器和环绕的管子束缚着：

> 垂死者十分纯洁，十分安详，接着，从那变形的脸庞和灰色的嘴巴里发出一声长长的喊叫。人们习惯将它称为呻吟，但其实那是一声喊叫。疲惫的身躯受够了一切。受够了生活与等待，受够了尝试延续已然结束之事的徒劳。受够了所有那些鼓励，慌张的忙碌，笨拙的温情，不显露一切痛苦的隐忍，以及不吓到所爱之人的决心。[35]

书中的短篇小说《松鼠》是一个童话故事，讲述了动物和女人之间的矛盾友谊。托芙说她曾将这个故事写了很多遍，不断润色，保留下来的一些手稿也证明了这一点。故事发生在一个岛上，很显然是克洛夫哈鲁岛，一个艺术家在秋季独自退隐到那里写作。突然出现的松鼠打破了独处的宁静，它的存在也开始影响女人在岛上的生活。

> 她起身站起来，朝松鼠走了一步，又走了一步，它一动不动。她朝那小家伙伸出手，非常小心地慢慢靠近它，然后小松鼠闪电般地咬了她一口，牙齿像剪刀那样锋利。[36]

结局是超现实主义的：女人看到松鼠乘着一艘小船离开了小岛，而那是她与外界唯一的联系。女人则独自一人留在岛上过冬，并开始写作。现在她平静了下来。托芙曾说这个故事是根据真实事件创造的："松鼠当然是真实存在的。它借着一块小小的树皮，从遥远外岛的小弧岛来到这里。我给了它食物，它在岛上度过了冬天。春天到来后，它找到一块木板，乘着木板再次出海了。"[37]

《夏日书》

《夏日书》在短篇小说集《倾听者》出版仅一年后就问世了。它是一本明亮的作品，讲述了悲伤、死亡和生活的幸福。这本书的主角是一个小女孩和她的祖母。托芙说她是从西格妮那里得到描写老妇人和小女孩之间故事的灵感，她经常向西格妮寻求创意。直到母亲去世后，她才开始写这本书。《夏日书》的人物——索菲娅、她的父亲拉尔斯和他的母亲西格妮，他们的原型都非常容易辨识。这本书讲述的是西格妮生命中最后一个夏天的故事。书中的故事多少含有些虚构成分[38]，字里行间透露的情感和思想却是作者亲身感受与体验过的，真实无比。

书中的老妇人正在告别这个世界，她的小孙女也慢慢长大。她们之间的对话展现了关于存在的不同视角。老人已经记不起自己的青春岁月，在岛上行走也变得非常困难，生命似乎在悄悄流逝，记忆也变得模糊且不可靠："但现在，似乎一切都慢慢从我身上流走，我不记得，也不在乎……"[39]

这部作品有很多关于死亡的描写。用含蓄的方式来说，就是有些人已经离开，或者说不在我们中间了。孩子非常直率地问她的祖母：

"你什么时候会死呢？"孩子问道。

她回答说："快了。但这跟你一点关系也没有。"

孩子对死后的生活很感兴趣，她不断追问关于永恒的问题。天堂是什么样子，地狱是否真的存在，上帝怎么做到倾听每个人的祷告，天使是男的还是女的，以及其他一切可能的问题。孩子不断地提问：

"天使可以往下飞到地狱去吗？"

"当然了，也许他们在那里也有很多朋友和熟人。"

"现在我逮着你了！"索菲娅大声叫道，"昨天你还说，根本就没有什么地狱！"[40]

祖母在思索天堂和地狱时，突然踩到了牛粪上，她开始唱歌：

噼里嘭啪，噼里嘭啪，别朝我扔牛粪，

噼里嘭啪，噼里嘭啪，要是不停下，

我会扔回给你，那块粑粑。[41]

日常生活的琐碎细节，以及甚至有些恶心的现实事件，阻止了读者沉湎于生死边界的思索。一切都不会太过庄重或太过肤浅——一切都充满了生机和活力，只要还有时间。

托芙已经开始朝着为成年人写作的方向转变，这让出版商、评论家和读者感到困惑，因为人们习惯了她总是为儿童写作。在某种程度上，《雕塑家的女儿》并没有被视为非常彻底的转变，因为它仍然是关于孩子的故事，而且可以被解读为自传。但随着《倾听者》和《夏日书》的出版，人们不得不相信，托芙开始为成人写作这件事是认真的。这些作品得到了认可——事实上，它们深受人们的喜爱，并为很多人所购买。尤其是《夏日书》已经被翻译成多种语言。然而，很多人还是无法接受和原谅托芙抛弃了姆明谷。一位评论家甚至表示自己很失望，并且将托芙比作出色的小提琴家，出于某种原因，想要将自己的演奏乐器换成钢琴，而且因为艺术良知的驱使，她拒绝演奏她的华彩曲目。根据这位评论家的说法，托芙作品中迷人的魅力也随着姆明一族一同消失了。[42]

右图：自画像，油画，1975 年

第十章
寻回自由与色彩

巴黎的艺术之城

托芙和图丽琪有了机会，便前往巴黎的"艺术之城"居住一段时间。她们之前也去过那里，巴黎对她们来说是一个重要的城市。托芙去巴黎并不是为了绘画，那已经属于过去的生活，写作似乎也不是对的时机。托芙在瑞典拍完电视节目后非常疲惫。和图丽琪一起住在一个小工作室里，对于习惯了有自己工作空间的她来说很困难，她不想在别人的注视下假装写作。面对即将到来的漫长的巴黎春天，她感到害怕："起初我写作，或者是假装在写，但是一无所获。"

接着她尝试画画，因为她无法写作。一开始，这似乎只是一种替代性活动，毕竟她已经很久没有画画了。但很快她就争分夺秒地投入绘画当中，试图重新找到创作的愉悦和渴望。

托芙表示，她这个年龄当然知道自己有能力画画，但是找到那种渴望却很困难。幸运的是，有些东西开始在她心中涌动，她找到了期待中的绘画渴望。这对她来说是一切美好和本质的基础。现在她终于找到了渴望，她开始全身心投入绘画创作中，不让任何事物打扰她——无论是请求她举办巡回插画展览，还是任何其他请求。"如果我现在不全力以赴地紧紧抓住绘画，我就永远失去了艺术创作的机会。这是我最后的机会。我不在乎人们会怎样评价我的作品，我只想按照自己的感觉进行创作……"[1]

现在托芙在绘画中投入了很多时间。起初，她画了一些熟悉的静物画，然后创作了一些与她的其他画作相比风格迥异又非常有力的作品。在作品《平面设计师》中，她将图丽琪描绘为平面设计师，正俯身专注地雕刻版画板或画画。画面中，女人前方的窗户透过来的光线洒满整个工作室。她周围的墙壁和地板上都是已完成的艺术画作，还有艺术家用具、刷子和墨水瓶。这些平凡的物品营造出一种令人兴奋的氛围。这幅画充满力量与强烈的表现力，大胆独特。此外，创作手法也精湛娴熟。它传达了艺术家自由的感受和创作的喜悦。这幅画带着一种清新且超现实的童话氛围，与托芙20世纪30年代的许多绘画作品，或者她为姆明书籍设计的一些彩色封面图有着类似的风格。

托芙也为自己画了一幅画。她后来将其称为《丑陋的自画像》。[2]在这幅画中，托芙展现出了强大的能力，她不在乎细枝末节，用近乎狂热的力量和自由的手法来描绘自己的肖像。这幅作品栩栩如生，跃然纸上，仿佛是艺术家本人的化身。这幅自画像包含着她多年来一直追求的所有品质：自由、光辉、热情和渴望。最重要的是，它具有绘画性的特质——也许这正是她一生追求的目标。

托芙是世界公认的线条大师。她本人对自己的线条也非常自信。她的线条如此自如，顺从地由她指间流出，充满生命力。托芙仅靠线条就能表达人类生活的所有情感状态，不需要任何其他的辅助。然而，她与色彩的关系更为复杂。色彩对她来说极其重要，她也将最大的注意力放在色彩上。当她感到色彩似乎遁逃，或者失去光辉，抑或不服从她时，她会陷入沮丧。那时，创作的结果会非常糟糕，仿佛一片死寂的灰色。当她感到色

《平面设计师》，图丽琪·皮耶蒂莱的画像，油画，1975 年

彩回归时，她会无比欣喜。

托芙在巴黎找到色彩和绘画性时，一定充满了喜悦。但现在当她找到了自己作为作家的表达方式，并且忙碌于姆明世界相关的事务时，她完全成了另一种艺术家。她有太多想做和有义务做的事。她必须不断修订持续增多的姆明书籍译本和新版本，并为它们绘制新的封面图，监督蓬勃发展的姆明产业，撰写电影和电视剧脚本。除此之外，还有那么多成人读物等待着她去创作。

《危险的旅程》

1970 年，托芙通过《十一月的姆明谷》与姆明谷告别，此时距离第一本姆明书出版，已经过去了 25 年。然而，1977 年，她又在新的绘本《危险的旅程》（*Den farliga resan*）中，再次回到了那个世界。与之前的绘本相比，这部作品更清晰地展示了许多重要作品对托芙创作的影响，以及托芙向那些作者及作品人物表达的敬意。比如，漫游奇境的爱丽丝、埃尔莎·贝斯科夫的故事，还有约翰·鲍尔的插画——尤其是他那仅由树干构成的壮丽密林。

关于第三本绘本的绘画基础，可以追溯到托芙早期受到超现实主义影响的艺术画作，还有她的壁画作品。所有这些都具有同样的童话般的氛围、神秘感和超越日常生活的气息。但作品的绘画风格，则包含了托芙1975 年在巴黎发现的色彩的表现力、自由和喜悦。

这本书在整体外观上与前两本绘本非常不同。与前两部作品相反，它更像是艺术画家而不是插画家和作家的作品。在这里，色彩占主导地位，线条退居次要，文字的重要性也不再那么突出。托芙沉醉在绘画中，让色

彩相互融合，创造出新的色调。水彩的渗透时而柔和、半透明，时而鲜明有力。图像和色彩的边缘柔滑，她使用了许多柔和的粉彩色调。她用色彩来模糊轮廓，塑造立体的形状，笔触时而厚重，时而轻得像空气。

书中的风景十分壮丽，火山爆发，森林阴暗，大海狂暴，风雪威胁着旅行者。只有对姆明谷的描绘一如从前。它的居民找到了彼此，在阳光明

《危险的旅程》草图

媚、鲜花盛开的山谷中幸福地生活着。托芙用这样一幅画，向姆明故事的所有读者告别。

第十一章
人生与生活

广播剧、戏剧和电视剧

20 世纪 60 年代，除了绘画之外，托芙越来越多地参与戏剧、电影、电视和广播节目。托芙创作了新的戏剧作品，并为芬兰语和瑞典语的广播、电视节目改编了自己的短篇小说。姆明一族继续在剧院取得成功，不断在新的舞台上崭露头角，并获得广泛的欢迎。1974 年，由伊尔卡·库西斯托为之谱曲的《姆明歌剧》在芬兰国家歌剧院首演。1982 年，姆明一族的冒险故事继续在斯德哥尔摩的皇家剧院上演，再次由薇薇卡执导。她们之间的合作仍然十分密切，并且非常顺利。彼此间的信任坚不可摧。

作为几家大型剧院的导演，薇薇卡非常忙碌，但她似乎总能为朋友留出时间。托芙总会将自己写的戏剧脚本寄给她，希望能得到改进的意见，薇薇卡都会有求必应。薇薇卡是个鼓舞人心且十分专业的搭档。她的帮助有着不可替代的重要性，尤其是在最初的日子。

托芙考虑了广播剧、电视剧和电影剧本之间的差异，明确了它们需要完全不同的处理方式。这些限制和可能性必须从一开始就考虑到。就像在潮湿的壁画底稿上绘画一样：必须事先知道自己的目标是什么，哪些技术可以实现，哪些不能。拍摄《看不见的孩子》，是托芙第一次参与电视工

左图：托芙和大海

作。她想知道制片人如何表现孩子的隐形。是不是要用带纽扣的服装，将可怜的孩子从头顶全部遮住？又该如何拍摄看不见的孩子吃三明治呢？这些问题很有挑战性且十分有趣，但她总是能向薇薇卡请教。托芙希望为表演创作标志性音乐。她们共同的好友埃尔娜·陶罗已经与薇薇卡合作了很长时间，似乎是很合适的作曲家人选。[1]除了创作最著名的姆明音乐，陶罗还在 1965 年为托芙的诗《秋之歌》谱曲。《秋之歌》成为大家非常喜爱的作品，被很多艺术家演奏过。

1959—1960 年，当时的联邦德国制作了第一批关于姆明一族的木偶动画片。两季各有六集，分别根据《魔法师的帽子》和《姆明谷的夏天》改编而成。

瑞典电视台也对姆明一族产生了兴趣，并希望制作一个多集的系列节目——最后制作完成时总共 13 集。这个由托芙与拉尔斯·扬松共同编写的姆明系列在 1969 年播出了几个月，引起了巨大的关注。托芙对电视的重要性感到惊讶，人们就像期待某个神奇时刻那样等待着姆明系列的第一集。[2]这一系列也是薇薇卡执导的。主要角色由利拉剧院的几位著名演员扮演，包括比吉塔·乌尔夫松、拉塞·波伊斯蒂和尼尔斯·勃兰特。

托芙在为瑞典电视台设计系列节目的同时，还收到了一封来自日本的信函。一家日本电视公司希望制作一部彩色的姆明动画片，希望就版权相关问题进行谈判。托芙立刻向薇薇卡征求意见，并回信告诉对方自己非常欣赏日本的电影，虽然很遗憾，她还没有看过日本动画片或儿童电影。她还在信中提到了瑞典电视节目的制作情况，表示自己会查明与对方的协议是否会影响此次合作。如果没有的话，她对于双方的合作非常感兴趣。[3]不久之后，托芙写信给薇薇卡说，负责该项目的山本康夫与他的秘书突然到访芬兰。但双方沟通十分困难，因为山本先生和秘书只懂一点点德语。[4]

姆明系列动画片在日本成功制作，在那里很受欢迎，但从来没有在国外播放过，因为托芙禁止该系列在国际上发行。在日本制作的系列中，几乎所有情节都违背了姆明谷的非暴力哲学。比如，姆明爸爸打了姆明，姆明谷还爆发了战争。现在，该系列在日本的版权已经到期，不能再播放。[5]

那些年，戏剧演出、电影、广播以及电视上的姆明节目，进一步扩大了姆明一族的知名度。大约十年前开始的姆明产业也名声大噪，发展为真正的热潮。姆明一族在芬兰也走上了"商业高峰"。托芙几乎有些生气地告诉薇薇卡，有人为她提供"姆明饮料"。世界各地不断向托芙发出各种邀请。幸运的是，弟弟拉尔斯很擅长处理这类事务，托芙也尽可能将这些事情委托给他。她将这个决定称为"年龄带来的智慧"。[6]不过，姆明一族的成名之路才刚刚开始。

日本的姆明动画令托芙非常失望，但并没有动摇她对姆明一族动态影像作品的信心。相反，这一想法越来越吸引她。波兰的姆明木偶动画片制作于1978—1982年。最开始的版本一共78集，每集八到九分钟。该动画片最先在波兰和德国播出，后来也在英国播出，非常受欢迎。芬兰电视台在20世纪80年代初播放了这个系列。此后，这些材料被保存下来并被重新加工，用于不同的演出。

鉴于最初的姆明系列的受欢迎程度，日本希望制作新的姆明动画片。这一次，托芙和拉尔斯·扬松对动画片的制作十分谨慎。他们任命丹尼斯·利夫松担任制作协调员。他是芬兰儿童节目的制片人，也有与日本人合作的经验。新的姆明动画片在利夫松、托芙和拉尔斯的严格监督下制作完成，其中倾注了众多日本动画制作人员的大量心血。该系列动画片分为

波兰动画片中的姆明一族

两个阶段制作，一共有一百多集。20 世纪 90 年代初，这个系列在多个国家的电视台播出，并且在多年后重播。在丹尼斯·利夫松的推动和支持下，电影《姆明与彗星》又于 1992 年推出。大多数人正是通过日本的动画片以及里面的角色了解到姆明一族的。动画片的录像至今还能找到。这些动画片引发了前所未有的"姆明热"，影响遍及世界的每个角落。最早的姆明书籍有成千上万读者，姆明绘本出版后，读者数量显著增加。姆明连环画的读者已经达到上千万。在日本动画片的影响下，姆明一族受到了数亿家庭的喜爱。为了给日本的动画片做宣传，托芙于 1990 年访问了日

德国姆明动画片中的木偶

本。她在当地像真正的好莱坞明星一样受欢迎。

岛屿是我最美好的部分

不同场所、建筑及其建造过程对托芙来说意义重大。她几乎一生都在寻找新的空间。搬迁意味着某种开始和某种结束，也意味着新的爱人和新的人生阶段。新的场所和房子，就像她想要为所爱之人建造的巢穴。托芙曾经想买一艘名为"克里斯托弗·哥伦布"的船屋，她计划在那里与阿托斯和拉尔斯共度夏天。她也曾想在摩洛哥为阿托斯建造一个带有空中花园的艺术家定居区。当对男人的爱消退后，她也失去了对摩洛哥定居区的兴趣。至于汤加王国，托芙曾试图与弟弟一起去那里定居，以逃离所有的悲伤和痛苦。然而，汤加政府不想接收他们。

然而，岛屿星罗棋布的佩林基地区对托芙来说，是世界上最心爱的地方。一开始，他们一家租了古斯塔夫松家的房子度过夏天。古斯塔夫松家的儿子阿贝和托芙是同龄人，两个孩子也成了最好的朋友。他们共同度过的那些夏天，成为托芙后来好几个短篇小说的写作素材。佩林基地区有很多岛屿，可供他们迁居、建房，或者仅仅是梦想。热恋中的托芙给薇薇卡写信，说自己试图为双方争取库梅谢尔那个灯塔岛。她从小就梦想着那个地方，希望能够去那里当灯塔守塔人。然而，她没有为薇薇卡争取到那个小岛，但梦想仍然鲜活。

对薇薇卡的爱使托芙陷入了深深的悲伤。在悲痛中，托芙与弟弟拉尔斯一起在布雷德谢尔岛建了一所房子，她称之为"风中玫瑰"。对托芙来说，建造它的过程就像是一种自我疗愈，因为在建造可见建筑的同时，她也在为自己建造"一个平和而淡然的外在和内在世界"。[7]建造行为似乎遵循着某种原始本能——在冰冷的世界寻找庇护。在接下来的几年，她确实从建筑那里获得了保护，而且这种保护具体又实在。但是随着时间的推移，布雷德谢尔岛的居住空间变得狭小拥挤。现在这个小空间里有太多人，他们无法避免彼此的干扰。家庭变大了，因为拉尔斯和他年幼的女儿从西班牙回来了。图丽琪也加入了这个家庭，但她和西格妮并不总能融洽相处。所以托芙和图丽琪需要一个新的地方，至少能够"让图蒂更平和一些"。[8]

随着托芙的名气日渐增大，越来越多的崇拜者、记者、电影公司以

克洛夫哈鲁岛和房子

及其他各种人，全都不请自来地来到布雷德谢尔岛。他们打破了岛上的宁静，而宁静正是托芙需要的。她再次试图争取库梅谢尔岛，她在信中满怀希望地写道，自己要去波尔沃试图"迷住建筑局的人"。但托芙并没有迷住他们，提及此事她也带着明显的失落。她干巴巴地说，那些官员又一次拒绝了她，因为他们认为自己会吓到那里的鸟儿和鱼类——有时是鲑鱼，有时是鳕鱼，有时是鳟鱼。9 获得岛屿的梦想再次未能实现。但最终，她获得了租用克洛夫哈鲁岛的权利，那里也成了她最心爱的地方。

她和图丽琪迅速在岛上建了房子。屋顶不得不建得足够高，这样根据当时的法律，即使没有获得建筑许可，房子也不能被拆除，至少她们是这么以为的。托芙用细小的字迹，将所有这些细节都在日历上记录下来。她还详细记录了收到多少水泥，哪些人做了哪些事，以及哪些风暴如何折磨着深秋里的建造者。正是这些细腻的笔记，为她30年后写作《哈鲁*，一个小岛》（*Anteckningar från en ö*）这本书提供了直接翔实的素材。

那所房子是图丽琪的弟弟雷马·皮耶蒂莱和他的妻子拉伊利设计的，只有一个房间，四面墙壁都有窗户，还有一个两米深的地下室。图丽琪和托芙通常会睡在帐篷里，房子用来工作，也用来待客。托芙在岛上时工作强度很大，即使有客人来，她也会写作和画画。图丽琪和托芙在岛上为她们设计的木偶剧院制作了姆明故事布景和木偶。她们花了大量时间雕刻、绘制木偶剧世界的物品和人物角色，并在世界各地寻找所有必要的道具。

对于整个夏天都住在那里的两人来说，这个小岛实在是个缺乏新鲜事物的小地方。岛上甚至可能没有足够的事物供她们每天讨论。大自然提供了一些可供讨论的话题，但也十分有限。托芙描述了她们"丰富多彩的"谈话：每当天气看起来雾蒙蒙的，她们就会告诉对方要有大雾了，然后她们会发现雾气真的变浓了。于是，托芙开始思考："我对我们的状态感到厌烦了，我觉得我们已经变得很无聊。"[10] 这时，爬上岩石，观看海上航行的船会有点用，或者尝试用无线电对讲机和对方交流，虽然并不总是成功。

两个旅行者

托芙的生活发生了改变。与之前的梦想和计划相反，她不再梦想着离开芬兰。现在她更多是渴望与图丽琪一起旅行，然后返回心爱的岛屿和自己的工作室。托芙一直热爱旅行，年轻时就敢于独自环游欧洲各国。对她来说，旅行者的生活是美好的。幸运的是，图丽琪对旅行同样很有热情。

---

* 哈鲁，克洛夫哈鲁岛的简称。

与其相关的一切成为她们生活中很重要的一部分。她们研究世界地图，学习包括英语在内的一两门语言，了解其他语言的基础知识。在生命的最后几年西格妮已经无法再旅行，托芙也不想长时间地离开母亲。所以那段时间，她们的旅行主要是短途的。

托芙书籍的新译本举办发布活动时，出版商总是希望她能参加。她的书不断被翻译，所以她会有很多旅行。这些出行访问也留下了很多有趣的回忆。托芙经常在她送给图丽琪的书中画画，并且写下跟某次访问相关的内容。在冰岛语译

TRØLLAVETUR

托芙绘制的图丽琪·皮耶蒂莱与一只羊，绘于当时刚在法罗群岛出版的《姆明谷的冬天》一书的扉页上

本的扉页上，她画了她们并肩坐在海岸边一块高耸的岩石上。配的文字是"冰岛命运之夜，1972 年"。在法罗群岛译本的扉页上，她画了身穿皮毛大衣的图丽琪，她身边有一只羊，配的文字可以自由翻译为"法罗群岛的可爱羊人"。

西格妮去世后，托芙比以往任何时候都需要一些东西来填补母亲离世带来的空虚。现在没有什么可以把图丽琪和托芙束缚在芬兰了。她们一直以来都梦想着一起去长途旅行。托芙在给阿托斯的信中兴奋地写道：

阿托斯,非同寻常的事情要发生了!我要和图蒂一起环游世界!我们对此梦想了很久,也做了很多准备。我们要明年春天才回来。环球旅行的第一站是日本,我们首先去东京,然后去夏威夷和圣佩德罗,再由那里去墨西哥,最后到纽约。[11]

她们的旅程始于英国。在英国和日本期间,托芙主要都在处理与姆明书籍相关的工作,在日本还有姆明动画相关的事务。托芙一直都对摄影充满热情,并将其视为非常有趣的艺术形式。她曾担任摄影比赛的评委,撰写有关摄影的文章,并积极关注她的弟弟佩尔·奥洛夫以及埃娃·科尼科夫的摄影作品。托芙通过电视剧制作的经验,了解到动态图像的可能性和电视演播室的运作方式。图丽琪在日本购买了她的第一台胶片相机柯尼卡,并且对其非常着迷,相机几乎成了她们旅行中的第三位伙伴。后来,影像拍摄成为托芙和图丽琪共且坚持了数十年的业余爱好之一。它为托芙打开了电影世界的大门。她们合作剪辑影像,选择音乐,并且撰写旁白。今天通过她们拍摄的这些影像,我们仍然可以直接接触到这对恋人当时在家中和世界各地的生活。

托芙和图丽琪在旅途中也勤奋地工作。素描本、笔、墨水和笔记本总是放在行李中一并打包带着。托芙通常会携带一些完成一半或者需要润色的手稿。图丽琪回忆起 1964 年在葡萄牙和西班牙旅行时,托芙当时正在创作《姆明爸爸与海》。离开时简直是一场噩梦。托芙的手稿——一个厚厚的蓝色笔记本不见了,她们差点儿就要留在格拉纳达。好在她们在最后一刻找到了它,原来是滑到了床后面的某个地方。

环球旅行时,托芙也带着《夏日书》的手稿。托芙在和佩林基全然不同的风景中完成了对它的润色。图丽琪回忆起有一次在新奥尔良,托芙充满激情地写着几个短篇小说的初稿："她坐在小小的厨房里，奋笔疾书，稿纸飞得到处都是，显然是个灵感爆发的时刻！"[12] 在旅行中，托芙获得了新的经验以及由此带来的新的创作灵感。很多作品讲述了那些经历，或者至少部分是以它们为基础而创作的。

在佛罗里达州，托芙和图丽琪原本计划只停留几天。她们住的是一座老人之城，某种意义上是等待死亡的地方。太阳城甚至为死亡也提供了充足的阳光保证。养老院的生活立刻引起了托芙的兴趣，她们决定延长逗留时间。托芙开始记笔记，并写下她的所见所闻。长篇小说《太阳城》（*Solstaden*）就这样诞生了。当时的新左派批评对托芙仍然持保留态度，这不可能对她没有产生任何影响。拉尔斯·贝克斯特伦给这本书写了一篇积极的评论，托芙表达了感谢并描述了自己的宽慰之情："我知道，在这本书中我仍然是个局外人，对社会问题没有实质性的立场。但现在你说，这不是缺点，而是一种独特的类型，甚至是自由的体现！听到你这么说，我真的太高兴了。"[13]

托芙在这本书中再次探讨了衰老和老人。她没有描绘人们熟悉的那种被美化的且毫无个性的老人形象，而是将他们描写成带有各种缺陷的个体。人们总是会假装关心远方的亲戚，这时候他们的甜言蜜语只会将人激怒。比如，书中的母亲愤怒地建议自己的儿子："选个新的措辞来关心我的健康状态吧，收起那些夸张的形容词。我最亲爱的儿子，思念是一种罕见的礼物，我们并没有因承受其痛苦而蒙福。"[14]

环球旅行的重要一站是纽约，因为她们在那里见到了埃娃·科尼科夫。[15] 她与托芙的友谊持续了几十年。

成年人的玩耍

最后一本姆明书已经写完，但姆明一族并没有离开托芙的生活。一个全新的阶段开始了：搭建姆明屋和姆明故事的三维布景。建造对托芙来说一直十分重要。20 世纪 30 年代，当时还很年轻的托芙和她的朋友阿尔贝特一起在佩林基的桑德谢尔岛上建造了一个小屋，因为她想要属于个人的空间。令岛上居民惊讶的是，那个小屋经受住了狂风和暴雨，稳稳地屹立在那里，直到托芙主动将其拆除。她布置的洞穴和设计的精致入口同样经得住考验。[16] 托芙也全身心地投入了在布雷德谢尔岛和克洛夫哈鲁岛上建造房屋的过程。建造对她来说是一种愉快的心灵疗愈，而且为托芙的短篇小说提供了许多创作素材。

1958 年，医生彭蒂·埃斯托拉出于业余爱好，建造了一个精致的姆明屋。后来，他向托芙展示了姆明屋。这个姆明屋不仅让彭蒂、托芙和图丽琪三个人由此开始了一段亲密友谊，还使他们共享了一个持续多年的爱好。图丽琪、西格妮和托芙对这个玩偶屋爱不释手，她们为它建造了完整的庭院和漂亮的温室。她们对这一创作非常着迷，齐心协力地从零开始建造一个更大的姆明屋。最后她们建造了一个惊人的、近乎完美的微缩世界，并为其配备了所有设施——从电力系统到有果酱罐的食品储藏室。三个人花了三年时间，建造了这个两米多高的、包含多个房间的玩偶屋。冬天时，她们会聚集在托芙的工作室，夏天则将所有材料和半成品打包带到岛上，在那里继续建造。克洛夫哈鲁岛上那个小小的屋子里，所有地方经常摆满了各种小物件，就像托芙在信中向马娅·万尼描述的那样："我们主要制作了布景，架子上摆满了各种人物角色、怪物、建筑、道具和家具……"[17] 托芙曾回忆起这个巨大的姆明屋是如何诞生的：

起初，图丽琪只是为了娱乐，制作了一些姆明谷的人物角色，摆在为它们制作的椅子上。有了椅子，就需要桌子，有了家具又需要墙壁，于是整体构造诞生。之后彭蒂·埃斯托拉也加入我们，整个姆明屋的建造工作就开始了。我们偶尔在傍晚工作，屋子越来越高。图丽琪和彭蒂·埃斯托拉是实际的建筑师，而我也找到了一些小任务可以做。我负责贴壁纸，用红色天鹅绒装饰客厅的家具，砌砖……[18]

1980年，这个巨大的姆明屋在芬兰建筑艺术博物馆展出时，彭蒂·埃斯托拉在介绍名单中被称为"首席设计师、电工和复杂走廊专家"，图丽琪·皮耶莱则被称为"手工作品负责人，假发和道具制造者，以及姆明家庭周围的朋友和小爬虫的造型师"。托芙本人则是"杂工、油漆工、建筑清洁工和化妆师"，佩尔·奥洛夫则是"专业摄影师和照明师"。[19]介绍文字还提到，建筑学教授雷马·皮耶蒂莱检查了房屋结构，很多朋友捐赠了亚麻布、珠宝、瓷器，以及"真实的房子"所需的一切物品。[20]

姆明屋是一个尺寸巨大的玩偶屋，两米多高，有无数的房间，还有楼梯和走廊，屋顶由6 800块手工制作的小砖瓦组成。房子本身结合了不同的建筑风格，包括新艺术风格、芬兰国家浪漫主义、帝国风格、俄罗斯风格等等。它与姆明书中那个圆形的蓝色姆明屋相比，确实有很大不同。托芙承认，多年前

托芙和巨大的姆明屋

绘制它时，她甚至无法想象这个屋子在现实中会是什么样子。这个巨大的姆明屋后来在世界各地的不同展览中巡回展出，并于1979年在布拉迪斯拉发，1980年在斯德哥尔摩和赫尔辛基展出。托芙在姆明屋展览的开幕式演讲中说，每个人都知道孩子们喜欢玩耍。其实成年人也有同样的愿望。即使他们不能和孩子一起玩耍，也应该有别的机会，只是那时玩耍通常被称为"爱好"。于是，托芙、彭蒂·埃斯托拉和图丽琪就此发展起兴趣爱好。尤其是图丽琪，她非常热衷于姆明屋以及后来数十个姆明布景的建造。她的手很巧，原本就很喜欢闲暇时做手工活儿。

姆明玩偶屋的建造催生了短篇小说《玩偶柜》，也促使最后一本姆明故事书《姆明屋来了奇怪的客人》的诞生，后者于1980年出版，以巨大的姆明屋为主题。托芙的简洁文字和佩尔·奥洛夫的照片营造了姆明家庭一个充满紧张氛围的夜晚。故事中，夜晚漆黑一片，天空挂着一轮满月，月光营造出一种神秘诡异的气氛。姆明一家都在守夜，因为屋子里发生了奇怪的事情。屋子里来了一个不速之客：小臭臭，体型很小，却是个品行不端的大坏蛋，而且散发着臭味。佩尔·奥洛夫拍摄的姆明屋以及房间中移动的人物，为故事带来了神秘的氛围。姆明世界里最重要的角色都出现在了这个故事中。

起初，建造姆明屋是一种有趣的游戏，也始终如此，但随着热情越来越高涨，托芙和图丽琪开始频繁制作不同的布景，导致她们的住所很快就被填满，也占用了她们很多时间。图丽琪曾经梦想成为雕塑家，现在制作这些布景，给了她创造三维构图的机会。托芙有剧院舞台设计的经历，这些空间对她来说非常熟悉，只是现在要把尺寸缩小到几乎最小。她们一共制作了41个姆明故事的布景，它们就像是不同书中事件的微缩模型，或者剧院里定格的时刻。她们出国旅行或去跳蚤市场时，都会寻找可能适合

6 MERENHUISKEEN VESILLELASKU ~ HAFFSORKESTERNS SJÖSÄTTNING ~ 1984-85, Pentti Eistola, Tuulikki Pietilä

姆明布景，1984—1985 年。布景取自《姆明爸爸回忆录》，图中是小船"海洋乐队号"和姆明故事中的角色

用来制作这些布景的物品和材料。

　　姆明屋以不同形式变得广为人知。最常见的是姆明谷中那个圆形的蓝色房屋，远远看去是瓷砖壁炉的模样。它成了姆明电影中房屋的原型，也是姆明产业中塑料玩偶屋的原型，"成千上万的芬兰孩子通过这些玩偶屋投射出他们潜意识里的愿望、创意和恐惧"。[21] 正如家对于人类的意义一样，姆明屋也不仅仅是一个住所。

长篇小说与短篇小说

　　姆明玩偶屋的建造也启发了短篇小说《玩偶柜》的创作。它是托芙 1978 年出版的同名小说集《玩偶柜》（Dockskåpet）中的一个故事。这本

307

下页图：托芙和图丽琪坐在桌前制作姆明人物。照片摄于克洛夫哈鲁岛

书是献给彭蒂的，也就是彭蒂·埃斯托拉。小说以强烈的超现实主义笔触，描绘了三个男人建造姆明屋的故事。

故事的主要角色是两个男人：退休的室内设计师亚历山大和与他同居了 20 年的埃里克，也是他们开启了玩偶柜的建造工作。亚历山大热衷于制作微型家具，然后为它们制作一个很像姆明玩偶屋的玩偶柜。埃里克会帮他做这些工作，给小苹果塑形，为房子的食品储藏室制作果酱罐，并抛光窗户框。但为了给房子安装照明系统，他们找了懂相关技术的博伊，他成了项目的第三个参与者。他成功完成了需要技巧的电气化工作，因此兴高采烈地称这个玩偶柜为"我们的房子"。从某种意义上说，他将自己视为团队的正式成员。这对埃里克来说太过分了，他憋在心里的嫉妒变得越发狂暴。这个配有照明系统的玩偶柜如此壮观，对它的心理所有权不是小事，争夺导致了一场流血冲突，但幸好他们只受了轻伤。

这本短篇小说集中的其他故事包括父亲和一只猴子在赫尔辛基一家餐馆中的故事，连环画家的故事，以及其他一些托芙几十年里经历过的事件相关的故事。当然这些故事都是以自由艺术家独有的方式，对现实进行了一定的改写和变更。短篇小说《伟大的旅行》讲述了两个女人之间的友谊和爱情，以及其中一人脱离母亲的尝试。这个故事似乎相当真实地描绘了图丽琪和托芙的共同生活，以及两人与托芙母亲西格妮关系中的嫉妒：

> "妈妈年轻时曾经长发及腰，而且一直到现在，她的头发仍然是我见过的最美丽的。"罗莎说道。埃琳娜则回答："我知道，她的一切都是你见过的最美的。完美无瑕。她拥有的一切，所做的一切，都是完美的。"罗莎说："你这是嫉妒，完全曲解了我的意思。她尽一切努力，只为让我感到自由。""真奇怪，"埃琳娜伸着懒腰说，"太奇怪了，

你竟然会感到自己不自由，对我们来说太糟了。"[22]

20 世纪 80 年代，托芙·扬松写了三本长篇小说。1982 年出版了《真诚的骗子》（Den ärliga bedragaren）。1984 年出版了《岩石农田》（Stenåkern）。短篇小说集《轻装旅行》（Resa med lätt bagage）出版于1987 年，有时它也与篇幅相对较短的长篇小说《岩石农田》一起出版。《公平竞争》出版于1989 年，由描绘相同人物的独立短篇小说式章节组成。

《真诚的骗子》一书的写作过程非常艰难，创作也持续了很久。托芙在完成书稿后，写信给拉尔斯·贝克斯特伦："我思考这本书的时间比其他任何书都要久，断断续续地写了三年（图蒂说更久）。我一遍遍地重写，有时将它放在一边酝酿，然后改掉所有的内容……听到你说喜欢这本书，我真的太高兴了。你甚至将它与《夏日书》——我所知道的自己写的唯一一本好书——相提并论。"[23]

当托芙在写作过程中陷入困境时，她仍会"顽强而努力地继续写作"。[24]《真诚的骗子》讲述了两个女性朋友之间紧张而复杂的关系。其中一个女人安娜，是为童书绘制兔子和花朵的艺术家；而另一个女人卡特丽，则一丝不苟，关注实际问题。托芙说，这两个女性角色反映了她自己的不同方面。她还提到，她们的原型是《圣经》中的该隐和亚伯。起初，安娜像亚伯一样，但随着故事情节的发展，角色发生了变化。[25]

卡特丽和托芙的相似之处显而易见，尤其是了解到托芙在处理商务谈判和财务问题时多么细心、专业，处理得游刃有余，丝毫没有慌乱。她甚至没有雇秘书来处理数量异常庞大的国际合同和财务事宜。不过，弟弟拉尔斯也总能提供专业有力的支持和帮助。为儿童作画的艺术家安娜或许更接近托芙本人，某种意义上是一种带着自嘲意味的自我画像：正如人们想象中的童书插画家一样。不过安娜并没有自己创作故事，她只负责绘制兔子。卡特丽则负责处理那些兔子形象的版权费用等问题。这些正是托芙处理姆明形象使用权时需要考虑的问题，经常让她十分苦恼。

姆明世界创造者和兔子形象创造者之间还有一些共同点。比如，收到大量的儿童来信，回信的重要性，还有回信带来的疲惫感。应该如何合理回复儿童的来信？是应该坦诚，即使那样可能会打破他们内心的平静，还是应该美化答案，而那样就免不了要说谎？孩子多大时，可以对他们说真话？书中的女主角就这些问题争论不休。托芙在给孩子们回信时遇到了同样的困境，显然也不得不考虑这些问题。[26]

《岩石农田》篇幅相对较短，情节更紧凑，其写作过程应该比《真诚的骗子》轻松一些。小说《岩石农田》讲述了刚刚退休的记者约纳斯和两个女儿的故事。男人反思了自己与职业生涯中使用的文字之间的关系："我在这份工作中毁掉了太多文字。我所有的文字都严重磨损、疲惫不堪——如果你明白我的意思，已经无法再使用。必须将它们彻底清洗干净，然后一切从头开始。写了数百万字却永远不确定所选择的是否正确，你知道这意味着什么吗？[……]"[27] 约纳斯对于写作困境以及个人语言表达匮乏的绝望，显然是所有写作的人都会有的感受。托芙自己也面临同样的问题。写作《岩石农田》时，托芙一定压力很大，因为《太阳城》和《玩偶柜》的销量都很惨淡，许多读者仍然怀念写作早期姆明书的她。

阿托斯·维尔塔宁和他狂躁的工作状态，某种程度上可以看作约纳斯的原型。约纳斯的前老板提到，约纳斯的口头禅是"如此等等，如此等等"。[28] 众所周知，这也是阿托斯的口头禅。约纳斯的任务是写一本关于媒体大亨 Y 的传记，他称之为"一本关于垃圾报纸投机商的书"。约纳斯在乡间的小木屋里写作。然而，写作没有按照计划进行——最后期限使他感到焦虑，写出来的文字也缺乏生气。他非常绝望，甚至试图用相当不光彩的方式解决问题："现在，他夸大其词，混淆是非，甚至捏造事实，并且一直都知道最终仍然会失败……"[29] Y 的传记最终没有写完：只完成了一部分，另一半被烧毁，扔进了岩洞里。

《轻装旅行》出版时，托芙已经 74 岁。标题故事讲述了旅行的乐趣，即使一切似乎并没有按照计划进行。出发去旅行，从日常生活中解放出来，是最重要且最让人沉醉的。也许，比起到达某个地方，离开某个地方更为重要：

> 但愿我能描述出舷梯终于收起的那一刻填满内心的巨大解脱感！直到那时，我才能真切地感受到自己的存在，或者更准确地说，只有当船离开码头足够远，再也没有人能够对我大声喊叫，盘问我的地址，或者尖叫着说发生了可怕的事情，我才能如此……相信我，你们永远也无法想象，我沉浸在多么令人陶醉的自由当中。[30]

小说《公平竞争》讲述的是托芙和图丽琪的生活，或者至少非常接近她们的真实生活和经历。托芙在书中的化名是玛丽，图丽琪是乔娜，拉尔斯是汤姆，阿托斯是约翰内斯。托芙和图丽琪·皮耶蒂莱的父亲都叫维克托，他们的船也以这个名字命名为"维克托号"。书中玛丽和乔娜的船也是叫这个名字。很明显，故事发生在夏天的克洛夫哈鲁岛，以及冬天时托芙和图丽琪的工作室。在书中，两个人的工作室也是通过阁楼走廊相连，就像现实中乌拉林纳街的公寓一样。

这是一本关于恋爱关系、嫉妒、对独处和个人安宁之需求的书。它讲述了共同生活的艰难，以及如果还相爱，一切会更加困难。小说还探讨了两个富有创造力的人，如何在不限制彼此创造力的情况下共同生活。

《与柯尼卡一起旅行》这一章讲述了玛丽和乔娜这对恋人的共同爱好。其灵感主要来源于图丽琪对电影拍摄的热情。故事中的人物经历了长期共同生活的恋人间发生的一切，正如图丽琪和托芙之间经历的那样。书中类似独立短篇小说的章节展现了两人独特的性格特点。比如，乔娜的勇敢，她在必要时刻使用手枪的能力，甚至没有必要时也会使用。图丽琪·皮耶蒂莱在岛上也有自己的枪，部分是为了安全，用来对付那些不受欢迎的入侵者，部分是为了帮助受伤垂死的动物解脱。不过，她也会为了娱乐而射击易拉罐之类的东西。[31] 她们也会讨论彼此间的关系。乔娜回忆起玛丽的母亲，将近90岁的她还公然在纸牌游戏中作弊。她还偷偷拿走了乔娜的手工活工具、凿子和刀具，并把它们一个一个地毁坏。[32] 图丽琪和西格妮都喜欢雕刻，两个人之间经常有摩擦，显然也会互相较劲谁的雕刻作品更美。

短篇小说集《克拉拉的来信》（ Brev från Klara ）出版于1991年。它也是基于真实的经历，其中很多事情发生在几十年前。尽管如此，这些故事依然鲜活，仿佛刚刚发生的一般。书中的氛围如此真实，可能是因为这些故事大多基于托芙的笔记和信件写成，她在文字中记录了那些经历以及当时的感受。现在她用虚构的手法呈现它们，对事实进行改编，但通常只是稍稍改变。

这本小说集中最有趣的故事是《克拉拉的来信》。故事中克拉拉热情坦率且条理清晰地写下一封封信：她有时候是教母，有时候是年轻的朋友，有时候又是邻居。《里维埃拉之旅》讲述了一对母女去西班牙巴塞罗那和法国朱翁雷班旅行的故事。故事中的旅行和时间线与托芙在西格妮退休后和她一起进行的旅行基本吻合。托芙在小说中描绘了美丽的母女形象以及她们之间美好的关系。尽管小说出版时，西格妮去世已经 20 多年，但时间上的距离丝毫没有减弱文字中那种强烈的情感。托芙和母亲的那次旅行也孕育了《姆明一家漫游里维埃拉》这个故事：姆明一家在里维埃拉一系列酒店里的冒险。那里的每个酒店都以非常友善的态度热情欢迎客人，但很遗憾，一切都不是免费的。

既公开又隐秘

很多研究者试图在托芙的作品中寻找关于同性恋的暗示。她从来不在公众场合谈论这个话题，但也从未刻意隐瞒。她与图丽琪·皮耶蒂莱的关系是众所周知的。

她们一起出席各种正式和公开的场合，比如参加总统独立日庆祝活动。她们也是首对以伴侣关系正式出席这个活动的女同性恋。她们的关系如此公开和理所当然，以至于毫无新闻价值。对于每个人都知道的事实，很难编造出丑闻，即使是热衷于拿这类话题炒作的媒体也没办法大做文章。

各种心理研究在解读托芙的作品时有自己的方式，有时也会得出一些独特的观点。1992 年，瑞典学者芭尔布鲁·古斯塔夫松在乌普萨拉神学院获得博士学位，她当时的学位论文研究的就是托芙·扬松的成人文学作品。她着重研究了《玩偶柜》《太阳城》《伟大的旅行》和《公平竞争》这几个作品，也涉及一些姆明的故事，不过篇幅很少。

出人意料的是，托芙在古斯塔夫松的研究过程中同意接受采访，以这样的方式参与了这个研究，并出席了论文答辩仪式。她对此持开放态度很可能是因为亲属关系：论文作者古斯塔夫松的伴侣，正是托芙的表妹谢丝

《冬夜中的狼群》，水彩和墨水，20 世纪 30 年代

汀，且这位表妹与托芙关系十分密切。这位表妹出身于观念狭隘的宗教家庭，在她发现自己是同性恋之后，托芙给予了她有力的支持和保护。在很多同性恋社群的相关事务中，托芙和她的朋友们也为她提供了很多帮助。

在答辩仪式上，托芙不愿意接受媒体采访，也不想在公众场合谈论自己的私生活，更不用说她的感情生活。她在答辩仪式及其庆祝活动结束后立即返回芬兰，但给媒体写了一篇新闻稿。在新闻稿中，她按照惯例赞扬了这篇论文结构的清晰以及作者在这一领域的广博知识，并认为作者已经深入鲜有人探索的研究领域。但她也表示，尽管人们写了很多关于作家的书，但非要写的话，最好在作家去世后再写。似乎是为了缓和自己的措辞，托芙也强调了自己与论文答辩者之间的相互信任，这种信任通过共同的讨论得到进一步增强。她还表示，跟进这项研究对她来说就像一场冒险，也许这也激发了她内心想要成为先驱者的愿望。

古斯塔夫松的研究从托芙20世纪30年代做过的一个梦开始，这个梦似乎带着奇怪的威胁性。梦中，托芙在夕阳西下的海岸上看到了几只像狼一样的大黑狗。心理学家告诉她，这个梦象征着被压抑的冲动和禁忌的感官体验。

在研究中，古斯塔夫松可能太过容易地将日常的海洋和海岛生活与同性恋的特点联系起来。她还讨论了托芙经常在童书和成人文学中提到的野生动物主题。《姆明谷的冬天》中关于小狗小苦苦的故事也十分有意思。它渴望加入狼群，也想学习像狼那样嚎叫。这个故事讲述了试图摆脱自己出生种群的努力，但事实证明这是不可能的。在《真诚的骗子》中，狼狗在两个女性之间的权力关系中扮演着重要角色。[33] 很多读者在那则讲述小狗爱上猫的连环画中也看到了同性恋的暗示。小狗意识到自己的爱情不正常，变得十分沮丧。最后它发现自己爱上的猫，其实是一只乔装打扮后的小白狗。这一次，问题有了一个简单的解决方案。[34]

托芙的书中反复提到人类或姆明谷角色的"放电"之举，这也是她的作品中一个很重要的现象。树精就像是一堆四处漂流的阴茎或避孕套，它们在雷雨中会导电，

想要加入狼群的小狗小苦苦，《姆明谷的冬天》插图

那时它们也会灼伤靠近的人。放电现象可以很容易联想为发情的隐喻。美宝也会放电，而且是姆明谷中最性感的存在，有很多孩子。在《十一月的姆明谷》中，霍姆珀人托夫特能够控制雷雨和闪电的产生。他将一个原始生物从锁着的柜子中释放出来，只留下电流的气味。天空布满闪电，逃出去的原始生物在雷云中不断生长壮大。这个生物变得太过庞大，充满怒意，并不习惯自己如此巨大和愤怒。在《玩偶柜》中，玩偶柜的通电导致了三个男人之间的嫉妒和暴力。在《伟大的旅行》中，放电行为也引发嫉妒。母亲感知到女儿女友的带电性并提醒她，结果女儿立即产生嫉妒。

《公平竞争》描述了两个七十多岁的女人之间稳定的恋爱关系以及她们日常的共同生活。古斯塔夫松基于这本书，用传统的"女受"和"女攻"的划分视角，探讨了书中人物在女同性恋关系中的角色划分。乔娜和她的原型图丽琪可能部分符合"女攻"的特质。[35] 托芙也在姆明谷的故事中以她为原型，创造了图迪琪的形象：一个腰间佩刀、身材魁梧的旅行者，带着典型的男子气概。

古斯塔夫松引用奥斯卡·王尔德的话写道：同性之爱是一种不敢大声说出自己名字的爱情。尽管托芙所处的时代与王尔德完全不同，社会上仍然存在着很多偏见和紧张感。它们显然也对写作产生了影响。几个世纪以来，人们不希望女性作家笔下会出现直接的情色描写，她们已经习惯了用相当隐喻的语言去表达。也许这已经深入她们的血液。当然，如果涉及非法的爱情，这一点就更加明显了。

托芙的书里没有露骨的情色描写或者强调性行为的叙述。从这个角度来说，她的作品是那个时代非常典型的女性文学代表。有时候甚至会感到，她作品中的角色在某种程度上被抹去了性别。伴侣关系更多基于理解和友谊，而不是炽热的激情，尽管有时嫉妒会以很激烈的方式呈现。很多内容用隐喻性的语言进行了掩饰。在托芙面向成人读者的文学作品中，经常会有男同性恋或女同性恋情侣的描写，不带强调，只是普通地呈现。在托芙的很多文学作品以及她自己的生活当中，同性恋是极为自然的事情，根本没必要大惊小怪。不需要否认，也不需要强调。尽管如此，她似乎不愿意太公开地谈论自己的性取向，并且曾经明确拒绝她的传记作者在书中讨论她成年生活中的爱情关系。那本传记是为儿童创作的，所以提前审查文本是可能的。[36]

在《伟大的旅行》这个故事中，两个七十多岁的女人，埃琳娜和罗莎，以及罗莎的母亲，她们一起过着充满快乐和悲伤的日常生活，并从事着创造性的工作。然而，两个女人的肉体之爱在三个人之间却是禁忌话题。埃琳娜问罗莎："她到底知道什么？什么都不知道。她对这种事一无所知。"母亲在场的时候，她们无法向对方表达感情。[37]她们计划着一起旅行，罗莎却退出了计划，准备和她的母亲一起去旅行。她回忆起自己小时候在儿童房间对母亲许下的承诺："我要把你带走，从爸爸那里抢走，我们去热带丛林或地中海……我要给你建造一座城堡，你可以成为那里的女王。"[38]

北欧和芬兰推动性别平等的组织对托芙给予了赞赏，感谢她为性少数群体做出的开创性工作，她无疑是同性恋群体中极为重要的代表和作家。托芙·扬松可以做到完全坦诚，同时又隐藏自己。就像那篇博士论文的情况一样，她向研究者提供信息并参加答辩仪式，但没有将自己置于媒体的攻击下，也不接受记者对她私人事务的盘问。关于她的女同性恋身份，正如在这种情况下一样，她"出柜"了，但同时又继续藏在里面，守护自己的隐私。

同性恋本身激发了许多研究人员和读者的兴趣，引起了各种解读。托芙创作的歌曲《心理分析狂》反映了她对过度感兴趣的态度所持的一丝嘲讽。这首歌曲是她在1963年为幽默短剧《克拉什》创作的，由埃尔娜·陶罗谱曲。这首歌就像是一首复杂的戏仿讽刺诗，各种心理分析术语组成了一个混乱的整体。她似乎是在调侃那些热切地想要找到点什么的人。他们在每个地方都看到蛛丝马迹，即使在一些毫不相干的事物上。他们满脑子都被心理分析占据，再也看不到其他东西。这首歌很长，解读层次也很多，证明作者很熟悉当时的心理学术语。托芙本身对于各种心理分析很感兴趣，她显然能够完全驾驭相关的术语，甚至能够用它写歌来戏谑别人：

> 我左望望右望望
>
> 无论我望向何方
>
> 总发现更多符号
>
> 我沉溺其中
>
> 陷入沮丧
>
> 还有无穷无尽的刻意联想[39]

右图：托芙与海，1946年

第十二章
告别

托芙生活中的一切都井然有序，恰到好处。她现在有乌拉林纳街的工作室和克洛夫哈鲁小岛，她有财富，爱好旅行和电影拍摄。托芙和图丽琪·皮耶蒂莱已经成了关系稳定的老年伴侣，童年、青年和中年时光都已经度过，接下来要面对的是逐渐放弃很多心爱的和被视为理所当然的事物。托芙有很多工作要做，她对生活充满了渴望。她现在是国际知名人物，这就要求她持续不断地处理各种事务并投入时间。需要管理事业；需要批准或拒绝请求，特别是姆明世界使用权相关的请求；需要接受采访，代表并接受荣誉；需要为作品的新版本和译本绘制封面图，还要阅读并校对文本；并就迅速发展壮大的姆明产业做出决策。托芙一直在为自己所创造的一切服务，已经没有太多时间去涉猎新的领域。

长期以来，托芙的很大一部分时间用来回复孩子们的来信。给孩子们回信对她来说很重要，她将其视作自己的责任，同时也很享受与小读者保持联系。姆明系列的书越来越多地被翻译成其他语言，知名度越来越高，来信也越发多起来，托芙需要花更多的时间来回信。但是不回信她会良心不安，这是托芙知道的最糟糕的事。她在最后一本书中，运用（部分是虚构的）孩子们的来信作为《消息》这个短篇故事的素材。这个故事讲述了孩子们把作家想象得多么全能，他们对作家寄予了多少期望，而不回应他们的急切请求又是多么不可能。"我该怎么对付我父母，他们变得越来越难缠。请你给我回信！""我的猫死了！请你马上回信。"[1]托芙在晚年回顾自己的生活时，说自己获得了大量的爱，关于这点她专门提到了孩子们的来信。[2]

但回信占用了她原本用来写作的时间。1974 年，瑞典《每日新闻》发表了题为《将托芙从孩子们中拯救出来》的采访文章。文章中提到，托芙崇拜者的信件数量已经变得十分庞大，而她决定亲自回复每一封信，这也占据了她大量的时间。托芙估计，20 世纪 80 年代她每年收到大约 2 000 封信。她详细地回复每一个人，并给予个人化的回应。回信使托芙很难找到创作的宁静和时间。因此托芙建议，应该制定一部专门的作家法。它可以保护作家的创作安宁，就像鸟类繁殖季节的法律一样。根据该法律，在鸟类繁殖季节，人们不能打扰鸟类。在保护期内，作家们可以获得安宁，专注于写作，因为他们需要时间和独处。毕竟，成为艺术家需要几百年的时间。[3]

佩林基群岛是托芙创作灵感的源泉，也是她最钟爱的地方。西格妮、维克托和拉尔斯的妻子妮塔都曾是夏日记忆的一部分，但现在他们都不在了。托芙和图丽琪搬到了克洛夫哈鲁小岛，那里的生活通常很宁静。偶尔会有朋友，还有弟弟带着家人来访。

对天堂乐园的寻觅一直是贯穿托芙生活和艺术创作的主题。特别是在她 20 世纪 30 年代的艺术画作中，这一主题反复出现。那些画面不仅受到了《圣经》的启发，也充满了自由的想象，那里有蓝色的水域，有或在游泳，或在跳舞，或在安静休憩的人们，还有美好的自然景色。接下来的几十年，天堂乐园的主题在大型壁画中反复出现。托芙有意给空间使用者带来片刻天堂的感受，比如在为斯特伦贝格电气集团工厂绘制的壁画的过程中。尽管为了满足管理层的需求，她不得不在那里再创作一幅描绘电力传输的作品。

托芙创造的最著名的天堂乐园当然是姆明谷。她在世界各地寻找个人生活的天堂，并计划与她最在乎的人一起迁往更美好的世界，甚至考虑建立一个艺术家定居区。托芙在佩林基群岛，特别是在克洛夫哈鲁岛上，找到了自己的天堂乐园。薇薇卡·班德勒回忆起她们在佩林基群岛度过的夏天："在那里，一切都变得很有意义；每一次脚趾触及海水，每一次交谈。当你身处那里，感觉就像窥见了天堂一般。"[4]

随着年岁的增长，岛上的生活开始变得具有挑战性。岛上没有水井，所有饮用水都需用船运输。岛上也没有电，它的地理位置离哪里都很远。食物运送、信件收发都很困难——在所有这些事情上，两个女人都需要亲友的帮助。朋友们开始担心她们。万一发生什么事情，万一在滑溜溜的岩石上摔倒，或者万一突然生病，她们要怎么办？电话信号很差，在某些天气下，船甚至无法靠岸。

佩林基群岛的常住居民在很多方面为扬松一家提供了必不可少的帮助和支持。阿尔贝特·古斯塔夫松，也就是"阿贝"，从托芙的童年时代起就是对她非常重要的人。阿尔贝特总能与自然和谐相处。托芙和他一起玩耍，探索海洋和岛屿，学习了许多对于海岛生活很重要的事情。托芙在《雕塑家的女儿》里的一个短篇故事中讲述了阿尔贝特钓鱼的故事，描述了他怎样钓鱼，怎样在海边划破一只受重伤的海鸥的脖子，使它从痛苦中解脱。[5]这一行为感觉很残忍，对于受苦的鸟儿来说，却是一种善意的帮助。小说描绘了叙事者对男孩无尽的信任："阿尔贝特总能处理好一切。不管发生什么，无论别人做了什么，阿尔贝特都会处理好一切。"[6]古斯塔夫松家的阿尔贝特就像短篇故事中的"阿尔贝特"一样重要。

成年后，阿尔贝特仍然是托芙亲密的朋友和精神支持，也是日常生活中能够提供帮助的人。如果汽油突然用完，可以从他那里拿；他也会为西格妮和图丽琪提供珍贵的木料用于雕刻。1962年，阿尔贝特为她们建造了一艘四米长的桃花心木小船——"维克托号"，图丽琪尤为珍爱这艘船。阿尔贝特的妻子格雷塔也成了托芙的亲密朋友。1981年，阿尔贝特的早逝带来了巨大的空虚。佩林基群岛再也不是过去的模样。

1981年冬天阿尔贝特去世时，克洛夫哈鲁小岛上的房子被人闯入。钥匙还挂在门旁边的墙上，但窗户被打破，物品被破坏和盗窃。几年后，同样的事情再次发生。这种恶意行为让人觉得房子被亵渎了，令人气愤，同时也引发了不安全感。

海岛生活中最糟糕的事情是变老——随着年龄的增长，衰老会缓慢地降临到每个人身上。肢体变得僵硬，无法保持平衡，力量逐渐消退。在滑溜的岩石上行走、钓鱼以及在暴风雨中应付船只变得越来越困难，到了最后几乎不可能完成。突然在某一刻，衰老变得如此明显，让人无法再忽视。它迫使人们限制自己的生活方式，就像托芙所描述的那样：

> 有一年夏天，我们突然很难再将渔网拉上来。地形开始和我们作对，变得狡诈而危险。它没有使我们害怕，而是让我们感到惊讶。也许我们还没有足够老，但为了安全起见，我砌了几个台阶，图蒂在各个角落拉起了一些辅助绳，装了一些把手，我们继续按照以往的方式生活，但我们吃鱼吃得更少了。[……]在最后一个夏天，发生了一件不可饶恕的事情：我开始害怕大海。大浪不再象征着冒险，只代表恐惧和担忧，担忧船只以及其他天气恶劣时还在水上活动的一切。[……]这种恐惧感觉像是背叛——对自己的背叛。[7]

她们决定以体面的方式告别，在腰板还足够挺直的时候离开岛屿。尽管如此，离别仍然像是一种小小的死亡。也许她们本可以再在岛上多待几年。但在一切都相对不错的时候离开，似乎会更好受一些。她们于1992年将岛屿交给了佩林基当地遗产协会。从1965年开始，她们每年都在这里度过大部分时间，现在它属于别人了。对她们而言，它只存在于回忆中。

但回忆十分珍贵，而且很多很多。这些回忆在1996年孕育了一本美好的书，就是《哈鲁，一个小岛》。书中展示岛上景色的照片由图丽琪·皮耶蒂莱绘制，文字由托芙编写。托芙的笔记本和日历表上写满了克洛夫哈鲁小岛的历史。那些小小的字迹将每一袋水泥的运送、每一次岩石爆破都仔细记录了下来。这些笔记讲述了这座房子如何诞生，变成了怎样的模样，以及为什么如此珍贵可爱。笔记还记录了她们与大自然共同生活的经历，如何在早春观察冰雪的消融。离开岛屿是一次庄严的告别：

> 再也不会捕鱼了。再也不会把污水倒进海里。不再关注雨水，不再担心"维克托号"，也不再有人担心我。很好。接着我开始思考，为什么一片草地不能安静地长满青草，为什么美丽的石头不能随心所欲地滚动，而不必被人欣赏，诸如此类的事情。慢慢地，我开始有些生气。我想，鸟类之间残酷的战争都应该由它们自己解决，而我现在打算让随便一只该死的海鸥来拥有我们的整个房子！ [8]

托芙生活中最重要的事情一直都是创造性的工作。她创造，画油画，画插画，写作，做了相当于好几个人一生的工作。她的创造力和艺术领域非常广泛，涵盖了绘画、童话故事、短篇小说、长篇小说、剧本、诗歌、歌曲、舞台设计、壁画、插画、广告，以及政治漫画和讽刺画等多个艺术种类。我们尚不可知的是：她从哪里获得这么多的时间和精力，以及为什么工作对她来说如此重要？可以确定的是，她有着强烈的创造和工作的需求。这是她几十年生活中持续不断的渴望，甚至可以说是一种迫切需求，很显然也是她最重要的性格特点之一。她的创造力保持了很长时间。1998年，时年84岁的托芙出版了最后一本短篇小说集《信息，1971—1997年间精选短篇小说》(*Meddelande: Noveller i urval 1971-1997*)，其中包含了一些全新的短篇小说。两年前，她与图丽琪·皮耶蒂莱合作完成了关于岛屿的书，并在1999年完成了《哈鲁——孤独者的小岛》这部电影。

年龄侵蚀人的身心，消磨了精力和创造力。在托芙研究衰老的短篇小说中，那些老年人的原型是西格妮，也许还有父亲维克托。在《十一月的姆明谷》中，嘟囔爷爷只记得他想要的一切，并重新给自己取了个名字。他的老年时光可以说是极富创造力的，尽管也伴随着衰老带来的不便与病痛。生命的脆弱性在《夏日书》中的老妇人身上有明显的体现，那是她生命中的最后一个夏天，或者至少是最后年岁里的某个夏天。尽管如此，这本书丝毫不显得沉重，恰恰相反。《倾听者》用生动而感伤的笔触描写了一个老人的死亡。与之相对应的，是耶尔达阿姨的故事，她有一个奇怪的爱好：绘制人们与其他人之间关系的地图。这些人和他们的人际关系一直在变化，她没有足够的时间，甚至没有足够大的纸张能够描绘这种多样性。在《太阳城》这本书中，有好几个以自己独特方式衰老的老年人。托芙用充满超现实主义色彩的手法刻画了这座死亡之城中的老妇人。在《哈鲁，一个小岛》中，她思考着自己的衰老和她放弃的心爱小岛。《一次在公园里》是托芙1995年创作的短篇小说，在她去世之后才出版。这篇小说具有非常浓厚的个人色彩，讲述了当一个充满创造力的人进展不顺畅时的真实感受——绘画时颜色失去意义，写作时文字也不再顺从自己的意志。1988 年，托芙曾在短篇小说《通信》中，描写了她与一个显然是虚构的人物渥见多美子之间的通信。托芙通过多美子写道：

> 现在我给您寄来一首新的俳句
>
> 它讲述了一个年迈的女人
>
> 看到远处苍黑的山脉
>
> 年轻时她从未见过它们
>
> 现在她已经无法走到它们身旁 [9]

　　很久以后，在托芙 80 多岁时，她再次回到了这个几乎完全相同的想法，只是这次是通过埃德加·李·马斯特斯的《匙河集》中的一首诗。在这首诗中，老人只在老年才看到山脉，但已经无法飞到它们那里去。[10] 托芙的工作能力似乎开始逐渐减弱，尽管她仍然有着强烈的创作渴望。这种矛盾是具有创造性的艺术家生活中最困难的事情之一。

　　年轻时，托芙常常陷入抑郁或过度劳累，创作并不总能顺利进行。那时她只是茫然无措地站在作品面前，感觉一切事物都对她背过身去。但随着时间的推移，她总能再次与创作建立起联系。年老后，很难确定能否再找到那些联系。就像托芙笔下那个经历了日常噩梦的艺术家的故事："他在某天早晨醒来，盯着调色板，却不知道该选择哪种颜色——所有颜色都在那里，还有它们美丽的名字，无论是金属紫还是维罗纳绿，或者是在调色板边缘的草绿和乌木黑，画家不知道该如何作画，整个过程对他来说似乎无从下手；又或是一个作家，在某个早晨盯着那些字母却对它们毫无感觉，该怎么办?!"[11]

托芙在她和图丽琪的最后一次旅行途中,写下了短篇小说《一次在公园里》。在小说中,托芙描述了1993年在巴黎的一些时刻,这座城市对她来说意义重大。小说中的主人公坐在圣叙尔皮斯教堂后面一个小公园的长椅上,思考着该写些什么,以及如何开始。开始十分困难:"我当然会努力尝试,但我越努力,事情就越困难,我越来越绝望,有着无法跨越的障碍,什么都写不出来。"

孩子们经常在信中问她如何才能成为作家,他们可以写些什么。托芙记得曾经建议他们写一些自己熟悉和有所了解的事物。她自己也是这样做的,但现在情况不同了:"中年的'最后一口面包'我已吃光,变老后我也尽量从衰老的经历中取材,但当我尝试写关于年轻人的故事时,结果并不如意。"她开始觉得自己好像已经写过所有她掌握的东西,是时候放弃写作了。"我拿起拐杖,走到垃圾箱旁,把那个蜡质封面的本子扔掉。它是件完全多余的东西,对我这个年龄的人没有任何价值。"[12]

托芙出版的最后一本书是短篇小说集《信息,1971—1997年间精选短篇小说》,那时她的职业生涯已经持续了大约70年。为了这本小说集,她回顾了自己的作品,并选择了不同年份的作品组成合集。她仿佛是在整理过去的人生,并思考自己所有的写作。这是对已经过去和创造出来的事物的某种梳理,一种类似整理遗物的行为,这是作家们经常会做的事情。作家自己选择作品整理成的文集,就像是他们的传记一样。《信息,1971—1997年间精选短篇小说》中的故事最能反映托芙在过去26年里的生活。其中许多是她认为相对更重要的作品,常常描绘的是她生命中最重要的事件和人——家庭、舅舅和卡琳表姐,还有她与图丽琪、西格妮带着柯尼卡相机一起经历的旅行。

这本书还包含了以前未发表的短篇小说，它们是在托芙年轻时的笔记和信件内容的基础上创作的。她自然对这些文字进行了润色，还删除了信件和笔记中的私密内容。即便如此，这些短篇小说还是与笔记和信件中的文字基本一致，一些地方甚至保留了信件的格式，因此给人的感觉十分亲切而真实。与那些仅仅依靠记忆所写的回忆录相比，这些文字的新鲜感也没有消退。

托芙可能知道这本书会是最后一本。因此，这是她最后一次创作新作品的机会。就像她在《一次在公园里》中所写的那样，创作是艰难的。在这些短篇小说中，她再次回顾了她的青春岁月与生命中的重要时刻。那个年轻的女子在阿黛浓学校毕业典礼后与塔皮奥一起跳了维也纳华尔兹，与萨姆·万尼一起学习艺术，生活在等待战争的紧张氛围中，在车站与逃离这个国家的埃娃·科尼科夫分别，目送她最好的朋友踏上最后一班去往佩萨莫的列车。

老年人经常被问及他们如何看待自己过往的生活，如果能重新活一次，他们会如何选择。托芙在 80 岁生日时，也被问到这个问题。她表示自己过上了令人兴奋的多姿多彩的生活，尽管也经历过艰难。她对此感到非常幸福。托芙说，她一生中最重要的事情就是工作，然后是爱。但她突然又说，如果能重新活一次，她的一切决定都会完全不同。但她不想透露，具体是怎么不同。[13]

后来癌症袭来。托芙一生都在吸烟，最终患上癌症，病倒了。不过至少表面上，她对自己的病情和反复的手术始终表现得很平静。她对一个朋友说："你问到了我的病情——是的，癌症又回来了，复发了几次，还扩散到了新的地方，但它们把我照顾得很好。"[14]

托芙决定将自己严重的病情告诉最亲密的朋友。与最爱的人谈论预期的死亡一定是人生中最困难的事情之一。一位好朋友描述了托芙给他打电话，并告诉他自己即将去世的情景。通话结束时，托芙说："亲爱的，我原本以为打这个电话会很难，但事实上一点都不难……毕竟死亡是如此自然的事。"[15]

尽管《圣经》中的故事常常是托芙作品情节的部分基础，古斯塔夫·多雷为《圣经》绘制的插图也对姆明谷的风景产生了影响，宗教在这个宫廷教士的外孙女的艺术创作中却并没有特别重要。然而，当生命即将结束时，人们常常开始对灵性问题产生兴趣，而且希望与神职人员讨论死后的问题。出于某种原因，托芙遇到了一位牧师。当时鉴于她严重的病情，牧师问她："您是否思考过关于永恒的问题？"托芙也给出了答案："是的。我怀着好奇心期待着——希望它会是一个愉悦的惊喜。"[16]

托芙在喂海鸥

致谢

　　本书的诞生离不开很多人的重要影响，我再次向他们表示真诚的感谢。感谢托芙·扬松的侄女、姆明形象公司董事会主席索菲娅·扬松的支持，让我有机会阅读托芙·扬松的信件。这引导了我的兴趣方向，为我打开了未知的道路。与托芙·扬松的弟弟——摄影师佩尔·奥洛夫·扬松的会面也非常重要。几年来的对话交谈，使我更深入地了解了托芙过去的生活和其中的情感。佩尔·奥洛夫·扬松还不辞辛劳地从他的档案中为本书搜集了适合的照片。

　　莱纳·萨拉斯特和莱纳·米克维茨阅读我的手稿并给出了宝贵意见，埃里克·米克维茨帮助我理解、梳理了文献中一些比较高难度的表达。在写作这本书的同时，我负责筹办一场盛大的托芙·扬松艺术展以庆祝她100 岁诞辰。两个任务同时进行使得它们相辅相成，因此我也要向展览项目的所有参与者表示衷心的感谢。非常感谢我的出版商和所有参与完成这本书的人。

　　阿尔弗雷德·科德林基金会的资助，使我可以长期进行研究和写作工作，我对此表示崇高的谢意。

　　我将这本书献给尤霍、亚科、约翰内斯、阿尔方斯和莫里斯。

图拉·卡尔亚莱宁写于赫尔辛基

2013 年 8 月 15 日

年表 *

1914	8月9日，托芙·玛丽卡·扬松出生。
1929	15岁的托芙第一次发表连环画《普里奇纳和法比安历险记》。
1931—1933	托芙在瑞典工艺美术与设计大学学习艺术。
1933	18岁的托芙以其手绘作品与母亲的作品一起，被选入斯特林堡艺术沙龙幽默画展。
1933	托芙出版了自己第一本书《萨拉、佩勒与水精灵的章鱼们》。
1933—1936	托芙在阿黛浓学校学习，并与塔皮奥·塔皮奥瓦拉相识。
1935	遇见塞缪尔·贝斯普罗斯万尼（萨姆·万尼）。
1936	托芙的作品入选了芬兰画家联盟在艺术大厅举办的展览。
1938	托芙去法国的巴黎和布列塔尼旅行，在巴黎学习艺术。
1938	托芙首次获得杜卡迪艺术奖。
1941	托芙为杜丽波米餐厅画了玻璃彩绘。
1943	在贝克希斯艺术沙龙举办第一次个人艺术展览。
1943	遇见阿托斯·维尔塔宁。
1945	出版第一本姆明故事书《姆明和大洪水》。
1946	出版第二本姆明故事书《姆明谷的彗星》。
1947	在《新时代报》发表连环画《姆明和世界末日》。

---

* 芬兰语原版无年表，本书译者与编者根据本传记内容及其他公开信息整理了一份作者年表，供读者阅读参考。

1946	与薇薇卡·班德勒相遇。
1948	出版第三本姆明故事书《魔法师的帽子》，两年后，本书的英文版出版发行。
1949	第一部姆明戏剧《姆明与彗星》在瑞典剧院上演。
1950	出版第四本姆明故事书《姆明爸爸的英勇事迹》，该书后来改名为《姆明爸爸的回忆录》。
1952	出版第一本姆明绘本《然后，会发生什么呢？》。
1952	芬兰国家歌剧院演出《佩西与伊露茜亚》戏剧，托芙参与了服装设计。
1952	与英国联合报业集团签署连环画的协议，七年合同期。1960年开始，由拉尔斯接替漫画的连载工作。
1952	第一本姆明绘本《然后，会发生什么呢？》出版，次年，托芙凭借此绘本在瑞典获得了尼尔斯·霍尔格松图书奖。
1953	再次获得杜卡迪艺术奖。
1954	出版第五本姆明故事书《姆明谷的夏天》。
1954	姆明连环画在《伦敦晚报》开始发行。
1955	托芙遇见图丽琪·皮耶蒂莱。
1955	托芙在贝克希斯艺术沙龙举办了第三次个人展览。
1956	春，芬兰斯托克曼百货大楼组织了盛大的姆明推广活动。
1957	出版第六本姆明故事书《姆明谷的冬天》。
1958	由薇薇卡执导的《舞台上的姆明一族》于利拉剧院上演。
1958	父亲维克托去世。
1958	凭《姆明谷的冬天》获鲁道夫·科伊武奖。
1959	《舞台上的姆明一族》在瑞典斯德哥尔摩上演。
1959—1960	当时的联邦德国（今德国）制作了第一批关于姆明一族的木偶动

画片。

1959	为《猎鲨记》配插图。
1960	出版第二本姆明绘本《谁来安慰托夫勒？》。
1962	出版第七本姆明故事书《看不见的孩子》（短篇故事集）。
1962	为瑞典语版《霍比特人》配插图，1973 年为芬兰语版《霍比特人》配插图。
1965	出版第八本姆明故事书《姆明爸爸与海》。
1966	为《爱丽丝漫游奇境记》绘制插图。
1966	获国际安徒生奖。
1968	出版第一部成人文学作品《雕塑家的女儿》（短篇小说集）。
1969	托芙与图丽琪·皮耶蒂莱一起，在于韦斯屈莱的阿尔瓦尔·阿尔托博物馆中举办了联合展览。
1969	由托芙与拉尔斯·扬松共同编写的 13 集《姆明》电视节目在瑞典电视台播出。
1970	母亲西格妮去世。
1970	出版第九本（最后一本）姆明故事书《十一月的姆明谷》。
1971	出版《倾听者》（短篇小说集）。
1972	出版《夏日书》（长篇小说）。
1972	获瑞典学院芬兰奖。
1974	出版《太阳城》（长篇小说）。
1975	和图丽琪一起在巴黎的"艺术之城"暂居和工作，创作了《丑陋的自画像》和《平面设计师》。
1976	获芬兰专业勋章。
1977	出版第三本姆明绘本《危险的旅程》。
1978	出版《玩偶柜》（短篇小说集）。

1979	大型姆明玩偶屋在布拉迪斯拉发展出。
1980	和弟弟佩尔·奥洛夫合作出版了《姆明屋来了奇怪的客人》故事书，文字由托芙负责，照片由佩尔·奥洛夫负责。
1982	出版《真诚的骗子》（长篇小说）。
1983	获芬兰国家文学奖。
1984	出版《岩石农田》（长篇小说）。
1987	出版《轻装旅行》（短篇小说集）。
1989	出版《公平竞争》（长篇小说）。
1991	出版《克拉拉的来信》（短篇小说集）。
1992	电影《姆明与彗星》上映。
1995	创作短篇小说《一次在公园里》（2002 年出版）。
1996	《哈鲁，一个小岛》（自传性随笔）出版发行，图丽琪为之绘制插图。
1998	出版《信息，1971—1997 年间精选短篇小说》。
1999	《哈鲁——孤独者的小岛》电影发行（与图丽琪合作制作）。
2001	6 月 27 日，托芙于赫尔辛基去世。

人名对照表

J.R.R. 托尔金	J. R. R. Tolkien
阿道夫·希特勒	Adolf Hitler
阿尔贝·加缪	Albert Camus
阿尔贝特·古斯塔夫松（阿贝）	Albert (Abbe) Gustafsson
阿尔米·库塞拉	Armi Kuusela
阿尔米·拉蒂亚	Armi Ratia
阿尔瓦尔·阿尔托	Alvar Aalto
阿尔瓦尔·卡文	Alvar Cawén
阿尔沃·图尔蒂艾宁	Arvo Turtiainen
阿尼特拉·卢坎德	Anitra Lucander
阿托斯·维尔塔宁	Atos Wirtanen
埃德加·爱伦·坡	Edgar Allan Poe
埃德加·李·马斯特斯	Edgar Lee Masters
埃尔基·科波宁	Erkki Koponen
埃尔娜·陶罗	Erna Tauro
埃尔莎·贝斯科夫	Elsa Beskow
埃拉·希尔图宁	Eila Hiltunen
埃里克·奥尔索尼	Eric Olsoni
埃里克·冯·弗伦凯尔	Erik von Frenckel
埃里克·格兰费尔特	Erik Granfelt

埃里克·克鲁斯科普夫	Erik Kruskopf
埃里克·维克曼	Eric Wichman
埃纳尔·哈马斯滕	Einar Hammarsten
埃娃·科尼科夫（科尼）	Eva Konikoff (Koni)
埃娃·塞德斯特伦	Eva Cederström
埃娃·维克曼	Eva Wichman
埃娃－莉萨·曼纳	Eeva-Liisa Manner
埃伊纳里·韦赫马斯	Einari Vehmas
艾茜·伦瓦尔	Essi Renvall
爱德华·韦斯特马克	Edward Westermarck
安蒂·许吕	Antti Hyry
安娜·邦德斯坦	Anna Bondestam
奥古斯特·罗丹	Auguste Rodin
奥古斯特·斯特林堡	August Strindberg
奥拉维·胡尔梅林塔	Olavi Hurmerinta
奥洛夫·恩克尔	Olof Enckell
奥斯卡·帕兰	Oscar Parland
奥斯卡·王尔德	Oscar Wilde
巴勃罗·毕加索	Pablo Picasso
芭尔布鲁·古斯塔夫松	Barbro Gustafsson
保罗·塞尚	Paul Cézanne
本·伦瓦尔	Ben Renvall
比吉塔·乌尔夫松	Birgitta Ulfsson
比耶·卡尔施泰特	Birger Carlstedt
彼得·扬松	Peter Jansson

波爱尔·韦斯廷	Boel Westin
布·卡尔佩兰	Bo Carpelan
查尔斯·萨顿	Charles Sutton
查尔斯·卓别林	Charles Chaplin
丹尼斯·利夫松	Dennis Livson
迪安·迪克逊	Dean Dixon
蒂科·萨利宁	Tyko Sallinen
蒂莫·萨尔帕内瓦	Timo Sarpaneva
蒂托·科利安德	Tito Colliander
恩斯特·梅特尔－博格斯特伦	Ernst Mether-Borgström
凡·高	Vincent van Gogh
费尔南德·莱热	Fernand Legér
弗吉尼亚·伍尔夫	Virginia Woolf
弗拉基米尔·伊里奇·列宁	Vladimir Ilyich Lenin
弗里德里希·尼采	Friedrich Nietzsche
戈兰·希尔特	Göran Schildt
格雷塔·古斯塔夫松	Greta Gustafsson
格斯塔·迪尔	Gösta Diehl
贡纳尔·比约林	Gunnar Björling
贡沃尔·格伦维克	Gunvor Grönvik
古斯塔夫·多雷	Gustave Doré
哈加尔·奥尔松	Hagar Olsson
海蒂·帕兰	Heidi Parland
海利·帕兰	Heli Parland
亨利·马蒂斯	Henri Matisse

卡伊·弗兰克	Kaj Franck
库尔特·班德勒	Kurt Bandler
拉尔夫·帕兰	Ralf Parland
拉尔斯·贝克斯特伦	Lars Bäckström
拉尔斯·扬松（拉塞）	Lars Jansson (Lasse)
拉尔斯－贡纳尔·诺德斯特伦	Lars-Gunnar Nordström
拉斐尔·戈尔丁	Rafael Gordin
拉妮·卡文	Ragni Cawén
拉塞·波伊斯蒂	Lasse Pöysti
拉乌尔·帕尔姆格伦	Raoul Palmgren
拉西·努米	Lassi Nummi
拉伊利·皮耶蒂莱	Raili Pietilä
莱昂纳德·贝克斯巴卡（贝克希斯）	Leonard Bäcksbacka（"Bäxis"）
朗纳·埃克隆德	Ragnar Ekelund
劳里·维塔	Lauri Viita
雷马·皮耶蒂莱	Reima Pietilä
刘易斯·卡罗尔	Lewis Carroll
鲁德亚德·吉卜林	Rudyard Kipling
鲁纳尔·恩布卢姆	Runar Engblom
鲁特·布吕克	Rut Bryk
路德维希·范·贝多芬	Ludwig van Beethoven
罗伯特·路易斯·史蒂文森	Robert Lovis Stevenson
罗尔夫·桑德奎斯特	Rolf Sandqvist
马尔蒂·哈维奥	Martti Haavio
马尔科·塔皮奥	Marko Tapio

344

马库斯·科林	Marcus Collin
马娅·万尼（旧姓：伦敦）	Maya Vanni (o.s. London)
玛杰里·阿林厄姆	Margery Allingham
玛丽亚·塔皮奥瓦拉（米米）	Maria Tapiovaara (Mimmi)
玛丽亚－莉萨·瓦尔蒂奥	Marja-Liisa Vartio
迈娅·伊索拉	Maija Isola
梅尔·古利克森	Maire Gullichsen
米卡·瓦尔塔里	Mika Waltari
米科·万尼	Mikko Vanni
米丽娅姆·图奥米宁	Mirjam Tuominen
内利马尔卡	Nelimarkka
妮塔·扬松	Nita Jansson
尼尔斯·勃兰特	Nils Brandt
尼尔斯－古斯塔夫·哈尔	Nils-Gustav Hahl
尼洛·苏伊赫科	Niilo Suihko
纽尔基·塔皮奥瓦拉	Nyrki Tapiovaara
帕沃·哈维科	Paavo Haavikko
帕沃·林塔拉	Paavo Rintala
佩尔·奥洛夫·扬松	Per Olov Jansson
彭蒂·埃斯托拉	Pentti Eistola
彭蒂·霍拉帕	Pentti Holappa
普滕·福赫	Putte Foch
茜尔珂·哈波宁	Sirke Happonen
乔治·布拉克	Georges Braque
让－保罗·萨特	Jean-Paul Sartre

萨尔瓦多·达利	Salvador Dali
萨加·扬松	Saga Jansson
萨姆·万尼（萨穆埃尔·贝斯普罗斯）	Sam Vanni (Besprosvanni, Samuel)
塞尔玛·拉格洛夫	Selma Lagerlöf
塞缪尔·贝斯普罗斯万尼	Samuel Besprosvanni (Sam Vanni)
山本康夫	Yasmo Yamamoto
斯文·格伦瓦尔（斯文卡）	Sven Grönval (Svenkka)
塔皮奥·塔皮奥瓦拉（塔普萨）	Tapio Tapiovaara (Tapsa)
塔皮奥·维尔卡拉	Tapio Wirkkala
图奥马斯·安哈瓦	Tuomas Anhava
图丽琪·皮耶蒂莱（图蒂）	Pietilä, Tuulikki (Tooti)
托芙·奥尔索尼	Tove Olsoni
托马斯·哈代	Thomas Hardy
托马斯·沃伯顿	Thomas Warburton
万伊诺·阿尔托宁	Wäinö Aaltonen
威廉·伦贝格	William Lönnberg
薇薇卡·班德勒	Vivica Bandler
韦伊诺·林纳	Väinö Linna
韦约·梅里	Veijo Meri
维德昆·吉斯林	Vidkun Quisling
维克多·雨果	Victor Hugo
维克托·瓦萨勒利	Victor Vasarely
维克托·扬松	Viktor Jansson
温托·科伊斯蒂宁	Unto Koistinen
温托·维尔塔宁	Unto Virtanen

瓮尼 · 奥亚	Onni Oja
沃勒 · 魏纳	Wolle Weiner
乌拉 · 赖尼奥	Ulla Rainio
乌诺 · 阿兰科	Uuno Alanko
西格丽德 · 绍曼	Sigrid Schauman
西格妮 · 哈马斯滕－扬松（哈姆）	Signe Hammarsten-Jansson
西蒙娜 · 德 · 波伏瓦	Simone de Beauvoir
谢丝汀 · 哈马斯滕	Kerstin Hammarsten
亚尔马 · 哈格尔斯坦	Hjalmar Hagelstam
亚尔马里 · 罗科科斯基	Jalmari Ruokokoski
亚尔诺 · 彭纳宁	Jarno Pennanen
亚历山大 · 考尔德	Aleksander Calder
亚历山大 · 仲马	Alexandre Dumas
伊尔卡 · 库西斯托	Ilkka Kuusisto
伊里亚 · 维尔塔宁	Irja Wirtanen
伊琳娜 · 贝克斯巴克	Irina Bäcksbacka
伊曼纽尔 · 康德	Immanuel Kant
伊娜 · 科利安德	Ina Colliander
茵比	Impi
英厄 · 扬松	Inge Jansson
英韦 · 贝克	Yngve Bäck
尤哈 · 曼纳科皮	Juha Mannerkorpi
尤哈尼 · 托尔瓦宁	Juhani Tolvanen
尤卡 · 塔皮奥瓦拉	Jukka Tapiovaara
于尔约 · 科科	Yrjö Kokko

注释

致读者

1　Åsa Wall Svenska Dagbladet 19.1.1975.

2　Tove Jansson. 1972 (1971), s. 17–20.

第一章　父亲的艺术，母亲的画作

1　Vivica Bandler. 1992, s. 171.

2　Tove Jansson. 2008 (1969), s. 80–82.

3　Tove Jansson. Muistikirja. 1937 maaliskuu.

4　Haastattelu Per Olov Jansson.

5　Riitta Konttinen. 1991, s. 126.

6　Tove Jansson. 2008 (1968), s. 28.

7　Tove Jansson. 2008 (1968), s. 120.

8　Tove Jansson. 2008 (1968), s. 29.

9　Kirje E. K. 22.10.1941.

10　Kirje E. K. 11.9.1942.

11　Tove Jansson. Muistikirja. 1937 helmikuu.

12　Kirje E. K. 13.10.1944.

13　Suullinen tieto Per Olov Jansson.

14　Per Olov Jansson. 2004 (2002), s. 20.

15　Erik Kruskopf . 1992. s. 170–172.

16 Kirje E. K. 27.1.1942.

17 Kirje E. K. 14.7.1942.

18 Kirje E. K. 1.11.1941.

19 Kirje E. K. 14.7.1942.

20 Kirje E. K. 27.1.1941.

21 Kirje E. K. 14.7.1942.

22 Kirje E. K. 30.12.1948.

23 Kirje E. K. 3.10.1942.

24 Per Olov Jansson haastattelu.

25 Bo Carpelan. 2004 (2002), s. 228–237.

26 Tordis Ørjasæter, s. 173. Kultaisessa vasikassa on totta kaikki muu paitsi vasikka.
    Toven matkassa – muistoja Tove Janssonista 2004.

27 Åsa Wall. " Tove Jansson. Lämnade mumin och blev vuxen." Svenska Dagbladet
    19.1.1975.

28 Tove Jansson. 1999 (1998), s. 252.

29 Tove Jansson. 1999 (1998), s. 8.

30 Tove Jansson. 2008 (1968), s. 27–29

31 Erik Kruskopf . 1994, s. 106–107.

32 Erik Kruskopf. 1994, s. 172.

33 Erik Kruskopf. 1994, s. 99–110 (Boken om Ham.)

34 Kirje E. K. 11.9.1942.

35 Kirje E. K. 9.11.1951.

36 Per Olov Jansson. 2004 (2002), s. 20.

37 Kirje E. K. 17.6.1942.

38 Per Olov Janssonin haastattelu.

39 Per Olov Janssonin haastattelu.

40 Kirje E. K. 19.1.1942.

41 Kirje E. K. 3.12.1941.

42 Kirje E. K. 27.3.1946.

43 Kirje E. K. 8.2.1946.

44 Kirje E. K. 9.4.1949.

45 Tove Jansson. 1999 (1998), s.323.

46 Tordis Ørjasæter. 1987 (1985), s. 30.

47 Åsa Wall. " Tove Jansson. Lämnade Mumin och blev vuxen" . Svenska Dagbladet
    19.1.1975.

48 Erik Kruskopf. 1992, s. 73.

49 Erik Kruskopf. 1992, s. 71.

50 Erik Kruskopf. 1992, s. 73.

51 Erik Kruskopf. 1992, s. 76.

52 "En tidsenling kultur kräver konstkontakt med omvärlden" . HBL 8.2.1952.

53 Erik Kruskopf. 1992, s. 79.

54 Erik Kruskopf. 1992, s. 102.

55 Tove Jansson. 1999 (1998)." Päättäjäispäivä" , s. 44.

56 Tove Jansson. 1997 (1972), s. 42–45.

57 Erik Kruskopf. 1992, s. 84–85.

58 Tove Jansson. Muistikirja. 1935 maaliskuu.

59 Tove Jansson. 1997, s. 76–78. " Olennaisinta maalauksessa." Sam Vanni – vuodet
    1926–1959. H:gin kaupungin taidemuseon julkaisuja.

60 Tove Jansson. 1999 (1998), s. 46–48.

61 Sam Vannin haastattelu 1988.

62 Kirje E. K. 11.9.1942.

63 Kirje E. K. 3.10.1942.

64 Kirje E. K. 11.9.1942.

65 Kirje E. K. 3.12.1941.

66 Kirje E. K. 30.4.1945.

67 Kirje E. K. 1.10.1945

第二章 青春与战争

1 Tove Jansson. 1999 (1998), s. 23.

2 Kirje E. K. 1.11.1941.

3 Tove Jansson. 1999 (1998), s. 30.

4 Kirje E. K. Päiväämätön. Ote lainattu teoksesta Westin Boel 2007.

5 Kirje E. K. 29.4.1942.

6 Kirje E. K. 19.1.1941.

7 Kirje E. K. 25.8.1942.

8 Kirje E. K. 22.7.1942.

9 Tove Jansson. Muistikirja 1942 helmikuu.

10 Kirje E. K. 2.5.1942.

11 Tove Jansson. Muistikirja 1942 helmikuu.

12 Kirje E.K 11.9.1942.

13 Tove Jansson. 1999 (1998), s. 31.

14 Erik Kruskopf. 1992, s. 163.

15 Kirje E. K. Päiväämätön.

16 Kirje E. K. Päiväämätön.

17 Kirje E. K. 11.9.1942.

18 Tove Jansson. Muistikirja 1942 huhtikuu.

19 Erik Kruskopf, s. 136.

20 Kirje E. K. 22.10.1941.

21 Kirje E. K. 1.11.1941.

22 Boel Westin. 2008, s. 96.

23 Ks. Henry Rein. Garm 6/1945.

24 Kirje E. K. 1.11.1941.

25 Erik Kruskopf. 1992, s.174.

26 Kirje E. K. maaliskuu 1945.

27 Kirjeet E. K. 27.10.1941 ja 1.11.1941.

28 Tove Jansson. 1999 (1998), s. 33.

29 Kirje E. K. 10.6.1941.

30 Kirje E. K. 4.8.1941.

31 Kirje E. K. 24.8.1941.

32 Muistikirja heinäkuu 1941 (Till Tapsa).

33 Kirje E. K. 8.10.1941.

34 Kirje E. K. 22.10.1941.

35 Kirje E. K. 22.10.1941.

36 Kirje E. K. 24.10.1941.

37 Kirje E. K. 22.10.1941.

38 Kirje E. K. 22.10.1941.

39 Raoul Palmgren. 1984, s. 45.

40 Kirje E. K. 24.10.1941.

41 Kirje E. K. 27.10.1941.

42 Tove Jansson. Muistikirja. 1941 lokakuu.

43 Kirje E. K. 1.11.1941.

44 Tove Jansson. Muistikirja 1941 lokakuu.

45 Kirje E. K. 1.11.1941.

46 Kirje E. K. 1.11.1941.

47 Kirje E. K. 6.11.1941.

48 Kirje E. K. 23.11.1941.

49 Kirje E. K. 3.12.1941.

50 Kirje E. K. 20.3.1942.

51 Kirje E. K. 20.4.1942.

52 Kirje E. K. 2.5.1942.

53 Kirje E. K. 14.7.1942.

54 Kirje E. K. 22.7.1942.

55 Kirje E. K. 5.8.1942.

56 Kirje E. K. 22.7.1942.

57 Kirje E. K. 11.9.1942.

58 Kirje E. K. 3.10.1942.

59 Kirje E. K. 7.11.1942.

60 Kirje E. K. 30.4.1945.

61 Suullinen tiedonanto Anna Maria Tapiovaara.

62 Kirje E.K. 4.3.1945.

63 Kirje E.K. 11.4.1942.

64 Erik Kruskopf. 1992, s. 182.

65 Erik Kruskopf. 1992. s.182.

66 Suullinen tiedonanto Sophia Jansson 15.1.2012.

67 Kirje E. K. 11.9.1942.

68 Erik Kruskopf. 1992, s. 177–178.

69 Tove Jansson. Muistikirja 1944 kesäkuu.

70 Tove Jansson. Muistikirja 1944 maaliskuu.

71 Kirje E. K. 7.10.1944.

72 Kirje E. K. 7.10.1944.

73 Tove Jansson. Muistikirja 1944 syyskuu.

74 Tove Jansson . " Atos, min vän" . Astra 2/1996.

75 Matti Rinne. 2006. Kiila. Vuodet 1936–2006. Rinne käyttää nimitystä" Kauniaisten hovi" .

76 Kirje E. K. 10.2.1943.

77 Kirje E. K. 16.1.1948.

78 Kirje Atos Wirtaselle 4.3.1948.

79 Thomas Warburton. 1984, s. 325–329.

80 Kirje E. K. 7.10.1944.

81 Kirje E.K. 13.10.1944.

82 Vivica Bandler. 1992, s. 238.

83 Kirje E. K. 4.3.1944.

84 Kirje E. K. 4.3.1945.

85 Kirje Atos Wirtaselle 4.1.1948

86 Kirje Atos Wirtaselle 28.5.1945.

87 Christina Björk. 2001, s. 282–283.

88 Kirje Atos Wirtaselle elokuu 1943.

89 Kirje E. K. 13.10.1944.

90 Kirje E. K. 20.4.1945.

91 Tove Jansson. 1989, s. 130.

92 Kirje E. K. 5.7.1949.

93 Kirje E. K. 4.3.1945 (kirje lopetettu Juhannuspäivänä 1945).

第三章 工作与爱

1 Tove Jansson. Muistikirja. Syyskuu. 1944.

2 Kirje E. K. 26.10.1945.

3 Kirje Ina Collianderille 3.9.1944.

4 Kirje E. K. 26.10.1945.

5 Kirje E. K. 17.4.1946.

6 Kirje E. K. 8.2.1946.

7 Kirje E. K. 8.2.1946.

8 Kirje Atos Wirtaselle. Marianpäivä 1946.

9 Raoul Palmgren. 1984, s. 54.

10 Kirje E. K. 13.10.1944.

11 Kirje E. K. 4.3.1945.

12 Kirje E. K. Viikko ennen joulua 1946.

13 Kirje E. K. 4.3.1945

14 Kirje E. K. 4.3.1945.

15 Kirje E. K. 12.8.1945.

16 Kirje E. K. 12.6.1945.

17 Kirje E. K. 20.6.1947.

18 Kirje E. K. 14.5.1946.

19 Kirje E. K. 20.6.1947.

20 Kirje E. K. Viikko ennen joulua1946.

21 Vivica Bandler. 1993 (1992). s. 170.

22 Kirje E. K. Viikko ennen joulua 1946.

23 Kirje E. K. Viikko ennen joulua 1946.

24 Kirje Vivica Bandlerille. 22.12.1946.

25 Kirje E. K. Viikko ennen joulua 1946.

26 Kirje Vivica Bandlerille. 16.1.1947.

27 Vivica Bandlerin kirje Tove Janssonille. Kirjassa Alfors Bengt s. 190.

28 Kirje Vivica Bandlerille. 27.12.1946.

29 Kirje Vivica Bandlerille. 29.12.1946.

30 Kirje Vivica Bandlerille. 16.1.1947.

31 Kirje Vivica Bandlerille. 21.12.1946.

32 Kirje Vivica Bandlerille. Päiväämätön (luultavasti 1946/47 vaihde).

33 Vivica Bandlerin kirje TJ:lle. 28.12.1946.

34 Vivica Bandlerin kirje TJ:lle. 28.12.1946.

35 Bengt Ahlfors. 2011, s. 202.

36 Kirsikka Moring. " Betonitalon katollakin pesivät villit linnut, Birgitta Ulfssonin
    haastattelu." HS. 10.8.2002.

37 Kirje E. K. 20.6.1947.

38 Kirje Vivica Bandlerille 13.1.1947.

39 Kirje Vivica Bandlerille 15.1.1947.

40 Kirje E. K. 20.6.1947.

41 Kirje E. K. kesä 1947. (Kirjeessä useita runoja). Suomennos Outi Menna kirjasta
    Boel Westin. 2008, s. 200.

42 Kirje E. K. 10.8.1947.

43 Kirje E. K. 1.7.1947.

44 Kirje E. K. 10.1.1948.

45   Vivica Bandler. 1993, s. 171.

46   Vivica Bandler. 1993, s. 173.

47   Kirje E. K. 4.1.1948.

48   Vivica Bandler. 1993, s. 294.

49   Bengt Ahlfors. 2011, s. 204.

50   Kirje E. K. 9.11.1951.

51   Kirje E. K. 19.8.1947.

52   Kirje E. K. 20.6.1947.

53   Kirje Vivica Bandlerille. Ei päiväystä.

54   Kirje Vivica.Bandlerille. 30.6.1947.

55   Tove Janssonin kirje Atos Wirtaselle Lucianpäivänä 1947.

56   Kirje E. K.16.12.1947.

57   Kirje E. K. 4.1.1948.

58   Kirje E. K. 16.1.1948.

59   Kirje E. K. 4.1.1948.

60   Kirje E. K. 16.1.1948.

61   Tove Janssonin haastattelu 1996 (Tuula Karjalainen).

62   Kirje E. K. 4.5.1948.

63   Kirje Vivica Bandler TJ:lle. 13.6.1948.

64   Kirje E. K. 30.12.1948.

65   Kirje E. K. 9.11.1951.

66   Kirje E. K. 5.7.1949.

67   Kirje E. K. 16.1.1948.

68   Kirje E. K. 26.10.1945.

69   Kirje E. K 19.8.1947.

70 Kts. Laajarinne, Jukka 2012.

71 Kirje E. K. Päiväämätön, oletettavasti 1948.

72 Tove Jansson. 1999 (1998), s. 34.

73 Kirje Vivica Bandlerille. Päiväämätön (joulukuu 1946).

74 Tove Jansson. Muistikirja elokuu 1942.

75 Matti Rinne. 2008, s. 199.

76 Kirje E. K. Päiväämätön, oletettavasti vuodelta 1948.

77 Tove Jansson. 2000 (1962), s. 140.

78 Kirje E. K. 1.1.1941.

79 Tove Jansson. 2000 (1962), s 140.

第四章　姆明世界

1   Kirje E. K. 23.2.1950.

2   Maria Laukka. 2010.

3   Tove Jansson. 1991 (1945), s. 5.

4   Kirje E. K. 23.2.1950.

5   Tove Jansson. 2008 (1968), s. 18

6   Hertta Kurttila. ” Som arbete” . 11/1984. Haastattelu.

7   Boel Westin, s. 353.

8   Bo Carpelan. 2004 (2002), s. 235.

9   Bo Carpelan. 2004 (1964), s. 232.

10   Tove Jansson. 2008 (1968), s. 20.

11   Tove Jansson. 2008 (1968), s. 47.

12   Bo Carpelan. 2004 (2002), s. 231.

13   Bo Carpelan. 2004 (2002), s. 230.

14 Majlis Qvickström. " Tove nauhalla, Toven matkassa." s. 191 (Nya Argus 18/ 1966).

15 Bo Carpelan. 2004 (1964), s. 229.

16 Suvi Ahola. 1996, s. 84–89.

17 Tove Jansson. 2008 (1968), s. 7.

18 Kirje E. K. 4.3.1945.

19 Tove Jansson. 2010 (1946). Muumipeikko ja pystötähti, s.139.

20 Tove Jansson. 2010 (1946). Muumipeikko ja pyrstötähti, s. 141.

21 Tove Jansson. 2010 (1946). Muumipeikko ja pyrstötähti, s. 139.

22 Kirje Atos Wirtaselle. 30.3.1946.

23 Kirje E. K. 2.4.1948.

24 Kirje Atos Wirtaselle. 13.12.1947.

25 Kirje Vivica Bandlerille. 21.12.1946.

26 Tove Jansson. 1987 (1956). s. 110–111.

27 Tove Jansson. 1987 (1956). s. 69.

28 Kirje E. K. 23.2.1950.

29 Kirje Vivica Bandlerille. 13.6.1948.

30 Kirje E. K. 9.11.1951.

31 Tove Jansson. 1994 (1950), s. 7.

32 Tove Jansson. 1994 (1950), s. 8.

33 Tove Jansson. 1994 (1950), s. 5.

34 Bo E. Åkermark. 2.12.1973. P.N.

35 Tordis Ørjasæter. 2004 (2002), s. 172.

36 Tove Jansson. 2010 (1970), s. 14.

37 Tove Jansson. 2010 (1970), s. 106

38 Ebba Witt-Brattström. 1993, s.129–130.

39 Bo.E. Åkermark. P.N. 2.12.1973.

40 Tove Jansson. 2010 (1970), s. 28.

41 Tove Jansson. 2010 (1970), s. 72.

42 Tove Jansson. 2000 (1962), s. 51.

43 Tove Jansson. 2000 (1962), s. 57.

44 Tove Jansson. 2010 (1970), s. 56.

45 Bo Carpelan. 2004 (2002), s. 216.

46 Tove Jansson. 1987 (1956), s. 120–125.

47 Tove Jansson. 2000 (1962), s. 8.

48 Tove Jansson. 2000 (1962), s. 14.

49 Tove Jansson. 1987 (1956), s.132.

50 Tove Jansson. 2000, (1962), s. 140.

51 Matti Rinne. 2006, s. 128.

第五章　走向成名

1 Tuula Karjalainen. 1990, s. 47–61.

2 Tuula Karjalainen. 1990, s. 62.

3 Tuula Karjalainen. 1990, s. 181–182.4 ” Se nonfiguratiivinen” . Pääkirjoitus. Suomen kuvalehti. 5/ 1952, s. 9.

5 Tuula Karjalainen. 1990. s. 79. Lainaus Suomen Kuvalehti: Pääkirjoitus 5 /1952, s. 9.

6 Kirje E. K. 17.1.1952.

7 Kirje E. K. Päiväämätön 1948.

8 Erik Kruskopf. 1992, s. 254.

9 Erik Kruskopf. 1992, s. 255.

10 Erik Kruskopf. 1992, s. 253.

11 Kirje Atos Wirtanen. 3.4.1951.

12 Tove Jansson. 1999 (1998), s. 285–300. Alkuaan kirjassa Seuraleikki 1991.

13 Kirje E. K. Toukokuu 1954.

14 Tuula Karjalainen. 2006. " Dukaattikilpailut ja 50-luvun modernismi" , s. 172–177.

15 Boel Westin. 2008, s. 264–265. (Muistikirja kesäkuu 1955).

16 " Tove Jansson som målare." HBL 22.3.1955.

17 Kirje Atos Wirtaselle. 9.4.1951 (Afrikasta).

18 Kirje E. K. 9.11.1951.

19 Kirje E. K.13.2.1953.

20 Kirje A. W. 21.3.1956.

21 Kirje A. W. Sunnuntaina. 1975.

22 Kirje E. K. Vähän ennen joulua. 1953.

23 Kirje E. K. 28.2.1952.

24 Kirje E. K. 28.2.1952.

25 Kirje E. K. 16.1.1948.

26 Kirje E. K. 7.11.1948.

27 Kirje E. K. 28.3.1954.

28 Kirje E.K. 13.2.1953.

29 Helena Ruuska. 2012. Marja-Liisa Vartio, Kuin linnun kirkaisu, s. 250.

30 Kirje E. K.10.1.1953.

31 Boel Westin. 2008. s. 238–2004 (T. J. Muistikirja toukokuu 1955).

32 Vivica Bandler. 1993. s. 303–304.

33 Kirje E. K. 10.1.1953.

34 Kirje E. K. 23.2.1950.

35 Kirje E. K. 7.11.1948.

36 Erik Kruskopf. 1992, s. 282–283.

37 Kirje E. K. Vähän ennen joulua 1953.

38 Kirje E. K. 27.4.1953.

39 Kirje Vivica Bandlerille. Päiväämätön.

第六章　姆明征服世界

1 ”Betty”. Astra 1954, tammikuu: ”Målarinna och mumifamiljen”. Tove Janssonin haastattelu.

2 Kirje E. K. 5.6.1952.

3 Tove Jansson. 2008. (1978) ”Sarjakuvapiirtäjä”. Nukkekaappi, s. 114.

4 Kirje Vivica Bandlerille. Päiväämätön.

5 Tove Jansson. 2010 (1954). Vaarallinen juhannus, s. 20.

6 Tove Jansson. 2010 (1954) Vaarallinen juhannus, s. 130–131.

7 Tove Jansson. 2010 (1954). Vaarallinen juhannus, s. 69.

8 Tove Jansson. 2010 (1954). Vaarallinen juhannus, s. 72–73.

9 Ulfsson Birgitta Toven matkassa – Muistoja Tove Janssonista. ”Vad gör man med en snäcka om man får inte visa den”, s. 226.

10 VB 11.8.1959.

11 Vivica Bandler, Carita Bäckström. 1993 (1992), s. 183.

12 Suullinen tiedon anto Birgitta Olfsson. 3.8.2012.

13 Högre Konstindustriella Skolan i Stockholm.

14 Kirje Vivica Bandlerille 2.10.1954.

15 Juhani Tolvanen. 2000, s. 50.

16 Kirje E. K. 9.11.1951.

17 Kirje E. K. 28.3.1954.

18 Juhani Tolvanen. 2000, s. 65.

19 Juhani Tolvanen. 2000, s. 57.

20 Erik Kruskopf. 1992, s. 208–209.

21 Tove Jansson. Muumit Sarjakuvaklassikot III. 2010 (1990). (suom. Anita Salmivuori
    ja Juhani Tolvanen). (alkuperäisjulkaisu Englanti 1956–1957), s. 89–103.

22 Tove Jansson. Sarjakuvien klassikot III, s. 13. 2010 (1990).

23 Juhani Tolvanen. 2002, s. 53.

24 Helsingin sanomat 3.10.1954.

25 Ilta-sanomat 7.4.1956.

26 Juhani Tolvanen. 2000, s. 65.

27 Tove Jansson. 1994 (1950), s. 45.

28 Tove Jansson. 2008 (1978), s.105.

29 Juhani Tolvanen. 2000, s. 79 (kirje Charles Suttonille).

30 Tove Jansson. 2008 (1978). Nukkekaappi, " Sarjakuvanpiirtäjä" , s.112. 2008.

31 "Med hjärtans lust och förtvivlan". Svenska Dagbladet 15.4.1970.

32 Tolvanen Juhani. 2000, s. 85–86.

33 "Med hjärtans lust och förtvivlan." Svenska Dagbladet, 15.4.1970.

34 Kirje E. K. Jouluaatto 1961.

35 Tolvanen Juhani. " Muistokirjoitus" . Helsingin Sanomat 1.8.2000.

36 Tolvanen Juhani.2000, s. 8 (Margery Allingham, alkusanat Muumisarjakuvalle,
    The Evening News).

37 Tove Jansson. 2008 (1978). " Sarjakuvapiirtäjä" . Nukkekaappi, s. 113.

38 Kirje E. K. Jouluaatto 1961.

39　Kirje E. K. 4.3.1961.

第七章　孤独时连美丽贝壳也会黯然失色

1　Boel Westin. 2008, s. 275 (kirjeet Tovelta Tuulikki Pietilälle 15.7, 16.9 ja 26.1956).

2　Boel Westin. 2008, s. 275. (Toven kirje 26.6, Tuulikilta Tovelle 1.7.56).

3　Kirje E. K. 4.3.1962.

4　Clara Palmgren. Suullinen tiedonanto. Kesäkuu 2012.

5　Kirje Vivica Bandlerille 7.7.1956.

6　Boel Westin. 2008, s. 257. (ote Tove Janssonin 1950-luvun lopun muistikirjasta).

7　Kirje E. K. 10.4.1963.

8　Kirje Vivica Bandlerille 13.6.1959.

9　Boel Westin. 2008, s. 276 (Tove Janssonin kirje Westinille 1.3.2000).

10　Boel Westin. 2008, s. 279 (muistikirjamerkinnät, maaliskuu 1957).

11　Tove Jansson. 2010 (1957). Taikatalvi, s.15.

12　Tove Jansson. 2010 (1957).Taikatalvi, s.19.

13　Tove Jansson. 2010 (1957). Taikatalvi, s. 33–34

14　Tove Jansson. 2010 (1957). Taikatalvi, s. 105.

15　Tove Jansson. 2010 (1957). Taikatalvi, s. 22.

16　Boel Westin. 2008, s. 311.

17　Tove Jansson. 1960, s. 16 (numeroimaton).

18　Tove Jansson.1960, s 18 (numeroimaton).

19　Boel Westin. 2008, s. 309.

20　Kirje E. K. 4.5.1948.

21　Tove Jansson. 1999. ”Apina”. Viesti, s. 55–59.

22　Tove Jansson. 1999. ”Apina”, s. 55–62.

23 Irmelin Sandman-Lilius. 2004. " Laulu ystävyydestä" . Toven matkassa, s. 52–53.

24 Per Olov Jansson. huhtikuu 2009. Suullinen tiedonanto.

25 Tove Jansson. 2008 (1968)." Kotieläimiä ja rouvia" . Kuvanveistäjän tytär, s. 80.

26 Per Olov Jansson, s. 19. Rakkauden voimattomuudesta. Toven matkassa – muistoja Tove Janssonista.

27 Tove Jansson. " Punaista koiraa" . Kuvanveistäjän tytär, s. 114–114.

28 Kirje Vivica Bandlerille 7.7.1956.

29 Kirje Vivica Bandlerille 7.7.1956.

30 Boel Westin. 2008, s. 287 (päiväämätön kirje Hamilta Tovelle).

31 Boel Westin. 2008, s. 289 (Toven kirje Tuulikille 25.6.1958).

32 Tove Jansson. 1989. " Viktoria." Reilua peliä, s. 124.

33 Boel Westin. 2008, s. 287, (Toven Kirje Tootille (Tuulikki Pietilä) juhannuspäivänä 1958 ja 25.6.1958).

第八章　回归艺术绘画

1 Kirje E. K. Jouluaattona 1961.

2 Kirje E. K. Jouluaattona 1961.

3 Kirje E. K. Lucian päivänä 1962.

4 Boel Westin, s. 293, (kirje Maya Vanni 29.8.1959).

5 Kirje E. K. Jouluaattona 1961.

6 Juhani Tolvanen. 2000, s. 64.

7 Boel Westin. 2008, s. 294. Muistikirja huhtikuu 1960.

8 Tuula Karjalainen. 1990, s. 72–78.

9 Erik Kruskopf. 1992, s. 259.

10 Tove Jansson. Kevyt kantamus, ja muita kertomuksia. 1989 (1987 Resa med lätt

bagage), s. 28–29.

11 E. K. (Erik Kruskopf) HBL 12.3.1962.

12 AB. ”Mumins mamma började som målarinna”. 19.12.1969.

13 Karl Olof Hedström. ”Muminmamman är framför allt mer målare”. Stockholms tidning 31.1.1963.

14 Tove Jansson. 1997. ”Kerran puistossa”. Toven matkassa, muistoja Tove Janssonista. 2004 (2002).

15 Kirje Vivica Bandlerille. 11.2.1969.

16 Tove Jansson. ”Kerran puistossa”. 2004 (2002), s. 268.

第九章　写给孩子和关于孩子的书

1 Boel Westin. 2008, s. 298 (TJ. muistikirjamerkintöjä tammikuu 1961).

2 Kirje E. K. 4.3.1962.

3 Kirje Vivica Bandlerille. 19.8.1959.

4 Tove Jansson. 2000 (1962), s. 116.

5 Boel Westin. 2008, s. 322.

6 Boel Westin. 2008, s. 322.

7 Kirje Vivica Bandlerille. Päiväämätön kirje luultavasti 1954.

8 Näkymätön lapsi. 2000 (1962), s. 44–45.

9 Kirje Vivica Bandlerille. 2.6.1964.

10 Kirje Vivica Bandlerille. 2.6.1964.

11 Kirje Vivica Bandlerille. 2.6.1964.

12 Lars Bäckström. 1996. ”Muumipeikko tienhaarassa. Virpi Kurhela (toim.) Erään kirjeenvaihdon vaiheita”. Muumien taikaa. Tutkimusretkiä Tove Janssonin maailmaan, s. 182.

13 Lars Bäckström. 1996. " Muumipeikko tienhaarassa. Virpi Kurhela (toim.) Erään kirjeenvaihdon vaiheita" . Muumien taikaa. Tutkimusretkiä Tove Janssonin maailmaan, s. 183.

14 Lars Bäckström. 1996. " Muumipeikko tienhaarassa. Virpi Kurhela (toim.) Erään kirjeenvaihdon vaiheita" . Muumien taikaa. Tutkimusretkiä Tove Janssonin maailmaan, s. 186.

15 Mary Mandelin-Dixon. Astra 10/1978.

16 Tove Jansson. 2003 (1965). Muumipappa ja meri, s. 27.

17 Kirje E. K. 29.11.1967.

18 Kirje Vivica Bandlerille. 23.11.1967.

19 Kirje Vivica Bandlerille. 23.11.1967.

20 Tordis Ørjasæter. 2004 (2002), s. 168.

21 Kirje Atos Wirtaselle ja vaimo Irjalle 7.7.1970.

22 Kirje Atos Wirtaselle. ja vaimo Irjalle 22.7.1970.

23 Kirje Eva Wichmanille. Päiväämätön. Runo, suomennos Outi Menna. Kirjasta (toim. Helen Svensson). Toven matkassa... 2002 (2004), s. 142–143.

24 Tove Jansson 2010 (1970), s. 7.

25 Tove Jansson. 2010 (1970). (Muumilaakson marraskuu), s. 106 ja 118.

26 Boel Westin. 2008, s. 374.

27 Tove Jansson. 2010 (1970). Muumilaakson marraskuu, s. 41.

28 Kirje Vivica Bandlerille. Lokakuu 1969.

29 Greta Gustafsson. 2004 (2002), s. 210, kirjassa Toven matkassa - muistoja Tove Janssonista.

30 Lars Bäckström. 1996, s. 187.

31 Lars Bäckström. 1996. " Muumipeikko tiehaarassa. Erään kirjeenvaihdon vaiheita" .

Virpi Kurhela (toim.). 1996 Muumien taikaa. Tutkimusretkiä Tove Janssonin maailmaan, s. 187.

32 Tove Jansson. (Åbo Academins bibliotek, brevsamlingen). Kirjassa Happonen Sirke, Vilijonkka ikkunassa, s. 13.

33 Tove Jansson. 1972. ”Mustavalkoista”. Kuuntelija, s. 46.

34 Tove Jansson. 1972. ”Sade”, s. 111.

35 Tove Jansson. 1972. ”Sade”, s. 110–111.

36 Tove Jansson. 1972. ”Orava”, s. 149.

37 Tua Forström. Nya Pressen. 15.10.1971.

38 Suullinen tiedonanto Sophia Jansson. 11.6.2012.

39 Tove Jansson. 2008 (1972) Kesäkirja, s. 8.

40 Tove Jansson. 2008 (1972). Kesäkirja. s. 33.

41 Tove Jansson. 2008 (1972). Kesäkirja s. 35.

42 Halldén Ruth. ”Borta är Mumin borta är extasen”. Dagens Nyheter 13.10.1972.

第十章 寻回自由与色彩

1 Kirje Vivica Bandlerille. Helmikuu 1975.

2 Sophia Jansson. Suullinen tiedonanto 15.1.2012.

第十一章 人生与生活

1 Kirje Vivica Bandlerille. 1.7.1964.

2 Kirje Vivica Bandlerille. Lokakuu 1969.

3 Tove Janssonin kirje Yasmo Yamamotolle. Lokakuu 1968. (ohessa kopio: Yasmo Yamamoton lähettämästä sopimusehdotuksesta: Nikon TV Company Tokio lokakuu.)

4 Kirje Vivica Bandlerille 11.2.1969.

5 Mayumi Tomihara. 2004 (2002). " Tove Jansson ja japanilaiset lukijat" . s. 130.

Toven matkassa ...

6 Kirje Vivica Bandlerille. Lokakuu 1969.

7 Kirje E. K. 20.6.1947.

8 Kirje Vivica Bandlerille. 2.6.1964.

9 Kirje Vivica Bandlerille. 24.10.1964.

10 Tove Jansson. 1996, s. 82.

11 Kirje Atos Wirtaselle 1.7.1971.

12 Tuulikki Pietilä. 2004 (2002). " Toven matkassa" . Porvoo Helsinki. WSOY.

13 Lars Bäckström. 1996. " Muumipeikko tiehaarassa. Erään kirjeenvaihdon vaiheita."

Virve Kurhela (toim.). Muumien taikaa. Tutkimusretkiä Tove Janssonin maailmaan,

s. 193.

14 Tove Jansson. 1975, s. 68.

15 Tuulikki Pietilä. 2004 (2002), s. 238–266.

16 Greta Gustafsson. 2004 (2002). " Hän on vain aika kuulunut joukkoon" . Helen

Svensson (toim). Toven matkassa.

17 Boel Westin, s. 421. (lainaus kirjeestä Maya Vannille 7.8.1976.)

18 Tove Jansson. 1980. Stockholms Nationalmuseum, katalog. Kirjasta Björk

Christina Rove Jansson – mycket mer än Mumin. 2003, s. 157.

19 Suomen Rakennustaiteen museo: Muumitalo. Näyttelyjulkaisu 1980.

20 Yleisöesite, moniste. Kirjoittajaa ei mainittu. Suomen Rakennustaiteen museon

näyttelyssä Muumitalo 30.4–8.6.1980.

21 Suvi Ahola. 1996. " Juuri tässä vai kaukana poissa. Paikallisuus ja pelagisuus Tove

Janssonin tuotannossa" . Virpi Kurhela (toim.). Tutkimusretkiä Tove Janssonin maailmaan.

22 Tove Jansson. 2008 (1978), s. 159.

23 Lars Bäckström. 1996. " Muumipeikko tiehaarassa. Erään kirjeenvaihdon vaiheita."

Virpi Kurhela (toim.). Muumien taikaa. Tutkimusretkiä Tove Janssonin maailmaan,

s. 194.

24 Boel Westin. s. 443 (lainaus kirjeestä Maya Vannille 2.7.1980.)

25 Barbro K. Gustafsson. 1992, s. 28.

26 Tove Jansson. 1983, s. 121–123.

27 Tove Jansson. 1989 (1984), s. 196–197.

28 Tove Jansson. 1989 (1984), s. 197.

29 Tove Jansson. 1989, s. 218.

30 Tove Jansson. 1989 (1987), s. 78.

31 Suullinen tiedonanto Per Olov Jansson, elokuu 2010.

32 Tove Jansson. 1989, s. 52–54.

33 Barbro K. Gustafsson. 1992, s. 17–29.

34 Christina Björk. 2003, s. 182–183.

35 Barbro K. Gustafsson. 2003, s. 74–75.

36 Tordis Ørjasæter. 2004 (2002). " Kultaisessa vasikassa on totta kaikki muu, paitsi

vasikka" . Toven matkassa.

37 Tove Jansson. 2008 (1978), s. 162.

38 Tove Jansson. " Suuri matka" , s. 160.

39 Christina Björk. 2003, s. 183. (" Jag ser och ser/och vart jag ser/ symbolerna blir

fler och fler/ jag sjunker ner/ i depression/ i tendentiös aperception... ")

第十二章　告別

1　Tove Jansson. 1999 (1998), s. 322–333. Viesti, valitut novellit 1971–1997.

2　Irmelin Sandman-Lilius. 2004 (2002), s. 53. " Laulu ystävyydestä". Toven matkassa, muistoja Tove Janssonista.

3　Tordis Ørjasaeter. 1987 (1985), s. 121. Tove Jansson – Muumilaakson luoja. Suom. Saima-Liisa Laatunen.

4　Vivica Bandler. 2004 (2002), s. 123. " Tove". Toven matkassa, muistoja Tove Janssonista.

5　Tove Jansson. 2008 (1968), s. 57–63.

6　Tove Jansson. 2008 (1968), s. 62.

7　Tove Jansson, Tuulikki Pietilä. 1996, s. 90.

8　Tove Jansson, Tuulikki Pietilä. 1996, s. 97.

9　Tove Jansson. 1999 (1988), s. 268.

10　Mami Adachi. 2004 (2002)." Klassikoiden lukemisesta". Toven matkassa, muistoja Tove Janssonista, s. 143. (Ote runon Puistossa julkaisemattomasta versiosta, tiedonanto Helen Svensson).

11　Tove Jansson. 2004 (2002), (1997) " Kerran puistossa", s. 269.

12　Tove Jansson. 1997. " Kerran puistossa". Toven matkassa, muistoja Tove Janssonista. Toim. Helen Svensson, suom. Outi Menna. (2002) 2004, s. 267–269.

13　Tuva Korström. " Ett spännande, brolig, besvärlig liv". HBL 6.8.1994.

14　Lars Bäckström. 2004 (2002), s. 164.

15　Irmelin Sandman-Lilius. 2004 (2002), s. 54. " Laulu ystävyydestä". Kirjassa Toven matkassa, muistoja Tove Janssonista.

16　Kirsikka Moring. " Betonitalon katollakin pesivät villit linnut". HS 10.8.2002.

参考文献

口述资料

Per Olov Jansson

Sophia Jansson

Tove Jansson

Birgitta Olfsson

Clara Palmgren

Helen Svensson

Anna Maria Tapiovaara

未出版的资料

Tove Janssonin muistikirjoja eri vuosilta

信件

Eva Konikoffille (E.K.)

Vivica Bandlerille

Atos Wirtaselle

Ina Collianderille

Eva Wichmanille

Kirjeet Vivica Bandlerilta

报纸与期刊资料

Helsingin Sanomat, Uusi Suomi,

Hufvudstadsbladet, Nya Pressen,

Svenska Pressen, Nya Argus,

Dagens Nyheter, Svenska Dagbladet,

Stockholms Tidning, The Evening News

托芙 · 扬松：姆明作品

Jansson Tove. 1991 (1945). Muumit ja suuri tuhotulva. suom. Jaakko Anhava. Porvoo Helsinki Juva. WSOY.

Jansson Tove. 2010 (1946). Muumipeikko ja pyrstötähti. Suom. Laila Järvinen, suomennoksen tarkistanut Päivi Kivelä 2010. Helsinki Juva. WSOY

Jansson Tove. 2005 (1952). Kuinkas sitten kävikään. Suom. Hannes Korpi-Anttila. Helsinki Juva. WSOY

Jansson Tove. 2010. (1954). Vaarallinen juhannus. Suomennoksen tarkistus Päivi Kivelä. Helsinki Juva. WSOY

Jansson Tove. 1987 (1956). Taikurin hattu. Suom. Laila Järvinen. Porvoo Helsinki Juva. WSOY

Jansson Tove. 2010 (1957). Taikatalvi. Suomennoksen tarkistus Päivi Kivelä. Helsinki Juva. WSOY

Jansson Tove. 1989 (1960). Kuka lohduttaisi Nyytiä. Suom. Kirsi Kunnas. Helsinki Juva. WSOY

Jansson Tove. 2000 (1962). Näkymätön lapsi ja muita kertomuksia. Suom. Laila Järvinen. Helsinki Juva. WSOY

Jansson Tove. 1994 (1963). Muumipapan urotyöt. Suom. Laila Järvinen. Porvoo

Helsinki Juva. WSOY

Jansson Tove. 2003 (1965). Muumipappa ja meri. Suom. Laila Järvinen. Helsinki Juva. WSOY

Jansson Tove. 2010 (1970). Muumilaakson marraskuu. Suom. Kaarina Helakisa. Helsinki Juva. WSOY

Jansson Tove. 1996 (1977). Vaarallinen matka. Suom. Panu Pekkanen. Porvoo Helsinki Juva. WSOY

Jansson Tove ja Jansson Per Olov. 2010 (1980). Outo Vieras Muumitalossa. Suom. Panu Pekkanen. Porvoo Helsinki Juva. WSOY

托芙·扬松的其他文学作品

Jansson Tove. 2008 (1968). Kuvanveistäjän tytär. Suom. Kristiina Kivivuori. Porvoo Helsinki Juva. WSOY

Jansson Tove. 1972 (1971). Kuuntelija. Suom. Kristiina Kivivuori. Porvoo Helsinki Juva. WSOY

Jansson Tove. 2008 (1972). Kesäkirja. Suom. Kristiina Kivivuori. Porvoo Helsinki Juva. WSOY

Jansson Tove. 1975 (1974). Aurinkokaupunki. Suom. Kristiina Kivivuori. Porvoo Helsinki Juva. WSOY

Jansson Tove. 2008 (1978). Nukkekaappi ja muita kertomuksia. Suom. Eila Pennanen. Porvoo Helsinki Juva. WSOY

Jansson Tove. 1983 (1982). Kunniallinen petkuttaja. Suom. Kyllikki Härkäpää. Porvoo Helsinki Juva. WSOY

Jansson Tove. 1989 (1984 ja 1987). Kevyt kantamus ja Kivipelto. Suom. Oili Suominen. Porvoo Helsinki Juva. WSOY

Jansson Tove. 1990 (1989). Reilua peliä. Suom. Kyllikki Härkäpää. Porvoo
Helsinki Juva. WSOY

Jansson Tove. 1992 (1991). Seuraleikki. Suom. Eila Pennanen. Porvoo Helsinki
Juva. WSOY

Jansson Tove. 1999. Viesti. Valitut novellit 1971–1997. Suom. Kyllikki Härkäpää,
Kristiina Kivivuori, Eila Pennannen, Oili Suominen ja Päivö Taubert. Porvoo Helsinki
Juva. WSOY

Jansson Tove ja Pietilä Tuulikki. 1996. Haru, eräs saari. Suom. Liisa Ryömä.
Porvoo Helsinki Juva. WSOY

Jansson Tove. 1997. " Olennaisinta maalauksessa". Teoksessa Sam Vanni, vuodet
1926–1959. (Karjalainen Tuula (toim.) Helsingin kaupungin taidemuseo. Suom.
Tuulikki Pietilä.

Jansson Tove. 2004 (2002). (1997). " Kerran puistossa". Svensson Helen (toim.)
Toven matkassa. Muistoja Tove Janssonista. Suom. Outi Menna. Helsinki Juva. WSOY

Jansson Tove. 2009. Muumit Sarjakuvaklassikot II–III. Suom. Anita Salmivuori
ja Juhani Tolvanen. Helsinki Juva. WSOY

其他文献资料

Adachi Mami. 2004 (2002). " Klassikkojen lukemisesta." Svensson Helen (toim.)
Toven matkassa. Muistoja Tove Janssonista. Suom. Outi Menna . Porvoo Helsinki
Juva. WSOY

Ahlfors Bengt. Människan Vivica Bandler. 2011. 82 skisser till ett porträtt.
Helsingfors. Schildts.

Ahola Suvi. 1996. " Juuri tässä vai kaukana poissa? Paikallisuuden ja
pelagisuuden suhde Tove Janssonin tuotannossa" . Kurhela Virpi (toim.). Muumien

taikaa. Tutkimusretkiä Tove Janssonin maailmaan. Suom. Tampereen yliopisto kielenk
ääntäjänkoulutuslaitoksen oppilaita. Kirjastopalvelu oy

Björk Christina. 2003. Tove Jansson. Mycker mer än Mumin. Bilda Förlag.
Stockholm

Björk Christina. 2004 (2002). " Ruotsin muumilaakso on yhä voimissaan" .
Svensson Helen (toim). Toven matkassa. Muistoja Tove Janssonista. Suom. Outi
Menna. Porvoo Helsinki Juva. WSOY

Bandler Vivica ja Backström Carita. 1993 (1992). Vastaanottaja tuntematon.
Suom. Juha Siltanen. Helsinki. Otava.

Bandler Vivica. 2004 (2004). " Tove" . Svensson Helen (toim). Toven matkassa.
Muistoja Tove Janssonista. Suom. Outi Menna. Porvoo Helsinki Juva. WSOY

Bäckström Lars. 1996. " Muumipappa tienhaarassa. Erään kirjeenvaihdon
vaiheita." Kurhela Virpi (toim.). Muumien taikaa. Tutkimusretkiä Tove Janssonin
maailmaan. Suom. Tampereen yliopiston kääntäjäkoulutuslaitoksen oppilaita.
Kirjastopalvelu oy

Bäckström Lars. 2004 (2002). " Roolijako" . Svensson Helen (toim.). Toven
matkassa. Muistoja Tove Janssonista. Suom. Outi Menna. Porvoo Helsinki Juva.
WSOY

Carpelan Bo. 2004 (2002). " Hedelmällinen epävarmuus" . Svensson Helen (toim).
Toven matkassa. Muistoja Tove Janssonista. Suom. Outi Menna. Porvoo Helsinki Juva.
WSOY

Gustafsson Barbro K. 1992. Stenåker och ängsmark. Erotiska motiv och
homosexuella skildringar i Tove Janssons senare litteratur. Uppsala Studies in Social
Ethics, 13. Uppsala

Gustafsson Greta. 2004 (2002). " Hän on vain aina kuulunut joukkoon" .

Svensson Helen (toim.). Toven matkassa. Muistoja Tove Janssonista. Suom. Outi Menna. Porvoo Helsinki Juva. WSOY

Happonen Sirke. 2002. " Vilijonkka ikkunassa – näkemisen ja näkymisen tiloja Tove Janssonin tuotannossa" . Ilmonen Anneli (toim.). Tove Jansson, muistonäyttely. Tampereen taidemuseon julkaisuja. Tampere

Happonen Sirke. 2007. Vilijonkka ikkunassa, Tove Janssonin muumiteosten kuva, sana ja liike. Porvoo Helsinki. WSOY

Holländer Tove. 1983. Från idyll till avidyll. Suomen nuorisokirjallisuuden instituutin julkaisuja 4. Gillot AB Turku.

Ilmonen Anneli (toim.). 2002. Tove Jansson, muistonäyttely . Tampereen taidemuseon julkaisuja. Tampere

Jansson Per Olov. 2004 (2002)." Rakkauden voimattomuudesta" . Svensson Helen (toim.) Toven matkassa. Muistoja Tove Janssonista. Porvoo Helsinki Juva. WSOY

Kallio Raakel (toim.). 2006. Dukaatti, Suomen Taideyhdistys 1846–2006. Raakel Kallio (toim.). Porvoo Helsinki Juva. WSOY

Karjalainen Tuula, Pusa Erja, Oranen Mikko (toim.). 1997. Sam Vanni, vuodet 1926–1959. Näyttelykirja. Helsingin kaupungin taidemuseon julkaisuja. Helsinki

Karjalainen Tuula. 1990. Uuden kuvan rakentajat. Konkretismin tulo Suomeen. Porvoo Helsinki. WSOY

Karjalainen Tuula. 2006. " Dukaattikilpailut ja 50-luvun modernismi" . Dukaatti, Suomen Taideyhdistys 1846–2006. Raakel Kallio (toim.). Porvoo Helsinki. WSOY

Kurhila Virpi (toim.). 1996. Muumien taikaa. Tutkimusretkiä Tove Jansson maailmaan. Suom. Tampereen yliopiston kääntäjäkoulutuslaitoksen oppilaita. Kirjastopalvelu oy.

Kivi Mirja. (toim.) 1998. " Muumilaakso. Tarinoista kokoelmaksi" . Tampereen taidemuseon julkaisuja nro 83

Kivi Mirja. 2002. " Garm – muumitarinoiden aitta" . Ilmonen Anneli (toim.).
Tampereen taidemuseon julkaisuja

Kruskopf Erik. 1992 (1992). Kuvataiteilija Tove Jansson. Suom. Eija Kämäräinen.
Porvoo Helsinki Juva. WSOY

Kruskopf Erik. 1994. Boken om Ham. Tecknaren Signe Harrasten Jansson.
Schildt. Helsingfors Esbo

Kruskopf Erik. 1995. Skämttecknaren Tove Jansson. Helsingfors Esbo. Schildt

Kruskopf Erik. 2002. " Signe Hammrsten Jansson (1882–1970) postimerkkien
ja pilakuvien piirtäjä." Ilmonen Anneli (toim.). Tampereen taidemuseon julkaisuja.
Helsingfors Esbo. Schildt

Kruskopf Erik. 2004 (2002). " Elämän tanssi ja maanpäällinen paratiisi" .
Svensson Helen (toim). Toven matkassa. Muistoja Tove Janssonista. Suom. Outi
Menna. Porvoo Helsinki Juva. WSOY

Kruskopf Erik. 2010. Valon rakentajat. Suomalaista kuvataidetta 1940- ja
1950-luvuilta. Suom. Matti Kinnunen. Suomalaisen kirjallisuuden seura. Helsinki

Laajarinne Jukka. 2018. Muumit ja olemisen arvoitus. Porvoo Helsinki Juva.
WSOY

Latvi Ari. 2002. " Kuvanveistäjä Viktor (Faffan) Jansson 1886–1958)" . Ilmonen
Anneli ···(toim.). Tampereen taidemuseon julkaisuja

Laukka Maria. 2010. " Tove Jansson" . Mielikuvia. Suomalaisia lastenkir-
jkuvittajia. Porvoo. Lasten keskus

Muumitalo muminhuset. 1980. Suomen rakennustaiteen museo. Näyttelyjulkaisu

Pietilä Tuulikki. 2004 (2002). " Toven matkassa" . Svensson Helen (toim.).
Toven matkassa. Muistoja Tove Janssonista. Suom. Outi Menna. Porvoo Helsinki Juva.

WSOY

Palmgrén Raoul. 1984. Kapinalliset kynät III, itsenäisyysajan työväenliikkeen kaunokirjallisuus. Porvoo Helsinki. WSOY

Rehal Johansson Agneta. 2006. Den lömska barnboksförfattaren. Tove Jansson och muminverkets metamorfoser. Göteborg

Rinne Matti. 2006. Kiila 1936–2006 – taidetta ja taistelua. Helsinki Jyväskylä. Tammi

Rinne Matti. 2008. Yksitoista Tapiovaaraa: tuoleja, tauluja, elokuvia. Porvoo Helsinki. Teos

Ruuska Helena. 2012. Kuin linnun kirkaisu. Helsinki. WSOY

Sandman-Lilius Irmelin. 2004 (2002). " Laulu ystävyydestä". Svensson Helen (toim.). Tove matkassa. Muistoja Tove Janssonista. Suom. Outi Menna. Porvoo Helsinki Juva. WSOY

Svensson Helen (toim.). 2004 (2002) Toven matkassa , muistoja Tove Janssonista. Suom. Outi Menna. Porvoo Helsinki Juva. WSOY

Tolvanen Juhani. 2000. Muumisisarukset Lars ja Tove Jansson. Muumipeikko-sarjakuvan tarina. Porvoo Helsinki Juva. WSOY

Tolvanen Juhani. 2002. " Tove Jansson – sarjakuvan runoilija. Elämää pienten ruutujen sisällä 1929–1959 eli kolme vaihetta sarjakuvataiteilijana". Ilmonen Anneli ··· (toim.). Tampereen taidemuseon julkaisuja

Tolvanen Juhani. 2004 (2002). " Tove, minä ja Henry Clay". Svensson Helen (toim.). Toven matkassa. Muistoja Tove Janssonista. Suom. Outi Menna. Porvoo Helsinki Juva. WSOY

Tomihara Mayumi. 2004 (2002). " Tove Jansson ja japanilaiset lukijat". Svensson Helen (toim.) Toven matkassa. Muistoja Tove Janssonista. Suom. Outi Menna. Porvoo

Helsinki Juva. WSOY

Ulfsson Birgitta. 2002. " Tove Jansson – paljastava lohduttaja" . Teoksessa Ilmonen Anneli (toim.) Tampereen taidemuseon julkaisuja. Tampere

Ulfsson Birgitta. 2004 (2002). " Vad gör man med en snäcka om man ej får visa den?" Svensson Helen (toim.). Toven matkassa. Muistoja Tove Janssonista. Suom. Outi Menna. Porvoo Helsinki Juva. WSOY

Warburton Thomas. 1984. Åttio år finlandssvensk litteratur. Helsingfors. Schildt.

Westin Boel. 2008 (2007). Tove Jansson. Sanat kuvat ja elämä. Suom. Jaana Nikula. Helsinki Juva. Schildts

Witt-Brattström. 1993. Ur könets mörker. Litteraturanalyser. Värnamo. Fälts tryckeri AB

Ørjasæter Tordis. 1987 (1985). Tove Jansson. Muumilaakson luoja. Suom. Saima-Liisa Laatunen. Porvoo Helsinki. WSOY

Ørjasæter Tordis. 2004 (2004). " Kultaisessa vasikassa on totta kaikki muu paitsi vasikka" . Svensson Helen (toim.). Toven matkassa. Muistoja Tove Janssonista. Suom. Outi Menna. Porvoo Helsinki Juva. WSOY

图片出处

© Filmkompaniet / Filmoteka Narodowa / Jupiter Film / Moomin Characters ™ 296

Helsingin taidemuseo / Katarina ja Leonard Bäcksbackan kokoelma / Yehia Eweis 71

Kansalliskirjasto 56，60，132

Kansan arkisto 66

Keskinäinen Henkivakuutusyhtiö Suomi / Rauno Träskelin 75

Lilga Kovanko 196-197

Moomin Characters ™ VIII，9，10，13，19，22，23，25，26，28-29，34，41，44，49，51，54，81，82，91，100下，102，123，125，156，158，160，168，180，181，204，213，218-219，221，224，233，234，235，254，255，256，264，265，272右，276，285，290-291，301，305，317
/ Per Olov Jansson 86，94，206，243，248，257，288，292，299，308-309，321，332-333

/ Eva Konikoff 46, 68 右

/ Jari Kuusenaho 33, 36, 55, 63, 83, 88, 120-121, 144, 149, 153, 155, 157, 162, 220, 230, 239, 259, 267, 269, 307

/ Kjell Söderlund 260-261

/ Len Waernberg 262

Orimattilan taidemuseo / Veli Granö 68 左

Puppenkiste 297

Svenska litteratursällskapet / Janne Rentola 98, 100 上, 114, 115, 118, 133, 134, 229

Jukka Tapiovaara 72

Matias Uusikylä 316

Marko Vuokola 30

WSOY 39, 165, 166, 173, 174, 176, 177, 182, 184, 210, 212, 214, 217, 237, 240, 241, 272 左, 277, 279, 280

图书在版编目（CIP）数据

创作与爱：托芙·扬松传/（芬）图拉·卡尔亚莱
宁著；崔可译 . -- 北京：中信出版社，2024.4
ISBN 978-7-5217-6211-2

Ⅰ. ①创… Ⅱ. ①图… ②崔… Ⅲ. ①托芙·扬松－
传记 Ⅳ. ① K835.315.72

中国国家版本馆 CIP 数据核字（2023）第 234933 号

创作与爱：托芙·扬松传
著者： 　[芬]图拉·卡尔亚莱宁
译者： 　崔可
出版发行：中信出版集团股份有限公司
　　　　（北京市朝阳区东三环北路 27 号嘉铭中心　邮编　100020）
承印者： 　北京启航东方印刷有限公司

开本：880mm×1230mm　1/32　印张：12.5　　　字数：307 千字
版次：2024 年 4 月第 1 版　　印次：2024 年 4 月第 1 次印刷
京权图字：01-2023-5760　　　书号：ISBN 978-7-5217-6211-2
定价：88.00 元

版权所有·侵权必究
如有印刷、装订问题，本公司负责调换。
服务热线：400-600-8099
投稿邮箱：author@citicpub.com